JN005047

続

日本先史考古学史の基礎研究

山内清男の学問とその周辺の人々

大村　裕
Yutaka Omura

六一書房

序

本書は，著者が2008年以降発表した学史関係論文のうち，「縄紋学の父」・山内清男（やまのうち・すがお）博士に関わるものを選んで一書となしたものである。

先年刊行した『日本先史考古学史の基礎研究』（六一書房　2008年）や『日本先史考古学史講義』（六一書房　2014年）を読んでくださった読者には，もう十分におわかりかと思うが，「山内清男」という人物は，日本の先史考古学研究の基礎を作り上げた偉大な学者である。それなのに，一般の人々にはほとんど名前が知られていない。「考古学」という学問自体が世間ではあまり馴染みのあるものでないことも理由の一つであるが，いわゆる商業出版社を通じて専門書や啓発書をあまり多く世に出していないことが最大の理由であろう。「売れる」書籍を刊行するためには，出版社側の要望に対して柔軟に妥協しなければならないが，学問一筋であった博士はそうした安易な妥協はほとんどしなかったのである。今，博士が関わった数少ない一般向けの書籍を繙いてみると，とても世間一般の読者が理解できるものとはなってはいない。一方，専門研究者向けの機関誌に寄稿した論文を通観して感じるのは，「わかる人がわかればそれでよい」という態度で執筆していることで，挿図が少なく，データの提示も極力省略している。したがって，現在の若い学徒が博士の論文集（『山内清男・先史考古学論文集』）を読んでも真意をとらえることは困難であると思われる。

著者は大学で考古学を組織的に学んだことはなく，職業も考古学とは無縁な高校教師であった。学窓を出てから今日まで，常に座右に置いて自分の考古学研究の拠り所としたのが『山内清男・先史考古学論文集』であった。そこで学び得た成果をまとめたのが上述の二つの書籍と本書である。著者の山内考古学研究の基本姿勢は，眼前にある考古学的課題を解決するために山内博士の論文からその鍵を得ようとするものであり，原典を分析して新しい発見をすることに重点を置いている。通常の考古学史関係の書籍とはその点が多少異なっていることを最初にお断りしておきたい。

山内博士の考古学は，それまでの日本先史考古学の成果の上に立ちながら，生物分類学・比較解剖学・遺伝学・自然人類学ならびに欧米の先史考古学や民族学の知識を駆使して構築したものである。あまりにも多岐にわたる教養を基盤としているので，そのすべてを一人の研究者が理解するのはほとんど不可能であるといってよい。著者の研究成果は，「山内考古学」のほんの一面を覗いただけのものであり，恥じ入る次第であるが，本書を通じて「山内考古学」に関心を抱く若い研究者が少しでも生まれることを願っている。

2021年9月

大村　裕

目　次

I. 山内清男の「縄紋」研究について

はじめに

本稿は，2008年3月15日，埼玉県富士見市所在の水子貝塚資料館で講演した，「『縄紋博士』山内清男の仕事」の講演ノートを書き改めたものである。前半は旧稿の要約であったが，後半部分には新しい情報や見解を加えたので，活字化する意義があると考え，同資料館の許可を頂いて公表する次第である。

なお，旧稿で既に提示してある筆者の見解については大幅に省略した。それらは拙著（『日本先史考古学史の基礎研究』六一書房　2008年）に再録されているので参照されたい。また，紙数の関係から，講演の当日配布した「参考資料」の大部分も省略し，本文の理解に必要と思われる部分のみ抜粋して掲載することとした。

1. 山内清男博士略歴

ここにご出席の方たちは相当考古学に興味のある方ばかりと存じますので，山内博士がどのような学者であったか，ということは十分にご存知かと思いますが，念の為博士の略歴をざっと紹介しておきます。

1902（明治35）年東京のお生まれです。早稲田中学卒業後，旧制高校に進学することなく，東京帝国大学理学部人類学選科に入ります（1919年）。この進路選択に，東京帝大出のご尊父（国文学者）はかなり反対したようです。「選科」というのは今で言えば「聴講生扱い」のことですから，ご尊父にしてみればさぞ残念だったことでしょう。同選科を1922（大正11）年に修了。1924年に東北帝国大学医学部解剖学教室の副手に就任します。その後，直属上司の長谷部言人博士と衝突して東京に帰り（1933年），長い間浪人生活を送ります。1941（昭和16）年に加納清子さんと結婚。1943年，再度東北帝国大学医学部解剖学教室の助手に就任しますが，終戦の年，やむを得ない事情から東北帝国大学を退職。翌年東京帝国大学理学部講師となって，先史学を担当。以後定年退職する1962（昭和37）年までこの職に留まります。この間，京都大学・東京教育大学・明治大学・成城大学の非常勤講師を歴任。東大退職後は成城大学教授。1970（昭和45）年8月29日逝去。享年68。

以上の略歴で注意したいのは，①博士が20世紀初頭の生まれであり，大正時代に青年期を送っていること，②正規の学歴（旧制高校→帝国大学）を取得していないこと，③浪人生活がながく学者としては必ずしも恵まれてはいなかったこと，等であります。すなわち，この世代は兵士として大きな戦争に従軍することを免れ，思想的には大正デモクラシーの風潮の中でリベラルな空気を思う存分に吸っていた世代であります。彼の学問を考えるとき，この時代相というものは十分考慮しなければならないと思っております（記紀神話の先入観を持たない点，田中義一内閣以降の厳しい思想弾圧が行われる以前に思想形成を終了している点，軍国少年世代の昭和初期生まれの人たちのように，戦前と戦後の思想的大転換の洗礼を受けておらず，一貫してリベラルな点）。もうひとつの正規の学歴を取得していないということは，学閥に守られず，十分な地位の保障がない代わり，師の学説に縛られない研究の自由を持っているということでもあります。独創的研究がこうした立場の人から生まれるのは当然と言えるかも知れません。その点で万年講師に終わった植物分類学者の牧野富太郎博士によく似た学者と私は勝手に思っています。

どんなところが似ているのかについては，お手元の参考資料をお読みください（**参考資料１参照**）。牧野博士の行動原理は，皆さんがよく知って居られる山内博士のそれと酷似しているのであります。松村瞭氏（山内博士が敬愛してやまなかった，鳥居龍蔵博士の東大辞職の原因をつくった研究者）の父・松村任三氏（牧野の上司）に，牧野博士が長期にわたって圧迫を受けていた（牧野1997：58頁）のも奇しき因縁といえるかもしれません。

少し脱線してしまいましたが，山内博士の学問的業績としては，縄紋土器型式の全国的編年網を整備した他，「縄紋原体」および施紋手法の解明とその組織的研究，大陸の先史文化と本邦先史文化の比較など，偉大な足跡を残しております。著書には，先史土器各型式のカタログともいうべき『日本先史土器図譜』，日本の先史文化研究の理論書ともいうべき『日本遠古之文化』および学位論文である『日本先史土器の縄紋』などがあります。

2. 山内博士の学問に影響を与えた人々

さて，今回の主題となっている「縄紋原体」にまつわる話に入る前に，山内博士の学問の特徴に触れておかなければなりません。それを理解するためには，山内博士がどのような学者の影響を受けているか，ということについて解説した方が手っ取り早いかと思います。

外国の学者ではモンテリウスやチャイルドおよびダーウィン等の影響が強いと言われていますが，日本人の研究者では，以下の三博士の影響が大きいようです。

(1) 鳥居龍蔵博士（1870～1953）

鳥居龍蔵博士は，世界的人類学者にして考古学者であります。小学校中退ながら，東京帝国大学理学部人類学教室の坪井正五郎博士に見いだされ，フランス語で次々に重要な民族学的研究成果をあげた結果，フランス・パリ学士院よりパルムアカデミー勲章をもらい，万国連盟人類学院の正会員ならびに日本代表委員となり，名声は世界にとどろきました。恩師の坪井博士が大正２(1913)年にロシアで急逝してからは，身分は講師（後に助教授）のまま人類学教室の事実上の主

参考資料 1

「万年講師」・牧野富太郎博士との比較

〔牧野富太郎博士について〕

牧野博士は小学校を 1875 年に退学して以来、正規な教育を受けず、矢田部良吉・松村任三両氏の引きで東大に出入りするようになり、1893（明治 26）年に東京帝国大学理科大学助手、ついで明治 45（1912）年に東京帝国大学理学部講師となる。この間、世界的植物分類学者としての名声を確立するものの、1939（昭和 14）年に 77 歳で辞任するまで実に 46 年間も助手・講師の地位に甘んじる。

〔山内博士との共通点〕

①同じ本でも「版」が違えば買いそろえるところ（造園学者俵浩《ひろ》三《み》氏の指摘）（俵、1999）。

②「厳密な学問的態度と、容易に研究成果をまとめようとしない性分」（園芸家の石井勇義氏の証言）（俵、同上）

③「官学アカデミーに対する反骨精神をもっていた」点（俵浩《ひろ》三《み》氏の指摘）（俵、同上）

④「理学博士にしてやるから、論文を提出しろとよく言われたが、30 年間も意地を張って断ってきた」点（牧野、1997）

⑤自分の著書の図を無断剽窃、改造して濫用するものに厳しい批判を浴びせた点（『牧野日本植物図鑑』巻末の「警告」）（牧野、1940→1977）

⑥上司の松村任三と同じ植物分類学の分野で次々に成果をあげるなかで、松村から不快感を示されても、「上司というだけで教えを受けた師ではない」、として全く遠慮しなかった点（牧野、1997）

⑦実力と名声は圧倒的なものがあるにも拘わらず、東大では万年講師に終わった点

→学閥の援護と地位の保障はないが、師の学説や仲間との人間関係に縛られず、自由な研究が出来た！

宰者となったため，海外への調査が自由に出来なくなりました。それで武蔵野会を組織し，国内の考古学・民俗学・郷土史の研究に力を入れたのであります。ちょうどその時期に山内青年が武蔵野会に入会し，博士の知遇を得，博士の勧めにより人類学選科に入学して正式な指導を受けるようになりました。鳥居博士は海外が主なフィールド，山内博士は国内が主なフィールドで，両者の接点は少なく，鳥居博士の影響を具体的に指摘する研究者は少ないのですが，私は鳥居人類学こそ山内考古学の基盤となっていると思っています。文献には現れていませんが，先史時代のイメージを構築するにあたり，鳥居博士の日々の教えがかなり肥やしになっていると思われます。そういう意味で，山内博士は，同門の甲野勇先生や八幡一郎先生を高く評価していた（岡田 1996：100 頁）のだと思われます。考古学の面では，

①石器時代の年代が関東も東北も大きく異ならないという主張（鳥居 1923→1975）

②形質人類学の裏付けをとりながら土器の使用者を限定し，「日本人の起源」を明らかにしようとした方法論（鳥居 1925→1975）

③縄紋土器の型式分類を試みた点（鳥居 1920→1975）

など，具体的に鳥居博士の影響を見てとることが出来ます（大村 2008）。

（2） **松本彦七郎博士**（1887～1975）

松本博士は東北帝国大学で古生物・地質学を教えていた自然科学者です。学問一途なため世渡りが下手で，しかも研究が独創的過ぎるために周囲の学者と軋轢を生ずることが多く，最終的には「精神的な病気」を無理矢理押しつけられて東北帝国大学を辞めさせられてしまいます（松本（子）1985）。本業では不遇な先生でしたが，古物趣味的な日本の先史考古学を真の学問に導く基盤を構築した恩人と言えます。

山内博士は松本博士の仕事に大きな影響を受けており，早くも 17 歳のときに松本博士の研究に触れ，人類学教室助手の小松真一氏にその感動を伝えております（山内 1919→大場 1970）。

山内博士による松本博士への傾倒ぶりは，以下の文章に尽くされています。

> 「縄紋式土器の型式細別を試みこれを年代的に排列し，更に凸曲線縄紋期（陸平式，厚手式に並行）と凹曲線縄紋期（大森式，薄手式に略並行）に分け，或はこの方面の事情を綜合して，古墳時代に亘る独自の年代区分，系統に論究する等，当時一般に疑惑視されたに係《ママ》らず，今日に至って尚精彩ある業績を残されたのである。縄紋土器文化研究の科学的方針は正に同博士によって開かれ，今日一般に認められて居る縄紋土器中期以降の年代区分の大綱も亦博士に負うところである。」（山内 1937→1967：45 頁）

松本博士の論文は挿図が少なく，私には十分に理解出来ない部分が多いのですが，かつて，「文様帯系統論」に於いて松本博士と山内博士のそれの異同を論じたことがあります。山内博士のそれは，系統分類学の深い素養に裏付けられたものであることを知り，一驚した思い出があります（大村 1999）。

私の恩師稲生典太郎先生によれば，山内博士は松本博士を深く尊敬しており，周囲の後輩たち

に同博士の論文を読むことをさかんに勧めていたそうです。

(3)　長谷部言人博士 (1882～1969)

山内博士と長谷部博士は，表面上は極めて仲が悪く，東大構内ですれ違っても互いに顔をそむけていたと江上波夫博士が証言しております。しかし，私は父子の感情的反発程度で，学問的には互いに認め合う仲だと見ています。実際，長谷部博士による山内博士への影響は相当強いものがあります。例えば，山内博士の業績の一つである，ミネルヴァ論争（縄紋式石器時代の下限を鎌倉時代あたりまで下げて考えようとする国史学者の喜田貞吉博士と，縄紋式石器時代は全国大差なく終了すると主張する山内清男博士が『ミネルヴァ』誌上でたたかわした論争）に於ける「勝利」の基盤を構築したのが実は長谷部博士でした。

普通，ミネルヴァ論争は「常識考古学に対する土器編年論の勝利」というように言われていますが，縄紋土器を用いたヒトが仮に「アイヌ＝蝦夷」であった場合，歴史時代になっても東北地方に縄紋土器が存続しても一向におかしくないのであります。しかし，縄紋人が弥生人に変わり，古墳時代人を経てそのまま歴史時代の人々につながってゆくとすれば，歴史時代に縄紋土器が用いられるはずがないのであります。結局，縄紋土器の使用が全国大差なく終了するという学説が普及するためには，日本人一系説（縄紋人→弥生人→古墳時代人→歴史時代人）の普及が不可欠であったのであります。この人類学上の学説を戦中より国民や権力中枢に説いて回ったのが長谷部博士なのであります（大村 2004）。長谷部博士の主張は大東亜共栄圏の盟主たる日本民族の優越性を強調するためのものでしたが，この主張の浸透により，気がついたら〈アイヌ＝蝦夷＝縄紋人〉という考えの枠組みが消滅してしまい，山内学説の定着を急速に促したのであります。

要するに，山内博士の編年体系は，「日本人一系説」を踏まえた上で成り立つものであり，長谷部博士の影響はとてつもなく大きなものであると考えております。

以上，山内博士に影響を与えた三人の日本人学者の学説をほんの少し紹介したのでありますが，いずれも理系の教養を深く学んだ人たちである点で共通しております。山内考古学は，日本考古学の伝統とはかけ離れた，自然人類学的土壌から生まれたものであり，「縄紋」研究もそうした問題意識の中から生まれたものであることを強調しておきたいと思うのであります。

3.「縄紋」の謎の解明

(1)　縄紋原体解明の動機

今まで見てきたように，山内博士は縄紋土器を使用した人々が日本人の祖先と仮定しておりました（戦前）。では縄紋土器とはどのようなものでしょうか。縄紋の施されたものもあれば全く認められないものもある。まさに「多種彩々」（本連続講座のテーマ）です。そのままではヒトと土器を結びつけてそのルーツをたどることが出来ません。それで，これらを細かく型式分類し，それらの型式要素（縄紋・文様・胎土・文様帯など）を一つひとつつなぎ合わせることによって，「縄紋土器」の範囲を見極めようとしました。すなわち，典型的な「縄紋土器」と，どんなにかけ離れた形をした土器でも，型式間のつながりさえ確認出来れば，同じ系統のヒトの手になるものと推定出来る訳です。化石人類のミッシングリンクをつなぐ作業に似ています。縄紋土器型式の編年体系の構築はこのような目的意識のもとに推進されたのだと私は推定しております（大村 1999）。そして，この型式分類上での有力な武器となったのが，「縄紋」の謎の解明とその詳細な分類であった訳です。

縄紋原体の解明に関する研究史については，ここに居られる早坂廣人さんが『縄紋多種彩々』（富士見市立水子貝塚資料館　2008 年）の 15 頁～16 頁に纏めておられるので，ご参照下さい。ただ，縄紋原体の解明をした山内博士のエピソードは，親友の甲野勇先生が『縄文土器のはなし』（世界社　1953 年）で紹介されたものを引用しておられます（綿棒の螺旋《らせん》[補註1)]を油粘土に回転）。この点については，山内博士ご自身の未発表草稿（「縄紋の本態」）では異なった表現がされているので訂正しておきます。この草稿の一部は，既に塚田光さんが未亡人の山内清子氏の許可を得た上で，実物の写真を公表しています（塚田 1980b）。「縄紋の本態」という論文草稿の「序言」と「註」の部分の写真です。そこには，

「机上にあった縄を粘土上に回転しつつ押捺したところが，偶然斜縄紋が出来上がったのである。」

とあります。山内博士は，綿棒ではなく，縄そのものを粘土に回転押捺し，縄紋の本態を偶然に発見したのでした。東北大学に居られた故芹沢長介先生は，ニコルソンというイギリスの人類学者が『マン』という月刊学術誌の 1929 年 3 月号に発表した論文を山内博士がひそかに参考にして縄紋原体を解明したのではないか，という嫌疑をかけられていました（芹沢 1980：121 頁）。これに対し，塚田さんは山内博士の先の未発表草稿を提示することによって，その嫌疑に答えさせたのです。

それはともかく，塚田さんもご指摘の通り（塚田 1980b：97 頁），山内博士にとって発見の動機は「偶然」であっても，研究の経緯からすれば，縄紋の謎の解明は「必然」の結果と思われます。というのは，この発見の前年に発表された論文（「斜行縄紋に関する二三の観察」『史前学雑誌』2 巻 3 号　1930 年）において，縄の圧痕と原体の関係を，極めて詳細に分析しているのでありますが，ここでは，縄の原体を一本一本粘土に押し付けて縄の圧痕（真の斜行縄紋ではない）を作出し，原体と圧痕の関係を詳細に観察していた節があるからです（「縄の繊維束の表面」，「同圧痕」というような表現が度々用いられています）。これを転がして真の施紋手法にたどり着くのは本当に時間の問題であったのであります。

(2)　縄紋の真の命名者は山内清男

「縄紋」の名の起こりは，モース博士が cord mark と大森貝塚で記載したのを，白井光太郎博士（植物学者）が「縄紋」と訳した（白井 1886：49 頁）のが始まりとされています。モース博士は，

大森貝塚報告において「縄紋」の施紋手法について解説していませんが，モース博士の講演を筆録した白井博士によれば，「棒に縄を巻き之を以て土器面を押し装飾を印せしもの」と解釈していたようです（白井 1926：58 頁）。モース博士は回転縄紋にまで考えが及んではいませんが，縄を押し付けた圧痕ということで cord mark と表現していたのです。一方，坪井正五郎博士は，東京都西ヶ原貝塚の発掘報告の中で，「席紋」「布紋」を用いました（坪井 1884：316 頁）。彼は「縄紋」を縄の圧痕とは認めず，編み物或いは織物の圧痕と考えていたようです（目が粗いか細かいかという視点で両者を区分）。山内博士はこの西ヶ原貝塚報告後，「約 20 年間（学界で）縄紋について述べられることはなかった」と意味深長な表現をしておられます（山内 1979：5 頁）。山内博士は他の論文で，「大森式」「陸平式」の型式区分についても，「明治 31 年を期して行方不明となるのである。私は前に『伏流となった』と形容した。何故？　このとき弾圧が行なわれたのではなかろうか」（山内 1970→1972：218 頁）と暗に坪井博士の圧迫を示唆しています。『人類学雑誌』掲載論文に於ける，「縄紋」の用語の使用に関しても規制が加えられた可能性が十分にあります。

その後も織物の圧痕だとか，袋や網の圧痕だとかいう説が繰り返されましたが，ついに昭和 6（1931）年，山内博士が先に紹介した偶然のきっかけから縄紋の謎を解明したのでした。それまでの諸先学は，モース博士をはじめとして真に施紋原体や施紋手法を確認した上で「縄紋」の名を使用していたのではなく，慣用的に何となく使用していたのでした。施紋手法の実体が分かった上で「縄紋」の名称を確定したのは，実は山内博士だったのです。そういう意味で真の「縄紋」の命名者は山内博士というべきです。仮に「蓆《むしろ》の圧痕」だということが確定したら，「蓆《せき》紋」とでも称されたはずだからです。

(3)「縄紋」がなぜ「縄文」に統一されて行ったのか？

「縄紋」の名称を確定した山内博士のプライオリティを尊重するなら，糸偏のついた「縄紋」は今日の主流でなければならないのに，なかなかそうは行きません。商業出版などで企画した本に寄稿する際，糸偏を除いた「文」を使うことを強制する場合が多いそうです。理由は色々あると思います。編集を担当する研究者（大学人が多い）の好み，というのが一つあると思います。某先生の古稀記念の出版物の寄稿者に，「『モン』には糸偏をつけない」，という方針が伝えられていたということです。第二に出版社の立場。あの山内先生の原稿でさえ，強硬に糸編を削除されてしまいました。山内先生は出来上がった印刷物に，ゴム印で糸偏を押していたと某先生が証言しています。これだけ一般社会に糸偏を除いた「文」が定着していると，敢えて糸偏をつけることは一般読者に違和感を与えると言うことなのでしょうか。さすがの私もかつて進学校にいた折，「縄紋」と書いてきた生徒の答案に，「糸偏をつけるのが正しいのだけど，大学によっては減点される恐れがあるから糸偏を除きなさい」，と指導したことがあります。断腸の思いでした。

こうした流れがどこから出てきたのかといいますと，第一は戦中に「文」に統一する大きなうねりがあったということです。「**参考資料２・上段**」の表を見てください。戦前の代表的考古学系雑誌の一つに森本六爾氏創刊の『考古学』があります。ここでは「紋」と「文」を使用する人は相半ばしておりました。これが戦中，紙の確保が難しくなった関係で，杉原荘介氏らが中心となって東京考古学会・考古学研究会・中部考古学会などが合同して「日本古代文化学会」が創設され，機関誌として『古代文化』が刊行されます。この編集者となった後藤守一博士は考古学用語の統一に熱心な方でありました。縄紋土器型式名も二字名に統一しようということを実践していますし，編集後記でも用語の統一を提唱しておられます（**参考資料２・下段**）。ちなみに同博士は，1927 年に刊行された『日本考古学』（四海書房）以来，「縄文式土器」という用語を用いておられます。この関係からか『古代文化』誌上の諸論文ではすべて見事に「縄文」に統一されてしまっているのです（**参考資料２・上段**参照）。戦後の種々の社会改革は，実は戦中に用意されているものが多い（年金制度・女子挺身隊の編成による女性の社会進出，小作人の保護などなど）のですが，「縄文」の文字も戦中に日本古代文化学会という巨大な学会によって統一され，戦後の普及の下地が作られていたのです。第二は，戦後の国語審議会で別紙に示したような流れがあったのです（10 頁の**参考資料３**）。学術界でもマスコミでも教育現場でも，国語を易しく使いやすくして行こう，と歩調を合わせているのです。特に「日本経済新聞社の漢字削除の標準」という部分に注目して欲しいのですが，「同じ意味の漢字を用いるときは，画数の多い文字を削る」，という動きがあるのです。「紋」は当然「文」に統一されてしまう運命にあったのです。こうした流れの中で，本来多数決で決めてはならない学術用語が改変されてしまったのです。

（4）　山内博士による縄紋と文様の定義

こうした社会全体の流れの中で，山内博士はなぜ「縄紋」に固執したのでしょうか？　先ほど指摘したように，「プライオリティ尊重」という理由がまずあります。もう一つの理由は，方法論上の問題です。縄紋も文様の一つであると捉える研究者が多いのですが，山内博士は「縄紋」は文様ではなく，単なる縄の回転圧痕であると定義していました。一方，いくつかの文様要素によって描かれた形態のある模様を「文様」と定義しているのです。こうして置かないと，文様の形態を追ってその系統をたどる彼独自の文様帯系統論（日本の先史土器の進化の過程を見通し，整理するための道具として山内博士が考案したもの）を展開できなくなるのです。

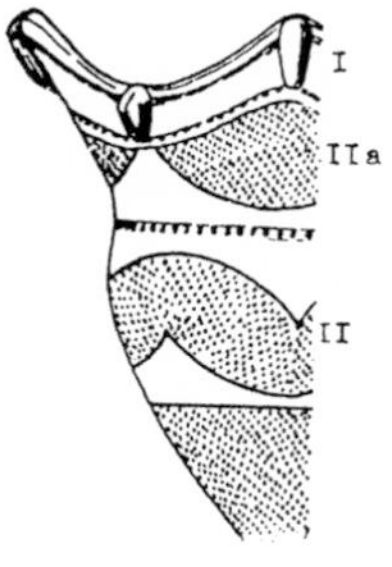

第１図　「文様」と「縄紋」の違い
（山内 1964 より転載）

例えば**第１図**を見てください。縄紋後期の土器の口の付近に「I.」という記号があります。これは縄紋早期から連綿と続く文様帯で，「I. 文様帯」と定義されています。体部（土器の真ん中の部分）には「II.」という記号があります。これは中期後半から現れた新しい文様帯とされます。主に磨消縄紋で構成されています。ここでは入組磨消縄紋となっています。「縄紋」ではありますが，「入組」状の形態を持っているので文様帯と認定されています。次に，その上の「IIa.」とあるものは，加曾利 B2 式頃に「II. 文様帯」から分離されたものとされます。これも弧状の形態を持つので文様帯と認定されます。一方，底

参考資料２

『考古学』から『古代文化』への移行期における「縄紋」と「縄文」の使用状況

	『考古学』（11巻１号～11号，12巻１号）	『古代文化』（12巻２号～12号）
「縄紋」使用論文・報文数	11＋（４）	0
「縄文」使用論文・報文数	10＋（４）	24

注　(1)『考古学』11巻12号は「考古学年報（考古学文献目録 昭和14年度）」にあてられている為，集計からはずしてある。
(2)（　）中の数字は同一文献で「縄紋」と「縄文」が混在しているもの。

（大村 1994 より複写）

編者言

考古學研究上必要なことは用語の統一とその撰定である。自分は自分と、勝手に造語し、これを使つても、他人が文句を挾むことはないぢやないかといふのも、一應は肯けるが、感心しない。やはり統一されてゐた方が、讀む者に都合がよい。それと共に、最初命名する時に、餘程氣をつけて貰ひたい。學界には可成り變な名稱が横行する。それとは一寸性質は違つてゐるが、繩文式土器の名稱はこの際、整理をしたらと思つてゐる。彌生式土器の方は、因より一部の學者だけかも知れないが、或る統一さを持ち、彌生式土器は三字名、土師器は二字となつてゐる。この例にならふと、繩文式土器は、一字か四字がよいが、二字でもよい。しかし既に相當使ひなれてゐるから、さう俄かに改革をするのもどうかと思ひ、將來二字名に統一するとして、甚しく變なものだけを取りあへず改めることを提唱する。花積下層式を菊名式、加曾利E式を姥山式、加曾利B式を大森式としたい。これには一應理由もあり辯解もあるが、それは略して、たゞ贊成して頂きたいと提唱する。

昭和十八年六月廿五日 印刷
昭和十八年七月一日 發行
（停）定價 六拾錢
東京都杉並區阿佐ケ谷三ノ五二六
編輯人 後藤守一
東京都神田區岩本町三ノ二
發行人 藤森榮一
京都市下京區坊城通五條下ル
印刷人（西京四五）久保田光好

『古代文化』14巻７号　270頁と奥付の複写（一部割愛）

参考資料３

文部省『国語審議会の記録』（1952 年）の抜粋

○　「当用漢字表の選定」で提出された、日本経済新聞社の漢字削除の標準（松井委員）（76 頁）

1．　あいまいな字は削る。（柵、棚）
2．　同じ意味で、他に一般に用いられることの多い文字がある場合は削る。（剰、余）
3．　混同しやすい字はこみいった方を削る。（義、儀、講、媾）
4．　略字を生かして本字を削る。（体、體）
5．　語が字から意味を受けない字は削る。
6．　かなで書いても意味の混同しない文字は削る。
7．　平素親しんでいない文字は削る。
8．　我々が忘れている文字は削る。
9．　同じ意味で画の多い字と画の少ない字があるときは、画の多い方を削る。（丘、岡）
10.　画が少なく、かなで書けば長くなる字は残す（斜）。
11.　使いなれた画の少ない字は残す。（辷、凸、凹）

国語審議会から文部大臣への答申（114 頁）

日本がこれから産業を再建し、文化の水準を高めていくためには、日常生活のはしから、高いていどの学問や芸術にいたるまで、それを伝える道具となる国語国字が、やさしく使いやすく、完全に国民全体の所有となっていなければならぬことは申すまでもありませんが、同時に国語そのものも美しく立派なものでありたいと思います。

（学術用語の漢字について）を巡る議論（263 頁）

前の審議会で決めた結果については、まず政府部内で実行することになった。一般には強制力がないが、新聞社が協力してくれた。教育面では、教科書の検定基準に採り入れてくれた。学会《ママ》でも国語を簡易化し、術語を統一したい希望があったので、学術用語調査会では、当用漢字表を一つの標準とすることになった。これは学界の中からの空気で、外部から強制されたのではないと了解する。

（「国語審議会総会議事要録」第３回　昭和 25 年１月 30 日　有光次郎　学術奨励審議会委員の発言））

※下線はすべて引用者

の周辺に施された縄紋帯には文様帯の記号が付されていません。単に縄紋が施されただけのもので，形態を持たないからです。形態を持たない以上，前後の型式との形態上の比較が出来ないので「文様帯」と認定しない訳です。こうした種々の定義は山内博士独自のものですので，普遍的妥当性を持っている訳ではありません。ただ，形態のある文様に「文」の字を充て，単なる圧痕や形態を持たない擦痕などに糸偏のある「紋」の字を充てて記述すると，確かに分かりやすくなるので，私はここ十数年真似をしています。また最近，私より若い有力な研究者たちが賛同してくれております。

4. 「縄紋」の研究からなにをつかもうとしていたのか

山内博士は，縄紋の研究を多方面の研究に応用しております。例えば**第２図**を見てください。この二つの土器は『日本先史土器図譜』の第Ⅰ輯に掲載された「十王台式」と「野沢式」です。これらの体部には付加条の縄紋や磨消縄紋がしっかりと施されております。新しい時期の土器（関東の弥生土器）の図版提示をなぜ冒頭に持ってきたのか，不思議に思われる方も居られると思

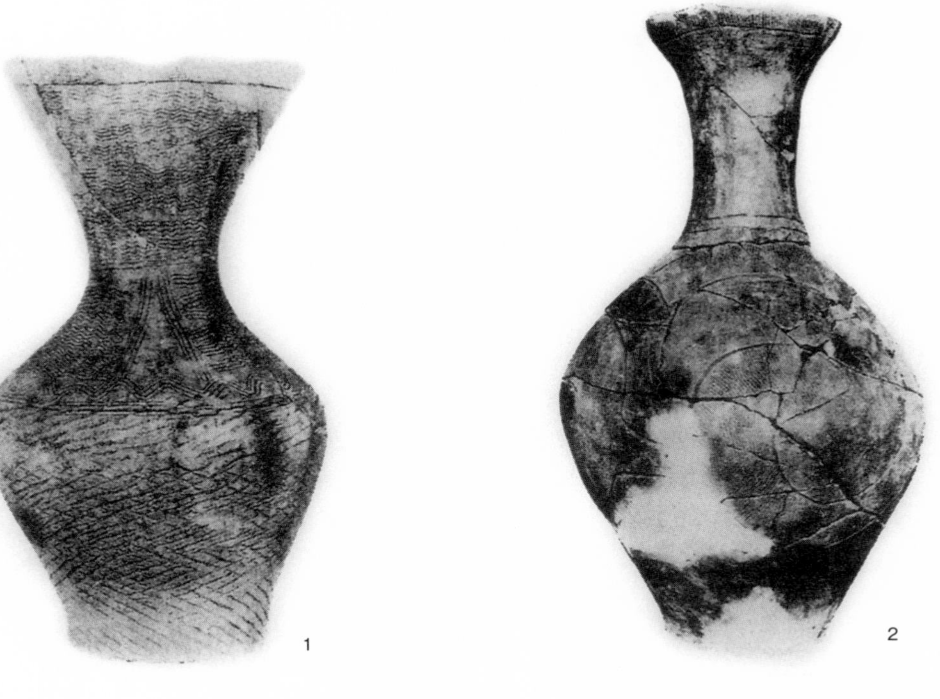

第２図　『日本先史土器図譜・第Ⅰ輯』所載の「十王台式」と「野沢式」の図版の一部（1は同書図版2から転載，「十王台式」。2は同書図版5から転載，「野沢式」）

いますが，これは戦前森本六爾氏を中心とする東京考古学会との弥生式に関わる論争が背景にあると思われます。すなわち，同学会が，「弥生式の本源を北九州のあたりに置き，その東方への進出を感激に満ちた調子で叙述する偏向を有して居る」ことに対し，山内博士は「弥生式の母体は縄紋式にある」という持説を『日本遠古之文化』（補註付・新版）（1939年12月）で展開するのです（同書「補註42」および「補註37」参照）。これを補強するために，縄紋が施された関東の弥生土器の資料提示を急いだのではないか[補註2)]，と私は考えております（『日本先史土器図譜』の第Ⅰ輯はその5ヶ月前に刊行）。一方，最古の土器を探索するときも，縄紋を手がかりに一段ずつ古い土器を追っている状況を『日本遠古之文化』や「縄紋草創期の諸問題」という論文の記述から窺うことが出来ます。**参考資料4・上段**の表に注目してください。前期の「総称蓮田式」（繊維土器群）に縄紋が多く，先行する早期末の茅山式になると縄紋が少なくなる。そして更に古い沈線紋系土器群の段階（三戸・田戸下層）になると縄紋は「無又は稀」となります。ここで山内博士は縄紋を手がかりとした最古の縄紋土器の探求をあきらめますが，白崎高保氏や江坂輝弥先生らが稲荷台遺跡で更に古い撚糸紋系土器（稲荷台式）を発見すると，縄を媒介とした古式縄紋土器の探求が再開されます。**参考資料4・下段**の抜粋文の下線を引いたところに注目して欲しいのですが，草創期前半の土器群の年代的位置づけにおいては，縄紋の手法を手がかりに一段一段階段を上っている状況が窺われるのです。

結局当時最古の縄紋土器と考えられていた隆線紋土器に縄紋が認められず，縄紋を手がかりとした縄紋文化の遡源の探求は断念させられることになるのですが（山内 1969：7頁），縄紋式の始源やその終末の研究に於いて，縄紋の組織的研究が常に大きな武器となったことが分かります。

次に山内博士が縄紋の研究から何を最終的に導きだそうとしていたのか，このことについて考えてみたいと思います。これについては，私の恩師・稲生典太郎先生が重要な証言を残してくれています。以下に関連箇所を引用します。

> 「（山内）先生が戦前から書きためておられた縄紋施文の研究論文の清書にとりかかられた頃，私は先生に，結論はどんな風に纏められるのですかと，不躾な質問をしたことがあった。その時，先生は我が意を得たりとばかり，あり合わせの紙に数本の平行線を引き，各線の間にそれぞれ一本ずつの短い縦線を，少しずつ左右にずらして書き入れて，これは各時代ごとに，日本の東と西に縄紋の模様の偏りがあることを示すもので，とりも直さず，先史時代に幾度か東西文化の対立とその広狭がくり返されたことを物語るものだ，と説明して下さった。先生の編年論の極意がこの一枚のメモに凝縮していることを直観して，私はありがたくこの直筆のペーパーを頂いて帰った。」（稲生 1996：89頁。括弧中の語句は引用者）

このメモに該当するのは，**参考資料5**（14頁）に転載した「附表Ⅰ」だと思われます。「各線の間にそれぞれ短い縦線を少し左右にずらして書き入れて」というくだりは，附表Ⅰにある太く短い縦線と思われます。ちなみに塚田光さんも博士の学位論文を1979年に刊行したあと，下総考古学研究会の例会でこの表のコピーを示されて，「これは重要な表だ。しかしこれの意味が理解出来るのは何人もいないだろう」と言っておられました。

参考資料４

『日本遠古之文化』記載の「古式縄紋土器」型式群における諸要素のつながり

型式名＼型式要素	①繊維混入	②貝殻条痕	③底部形態	④縄　紋	⑤文様帯の特徴
三戸・田戸下層	×	△	尖底	×	幅広い
田戸上層／子母口	△	△	丸底	－／（×）	幅狭く口頸部に収まるもの多し
茅山式	◎	◎	丸底・平底並存	（△）	口頸部の狭い部分にあること多し
「総称蓮田式」	◎	×	平底	◎	口頸部に限られる
狭義の諸磯式	×	×	平底	－	同上。（新しい型式で再び文様の幅が広くなる）

註）（　）内の部分は『日本遠古之文化』の記述中にはないが，『日本先史土器図譜』中の記述で確認出来たもの。「－」は該当の的確な記述が確認出来ないもの。◎は「顕著」，△は「少」，×は「無又は稀」の記述を記号化したもの。

（大村 1993 より複写）

さて，山内が『日本遠古之文化』の再刊を果たした直後の1969年に「縄紋草創期の諸問題」が公表される（山内，1969）のであるが，土器の解説は「縄紋草創期後半」の「稲荷台式」から具体的に説き起こされている。この論文が『日本遠古之文化』の延長線上にあることはもはや明白であろう。今回の場合，「縄紋」の観察と図版提示に多くのスペースが割かれているのが特徴である。草創期前半における短い縄の圧痕を施す事例（山形県日向洞窟，新潟県本ノ木遺跡，同県小瀬ヶ沢洞窟出土例）や短い幅の縄の回転圧痕の土器が上記の側面圧痕の土器に伴う事例（小瀬ヶ沢洞窟・日向洞窟出土例）が紹介され，これは，「縄紋付着の始源を示すものかもしれない」と興味深い指摘をしている。さらに新潟県室谷洞窟において戦後長い間最古の縄紋土器と考えられていた井草式出土層の下層から羽状縄紋を持つ底部四角形の土器（室谷下層）が出土している事実を特筆している。そして日本各地のこの時期の土器の出土例と栃木県大谷寺洞窟の発掘所見を踏まえて

１．隆線文→２．爪形文→３．大谷寺２式（「浅い縄の回転圧痕」）→４．大谷寺３式（「内外面に粗い単方向縄紋」）（椛ノ湖II…「内外面に縄紋」）

という草創期前半の細別を示し，小瀬ヶ沢の「始源縄紋」（「短い幅の回転圧痕」）や本ノ木遺跡の出土土器（「短い縄の圧痕」）を２．の爪形文土器の段階に置いたのであった。室谷下層の羽状縄紋の土器は同論文７頁下段中央部分の表現を素直に読みとるとやはり４．の大谷寺３式のあたりに編年的位置が求められるようだ。こうしてみると短い縄の側面圧痕がまず存在しその中に短い縄の回転圧痕の土器が混在して，回転縄紋の祖型をなし，井草式直前の室谷下層や大谷寺３式のあたりで回転施文が確立していることをここで強調していると判断してよかろう。結局，山内にとって「草創期」という概念は，縄紋の手法の観点よりすれば縄の側面押圧が発生する過程から回転施文が確立し，それが盛行する多縄紋系の尖底土器の段階（「花輪台・大浦山」が下限）までを指しているのである。

（大村 1993 より複写）

参考資料5（山内 1979より複写）

附表I 日本先史時代の縄の撚り方の癖（要旨）

	九州	吉備	畿内	中部	関東	陸前	陸奥	北海道	
最古					R		L	=	最古
早期	(R[1])	(R[1])	(?[1])	(L?)	L[5] R (R)	R			早期
前期	R[2]	= =[4]	= =[4]	= L	={ L{	={ R{	R =	R =	前期
中期		=[4] L	=[4] L R	L[5]? R	L[5] L{	R{R, R, R, R, R, R}	R = =[4] =[4]	R?	中期
後期	L[3]{	L[3]{	R{	R	R{ L{	R{R, L[10], R(=), R(=), R(=)}	R{	R?	後期
晩期			R[6]	R	R (R[6])	R{R(=), R(=), R(=), R(=), R(=), R(=)} ┃L[8]┃	R{ L[5]	R? L[5]	晩期
弥生					R =	┃L[7]┃R, R	L[5]? (L[11])	L[5]┃R[9]?	続縄紋

R　Ⓡ条多い型式
L　Ⓛ条多い型式
=　R，L両条ほぼ同数になる他の因子ある場合
( )　稀少な場合
┃　地方差の境界

1　撚型紋土器に伴う少数例から判断したもの
2　塞ノ神式土器
3　磨消縄紋中にある縄紋から判断したもの
4　羽状縄紋が一般的ではないが，RとLとが同数近いもの
5　斜位圧痕，L条多きもの
6　輸入された東北地方の亀ケ岡式土器
7　天王山式土器
8　金田一町愛宕遺跡
9　北海道北部
10　加曽利B式並行の一型式
11　輸入された北海道の江別D式土器

この表をみると，東北・北海道は全般的にＲ条（1段の縄に還元した場合，Ｒの撚りという意味）が支配的で，関東以西はＬ条が目立つような印象を受けます。稲生先生が証言された，「日本の東と西に縄紋の模様の偏りを」示しているものと解釈されます。松村瞭博士が現代日本人の頭形や身長の分析から，細かな地方差を見いだした（松村「日本人の頭長幅指数，身長およびその地方差」1925→池田次郎・大野晋編『日本人種論・言語学』平凡社　1973　邦訳所収）のと同様，縄の組織的研究から縄紋人の「地方差」を導き出そうとしていたように思われます。縄の研究を通して，大正・昭和前期の時代に自然人類学の分野で注目されていた課題に取り組もうとされていたのではないか，と私は推察しているのです。

「附表Ⅰ」に関するエピソードをもう一つ挙げます。私どもが勝坂式土器（縄紋中期中葉の一土器型式）の共同研究を推進しているときにこの『日本先史土器の縄紋』が刊行されたわけですけれど，この仕事を成し遂げた塚田光さんは，くだんの本の刊行も「勝坂式の共同研究の一環」と言っておられました。そして，この附表を仲間に示して，「勝坂式の縄紋の特徴はL^5だ」，とさかんに強調しておられました。「附表Ⅰ」の関東の欄をご覧ください。中期前半のところにその記号を確認出来ます。L^5というのは1段に戻した場合，Ｌ撚りとなる縄を斜位に転がして，縄紋を縦位に窮屈な形で表出するものです。勝坂式土器において確かにこの傾向は強く，『日本先史土器図譜』掲載の勝坂式もこの手法が用いられております。山内博士による土器型式の抽出の的確さは誰もが認めるところですが，こうした縄の深い理解が大きな支えになっていると思われます。

5.　学位論文をめぐって

山内博士の学問に深く傾倒している鈴木正博さんの表現を借りれば，「ノーベル賞級」のこの研究は，長い間纏められて出版されることがありませんでした。「学位論文に纏めるように」，という誘いは長谷部言人博士から随分あったようですが，気乗りはしなかったようです。冒頭に紹介した牧野富太郎博士は30年も学位論文を書くことを拒んで来ましたが，牧野博士の自叙伝を読むと，山内博士の心理が浮かび上がって来ます（長谷部博士に「借り」を作りたくなかったのでしょう）。それはともかく，年をとってからは，正規の学歴を取得していない山内先生にとって，定年後の生活のためにも学位は必要になってきます。どこに出すかが問題ですが，

〈若いときの理学博士ならともかく，年をとってからでは馬鹿らしい。もらうなら文学博士だけれど，文学部となると東大では八幡君や駒井君のところに出すことになるからこれもイヤだ。〉

というようなことを晩年の対談で語っておられます（山内ほか 1971：67頁）。結局，京都大学の梅原末治博士の勧めに従い，京大の文学部に提出して，1962年に文学博士の学位を取得します。この間，佐藤達夫氏や磯崎正彦氏らが協力したということです。清書は，佐藤達夫氏の許で進められたということですが，早稲田大学国文の学生（女性）が担当したということが，塚田さんの

遺品のノートから判明しました。出来上がった学位請求論文を抱えた磯崎氏は，提出期限の夕刻，刻限ぎりぎりに京大考古学教室に駆け込んだといいます（佐原 1981：167 頁）。相当時間に追われた作業だった訳で，山内博士のチェックがどの程度入っているのか，危ぶまれます。例えば，『日本先史土器の縄紋』（1979 年）の 4 頁，11 行目に，

> 「人類学雑誌が創刊された明治 19 年頃，白井光太郎氏は屢々土器について触れられたが，氏は『縄紋』と称された。cord mark の別な訳語である。『縄紋』の語は誰が用い始めたのかは明らかでないが，大正頃の事である。」（傍点は引用者）

というくだりがありますが，2 番目に出てくる「縄紋」（糸偏あり）の部分は，本当は糸偏がなかったのではないでしょうか。そうでないと，意味が通らないからです。白井氏が「縄紋」の用語を明治 19 年頃から用い始めていた，と紹介したあとに，**「『縄紋』の語は誰が用い始めたのか明らかでないが，大正頃のことである」**，としたのでは，初めて「縄紋」の用語を使用した白井氏を無視したことになるではありませんか。「文」にすべて糸偏をつける方針（恐らく佐藤達夫氏による）に従って機械的に清書してしまった誤りです（清書原稿の当該部分には確かに糸編あり）。また，先ほど紹介した，白井博士筆録のモースによる cord mark の解説は，山内学位論文によれば，「棒に縄を巻き之を以て土器に押し装飾を印せしもの」とありますが，正しくは「……土器面を押し装飾を印せしもの」と原典（白井 1926：58 頁）に記載されてあります（傍点は引用者）。このように，1979 年に刊行された『日本先史土器の縄紋』は，切迫した状況の中で突貫工事のように作成された原稿を底本にして刊行されたものであり，種々の誤りが潜在している可能性があるのです。

こういう訳で，私は，京大に提出した清書原稿は十分な史料批判が必要である，と考えております。塚田さんたちは，山内家から博士の縄紋関係の原稿・草稿類を預かり，学位論文刊行後も共同研究を続けていたらしいですが，氏の急逝後，共同研究は中止されたということです。私は小山勲氏からそれらのコピーを閲覧しただけで，現物を詳細に分析する機会を持ちません。京都大学への提出原稿を底本とした 1979 年『日本先史土器の縄紋』を完全無疵の「聖典」とすることなく，再度既発表論文や草稿類および講義ノートとの照合・比較検討をする方が現れることを切に望みます。

さて，山内博士による縄紋の研究は，1931 年に本格的に始まって以来，短時日のうち（2〜3 年間）にほとんどの原体解明に成功したと，ご本人が書いておられます（山内 1979：7 頁）。すぐ学術雑誌に公表すればよいものを，断片的な発表では意が尽くせないと考えられたのか，縄紋研究のすべてを単行本として一遍に刊行する心積もりを持っておられたようです。しかし，「本文原稿用紙 200 枚，写真図版 200 枚」の大論文を印刷するとなると莫大な資金が必要です。塚田さんのご尊父から伺った話ですが，1979 年に『日本先史土器の縄紋』を刊行したとき，概算で約 600 万円かかったということです。清貧に甘んじていた山内博士には到底賄えない金額といえます。商業出版に依頼する手もありますが，戦前は考古学が日陰の存在であり，一介の浪人の，しかもこのような途方もない専門研究書を引き受けてくれる出版社があるはずもありません。戦後

は縄紋研究の第一人者にして東京大学講師の地位にありましたから，商業出版を利用するには十分な環境にありました。しかし，講談社の『日本原始美術　1』（1964年）の刊行の折に見られたように，20回目の校正をしてもなお書き直しを要求する姿勢（中村 1996：46頁）は，商業出版から敬遠されることになります。一方，自分の意思が通らない商業出版に頼ることを山内博士は忌避していたようです。柏屋印刷所の塚田光さんに接近し，自費出版の途を模索したのはそのあらわれです。しかし，『山内清男・先史考古学論集』の刊行は順調に行きましたが，学位論文の刊行はスムーズには行きませんでした。見積もりを塚田さんに出してもらったところ，そこに書かれた数字を見て山内博士はがっかりした顔をしたということです。さっき申し上げたように，約600万円もかかることが分かったからです。全部売れてから代金を清算する方法もあったでしょうが，売れ残ったことを考えたら，完売後精算という方式は，塚田さんも二の足を踏んだことでしょう。十数年後に塚田さんが刊行したときは，1000部も刷ったのに，あっという間に売れてしまい，某大学の教授の手元にまで回ってこなかったそうです。手に入らなかった多くの人々から苦情を受けたと塚田さんは言っておられました。松本清張まで注文に動いたと聞いております。しかしこれは結果論であり，売れ行きが不透明な状態では刊行を断念するほかはありませんでした。このような状況の中で，「縄紋」の研究成果は長い間活字になりませんでしたが，山内博士の縄紋研究の成果はその間，いくつかのルートを経て，人から人へと伝えられていきました。

第一のルートは個人的な伝授です。稲生先生によれば，戦前の國學院大學の学生等は先を争って，山内博士のもとで縄紋施紋法の伝習をしていたそうです。たわいないことですが，より早く伝習した者は，まだ縄紋施紋法の指導を受けてない仲間に自慢していたそうです。佐原眞氏も戦後個人授業を受けたことを種々の機会に表明しておられます。ここでは，縄紋原体の作り方とその施紋手法の伝授が主体となった模様です。

第二のルートは，東大を皮切りに明治大学，京都大学などで行われた縄紋の講義，およびその講義ノートを使っての学習です。東大での講義は，動物学専攻の学生らが2〜3人，キョトンとした表情で聴講していた（稲生先生談）ということですから，モノになった学生は少なかったと思われます。ただし，野口義麿氏のような学外の聴講者によって講義ノートが作成され，國學院大學関係者を中心に広まって行きます。例えば，野口氏の受講ノートは，寺村光晴氏が筆写し，それを更に小林達雄氏が筆写しております（鈴木 2000：131頁）。野口氏作成講義ノートのコピーは永峯光一先生のもとにもあり，それは鈴木保彦氏によって，公表されております。私の手元にも，「永峯本」と伝わるノートのコピー（表紙に「山内清男　東大講義ノート　施文原体」とある）があります。内容は鈴木氏公表のものと一致しているものの，筆跡が明確に異なります。実に色々な人々によって筆写されていたことが分かります。

なお，野口氏作成ノートに書かれた講義の回数は，17回分（1953年6月19日〜1954年3月12日）なので，「（一週二時間三十週）を必要とする」（山内 1958：232頁）という「中程度」の講義内容に比べて，ほぼ半分の量といえます。明治大学での講義は「プロローグ程度で終わってしまった」と塚田さんから聞いております。高橋良治さんによれば，実際に縄を作りながら講義が行われたということですから，一つひとつの原体の解説にかなり時間がかかったことでしょう。このように，大学での授業でも，山内博士の縄紋研究の全容が完璧にカバーされてはいなかったようです。野口ノートと学位論文を比較すると，前篇の原体解説は，一応ほぼ全項目について触れていますが，原体や圧痕のスケッチが主体で，細かな解説は記載されておりません。後篇の「縄紋の総合的研究」では，文様帯系統論の解説が松本彦七郎博士のそれの紹介と批判のところで終わっております。戦後陸続と発見されつつあった縄紋草創期前半の土器群に施された縄紋については，全く触れていません。学位論文の「余説」に紹介された，世界の縄紋施紋例の抽出についても，講義では触れるところがありません。全般に，「中程度の解説」以下という印象を受けますが，塚田さんによれば，この1953年に東大で行われた講義が最も詳しいものであったということです。この講義ノートは，私のような考古学専攻講座のない大学の学生には，閲覧することなど論外，その所在すら分からない状況でした。おそらく極めて限られた人脈を介して密かに複写されていったのでしょう。

第三のルートは，山内博士から十数人の研究者に提供されたという学位論文使用の写真図版，磯崎正彦氏の手元にあった学位論文の手写原稿の閲覧・複写です。しかし，これらは，山内博士との信用問題から，他人に閲覧させることすらはばかられたことでしょう。

このように，多数の人々に山内博士の研究成果が直接あるいは間接に伝わって行ったのですが，博士の生前においては，この情報を公表することなど到底考えられないものでした。その一部を芹沢長介氏が考古学辞典や夏島貝塚の報告で公表していますが，「世の中には節度と云うものがあると知るべきである」と山内博士に手厳しく批判されています（山内 1969：295頁）。この結果，山内博士の縄紋研究のかなりの部分をマスターしていた人も，「縄紋土器の技法」（山内 1958）や『日本原始美術　1』（1964）に提示された内容を超える記載をすることは極めて困難であったのです。

一方，山内博士没後は，彼と親しかった研究者や弟子を核として，山内直伝の縄紋施紋法の伝授（例えば磯崎正彦氏から鈴木保彦氏への伝授のように），講義ノートの複写，学位論文のコピーの閲覧・複写など，古今伝授のような形でその知識が閉鎖的に伝えられていったのです。前近代的な学問のあり方がつい30年前まで残っていたといえましょう。上記の人脈から外れた人々は，山内博士の学問の無視・反発に走る外なかったのであります。

更に問題とすべきは，山内博士の最も信頼していた佐藤達夫氏が1977年に亡くなると，学位論文の内容が引用抜きで使われるようになります。このことについては，『日本先史土器の縄紋』刊行後，塚田氏が各種の文献と学位論文を照合し，誰がどの部分を失敬したのかを明確に洗い出すことに成功し，その事実を論文の中で示唆しております。関連記事を読み上げます。

> 「山内博士のこの研究の一部が，刊行前に部分的に盗用されたのではないかという疑いのあるもの，および盗用のうえに誤認したと思われるものについては，何かの機会に，その箇所を指摘して訂正しなければならないとは考えている。」（塚田 1980b：104頁）

この論文発表の3ヵ月後，塚田さんは急逝されており，具体的事例は明らかにされないまま終わってしまいました。ただ，1980年7月の「下総」の月例会で，口頭にて具体的事例の一部が指摘されています。これが公表されたら，当時かなりの波紋を呼んだでしょうが，今となってはもう問題にする人もいないでしょう。両者を比べたら，誰にプライオリティがあるかは明らかだからです。それはともかく，山内博士のプライオリティが，虫食いのように荒らされ始めたのが，1970年代後半の状況でありました。こうした状況の中で，塚田さんは『日本先史土器の縄紋』の刊行を決意するのです。

6. 塚田光の仕事の意義

塚田さんが『日本先史土器の縄紋』を刊行した意義については，既に拙稿（大村 1993）で詳細に述べてありますので，そちらを参照して頂くとして，そこでは述べられなかったことを二，三追加しておきたいと思います。

ここで特に強調しておきたいのですが，『日本先史土器の縄紋』は，塚田さんでなければ，出せなかったということです。塚田さんによると，山内博士と親しかった某研究者が博士没後，山内家に乗り込んで行ってこの刊行事業の推進の了承を取り付けていたということですが，遂に実現をみませんでした。なぜ出来なかったのでしょうか。それは次のような事情があったと推定されます。

山内博士の指導を受けた研究者たちには以下のような立場の方々がおりました。

① 大学で縄紋の講義をしている人たち。この人たちは『日本先史土器の縄紋』が刊行されない方が講義の価値が維持できるのは言うまでもありません。実際，「大学で講義がしにくくなった」とこぼした方が居られたということを，塚田さんのご尊父から聞いて居ります。

② 既に山内博士の研究の一部を自分の研究に失敬してしまった人たち。もちろんこの人たちは『日本先史土器の縄紋』が刊行されるのは迷惑なことです。塚田さんは，そうした人が同書の刊行に関わったら，失敬した部分は「ネグレクトされてしまっただろう」，と言っておられました。

③ 講義ノートや学位論文の写しを持っている人たち。この人たちも，『日本先史土器の縄紋』が刊行されることには複雑な思いを持ったことでありましょう。

こうした種々の立場の人たちが学界の一線に居られる以上，プロの研究者のどなたかが『日本先史土器の縄紋』の刊行の準備を始めたとしたら，ただちに様々な注文が寄せられてくることは目に見えています。実際，塚田さんが1979年6月にこの事業にとりかかった直後から，予想を超える喧噪が塚田さんの周囲に起きたということです（塚田 1980a：2頁）。塚田さんがそうした喧噪に耐えられたのは，職業研究者ではなく，誰にも遠慮がいらない立場にいたからこそだと思われます。当時，出身大学（明治大学）の恩師に，縄紋研究者がいなかったことも幸いしました。冒頭に指摘した，牧野博士のような比較的自由な立場にあったからこそ成功したのだと思われます。これに加えて，誠実で公正な人柄により，山内家の信頼が極めて厚かったことも忘れてはなりません。塚田さんの潔癖さは，私のような凡人には，腹の中を見透かされそうで，恐ろしささえ感じました。

一例を挙げましょう。

『日本先史土器の縄紋』の写真図版は裏白です。ところが写真製版業者の間違いで両面印刷の版組をしてしまったそうです。それで印刷直前，鶴巻の柏屋印刷所に於いて，ご両親やご姉妹を総動員してその修正をしたということです。完成してから，ご家族のどなたかが「記念に一部欲しい」と言ったところが，「欲しいのなら有料で引き取ってくれ」と申し渡したそうです。そして 1000 部を売って，必要経費を除いた残額は，すべて山内家にお渡ししたとご尊父から聞いております。学位論文刊行後，ある先輩が，「塚田君もいい商売人になったねぇ」と言って寄こしたそうですが，見当違いも甚だしい感想といえます。ちなみに塚田さんが急逝した後も，会計処理には何ら問題はなかったと言います。刊行直後の下総考古学研究会の例会で，「この本を若い人が一杯買いに来てくれましてねぇ」「学界の財産は皆で共有し，同じ土俵に立って学問を発展させていこう」というようなことをうれしそうに言っておられました。こうした公正で無欲の人柄だったため，誰も面と向かって文句を言えなかったのだと思います。塚田さんにお会いしていない方には理解出来ないでしょうが，自分の業績を稼いで名前を売る，というような研究者では全くありませんでした。自分の発想を惜しげもなく若い仲間に提示して研究を促すことはしょっちゅうでしたし，「下総」がかつて推進していた中峠式土器の共同研究に個人の名前を入れないことを提案したのも彼だったということです。編集・執筆の中心となったのは実は彼であったのですが。共同研究で確実なタイムスケール（中峠式・勝坂式など）を得られたら，自分の集落・共同体研究に活用できるからそれでよい，というスタンスであったと思います。『日本先史土器の縄紋』の刊行にあたっても同じ考えであったと私は確信しております。山内博士の縄紋研究が公のものとなり，自由に活用できるようになれば，「下総」の縄紋土器研究にも遠慮なく使用出来るし，何よりも日本考古学の飛躍的な発展を期待出来る，と考えられていたのです。若い人たちが争って同書を購入し，一生懸命マスターしようとしている姿を見て，本当に嬉しそうでした。

おわりに

山内博士が仮に東大の教授であったら，「縄紋」の研究成果は『東京帝国大学理学部紀要』などという形で公費により出版され，そして語学力のある東大の優秀なスタッフにより，巻末に英文梗概が付載されて，日本はおろか世界にその成果が広まっていったのではないかと思います。しかし，学歴の壁に阻まれてとうとう東大では一講師のまま終わってしまい，その成果の公表は独力で模索する以外に途はありませんでした。資金の提供者もなく，未公表資料という状態が長い期間続いたため，他の研究者による「縄紋」の研究は停滞を続けたのでした。数奇な運命をたどったこの研究成果は，何の利害関係もない塚田光氏により日の光が当てられ，現在新しい世代の人々によって更に力強く発展を見ております。これまで当館にて行われた一連の「縄紋」講義のレジュメを拝読すると，その精緻な知見の数々に驚嘆させられます。こうした研究の発展の基盤構築は，もちろん山内博士の功績によるものですが，塚田光氏の陰の献身も学史の片隅に位置づけておきたいと思っております。

以上で私のお話を終わります。ご静聴ありがとうございました。

謝辞

講演の機会を与えてくださった埼玉県・富士見市立水子貝塚資料館（荒井幹夫館長：当時），同館学芸員（当時）の早坂廣人氏，種々有益な助言を頂いた三門　準・寺内隆夫両氏，並びに極めて専門的な内容の話にも拘わらず，最後まで熱心に受講してくださった講演会参加者の皆さまに厚く御礼申し上げます。

補註

1）　この論文を発表した後，「『綿棒の螺旋』とは何か？」という質問をある知人から受けた。現代の綿棒は紙の軸に綿が巻いてあるものが普及しているので，若い人には想像がつかないと思われる。昔の医療用の綿棒は金属で出来ており，先端部分に螺旋を入れて綿が絡まりやすくしてあるのである。一方，指でつまむところは操作しやすいように膨らませてある。

2）　本稿の一部は大村（1993）で展開した所見を取り込んでいる。大村（1993）を公表した直後，これを読まれた明治大学の石川日出志氏より，『フィールドノート』という「勝田市文化・スポーツ振興公社」の広報紙（vol. 4　1992）の送付を受けた。ここには，山内清男と「十王台式土器」に関わるエッセイが二編掲載されている（山内の弟子である瀧田宏・藤本武両氏執筆）。それらによると，1935年に藤本弥城（藤本武氏の兄）等が発見した，縄紋の付けられた弥生土器を山内に鑑定を仰いだところ，利根川以北に分布する弥生後期の一型式になる可能性を教示されたということである。一方同じ頃，栃木県でも同類の土器が発見され，「某君等」が山内に鑑定を依頼して来たそうである。山内は，これに対し，「茨城県で発見された当該地方特有の弥生式である」旨を教示したという。ところがその「某君等」は，東京考古学会の例会で，山内の教示であることを伏せて，新しい型式名として「二軒屋式土器」として報告してしまい，続けて雑誌『考古学』においても報文を公表しようとした。それで，その情報に接した山内は，発刊準備中の『日本先史土器図譜』の第Ⅰ輯に，急遽，藤本弥城等の採集資料を提示し，「十王台式」と命名して新型式提唱の先取権を確保した（その栄誉は瀧田・藤本両氏に付与）というのである（瀧田 1992・藤本 1992）。瀧田氏等が指摘した栃木県の「某君等」というのは，寺内武夫・篠崎善之助両氏のことだと思われるが，くだんの報告（寺内武夫・篠崎善之助「下野中原遺跡調査概報―第一回―」『考古学』10巻10号　1939年9月）には，「山内清男先生のご好意に依って拝見さして頂いた常陸出土のもの等から類推して考察を進める」（517頁）とあり，決して山内清男の教示を伏せているとは思われない。寧ろ，東京考古学会がこの報告所載号に於いて「北関東弥生式文化の研究」という特集を組んで，大々的にこの地域の弥生式研究に乗り出したことに対する対抗意識が，『日本先史土器図譜』の冒頭に「十王台式」を持って来た理由と思われる。理由は一つではない，ということである。

引用・参考文献（五十音順）

稲生典太郎　1996「山内先生の思い出」『画竜点睛』山内先生没後25年記念論集刊行会

江上波夫・江坂輝弥　1996「私の考古学研究史の登場人物たち—山内先生のこと　その他—」『画竜点睛』山内先生没後25年記念論集刊行会　所載

大村　裕　1993「ある学史の一断面—『日本先史土器の縄紋』の刊行と塚田光—」『下総考古学』13号　下総考古学研究会

大村　裕　1994「『縄紋』と『縄文』—山内清男はなぜ『縄紋』にこだわったのか？—」『考古学研究』41巻2号　考古学研究会

大村　裕　1999「山内考古学の一側面—「山内考古学の見直し」に寄せて—」『考古学研究』46巻2号　考古学研究会

大村　裕　2004「稲生典太郎先生が山内清男に出会った頃—1930年代の日本先史考古学界の一断面—」『白門考古論叢』稲生典太郎先生追悼論集刊行会　所載

大村　裕　2008「鳥居龍蔵と山内清男」『日本先史考古学史の基礎研究』六一書房　所載

岡田淳子　1996「山内清男と先史考古学」『画竜点睛』山内先生没後25年記念論集刊行会　所載

甲野　勇　1953『縄文土器のはなし』世界社

佐原　眞　1981「特論　縄文施文法入門」『縄文土器大成3—後期』講談社

佐原　眞　1984「山内清男論」『縄文文化の研究　10縄文時代研究史』雄山閣

白井光太郎　1886「石鏃考」『人類学会報告』3号

白井光太郎　1926「モース先生と其の講演」『人類学雑誌』41巻2号

鈴木保彦　2000「山内清男　縄文講義ノート—於：東京大学人類学教室（昭和28〜29年）—」『縄文時代』11号

俵　浩三　1999『牧野植物図鑑の謎』平凡社新書

瀧田　宏　1992「十王台式発見と命名の経緯」『フィールドノート』Vol. 4　財・勝田市文化・スポーツ振興公社

塚田　光　1980a「山内清男著『日本先史土器の縄紋』刊行の諸事情」『研究メモ』168　下総考古学研究会

塚田　光　1980b「山内清男著『日本先史土器の縄紋』の新刊紹介（芹沢長介）を読んで」『考古学雑誌』66巻3号

坪井正五郎　1884「西ヶ原貝塚探求報告　其六」『東京人類学会雑誌』98号

寺田和夫　1981『日本の人類学』角川書店

鳥居龍蔵　1920「武蔵野及其有史以前」『武蔵野』4巻1号→1975『鳥居龍蔵全集』第2巻　朝日新聞社

鳥居龍蔵　1923「石器時代に於ける関東と奥羽の関係　殊に土偶に就て」『人類学雑誌』38巻5号→1975『鳥居龍蔵全集』第2巻　朝日新聞社

鳥居龍蔵　1925『有史以前の日本』磯部甲陽堂→1975『鳥居龍蔵全集』第1巻　朝日新聞社

中村五郎　1996「わが国先史考古学の体系確立に捧げた一生」『画竜点睛』山内先生没後25年記念論集刊行会　所載

中村五郎　1996「山内清男先生伝記資料」『画竜点睛』山内先生没後25年記念論集刊行会　所載

長谷部言人　1919「石器時代住民と現代日本人」『歴史と地理』3巻2号→1927『先史学研究』大岡山書店

長谷部言人　1940「太古の日本人」『人類学雑誌』55 巻 1 号

早坂廣人　2008『平成 19 年度企画展図録　縄紋多種彩々　土器を飾るパターン』富士見市立水子貝塚資料館

藤本　武　1992「十王台式発見について」『フィールドノート』Vol. 4　財・勝田市文化・スポーツ振興公社

牧野富太郎　1940『牧野日本植物図鑑』北隆館→1977『復刻版　牧野日本植物図鑑』北隆館

牧野富太郎　1997『人間の記録 4　牧野富太郎　「牧野富太郎自叙伝」』日本図書センター

松本子良　1985『理性と狂気の狭間で　松本彦七郎東北帝国大学理学部教授退職に到る経緯について』私家版

文部省　1952『国語審議会の記録』

山内清男　1919「見たこと聞いたこと」『上つ代研究』1 号→大場磐雄 1970「山内君の思い出―中学生の頃―」『考古学ジャーナル』49 号

山内清男　1936a「日本考古学の秩序」『ミネルヴァ』1 巻 4 号→1967『山内清男・先史考古学論文集・第三冊』先史考古学会

山内清男　1936b「日本考古学の正道」『ミネルヴァ』1 巻 6-7 号→同上

山内清男　1937「縄紋土器型式の細別と大別」『先史考古学』1 巻 1 号→1967『山内清男・先史考古学論文集・第一冊』先史考古学会

山内清男　1939『日本遠古之文化　補註付・新版』→1967『山内清男・先史考古学論文集・第一冊』先史考古学会

山内清男　1958「縄紋土器の技法」『世界陶器全集』1 巻　河出書房→1967『山内清男・先史考古学論文集・第五冊』先史考古学会

山内清男　1969「縄紋草創期の諸問題」『MUSEUM』第 224 号

山内清男　1970「鳥居博士と明治考古学秘史」『鳥居記念博物館紀要―鳥居博士生誕百周年記念特集―』4 号→1972『山内清男・先史考古学論文集・新第五集』先史考古学会

山内清男　1979『日本先史土器の縄紋』先史考古学会

山内清男ほか　1964『日本原始美術　1』講談社

山内清男ほか　1971「山内清男先生と語る」『北奥古代文化』3 号

II. 山内清男の「阿玉台式土器」について

はじめに

山内清男は1928年に阿玉台式土器の存在について言及（山内 1928）して以降，縄紋土器型式の編年表において当該型式を勝坂式と並行関係に置き，一貫して関東地方の縄紋中期中葉の細別型式として位置づけている（山内 1930・1936・1937・1969）。しかしその型式内容については詳細に記載することがなかった。

もっとも，『日本先史土器図譜』（第一部　関東地方）の第 XII 輯刊行後，「第二期刊行予定」を公表しており，その第一弾として「阿玉台式土器」の刊行を予告し，自身による阿玉台式の概念を公表する準備はしていたのである。しかし，十五年戦争の泥沼化に伴い，当該刊行物の印刷に協力してくれていた印刷所が企業整備にやられ，印刷機は鉄材として供出させられてしまった。そして刊行に用意した土器写真の乾板および用紙はその後空襲で焼失したため，山内が作成した「阿玉台式土器」の写真ならびにその解説を，他の研究者が目にする絶好の機会が失われてしまったのであった（山内 1941→1967：36～37 頁）。戦後は，山内の関心が「無土器文化」および縄紋草創期と晩期に集中して行ったこともあり，山内清男による「阿玉台式土器」の概念を，自身で学界に披歴することはついになかったのである。

このような訳で，山内清男による阿玉台式土器の言及は微々たるものとなっているのであるが，それでも山内による周辺型式の解説などを補ってそれらを整理すると，山内が考えていた「阿玉台式土器」の輪郭が見えてくるのである。

以下，山内が残した阿玉台式関連の記載を逐一抽出し，山内による阿玉台式の位置付け並びにその概念を整理してみたい。

1.「下総上本郷貝塚」（山内 1928）の分析

この論文で阿玉台式土器に言及した部分は以下の通りである。

①「最近になって八幡君は姥山貝塚の発掘土器のうち阿玉台（八木氏報告）に多い土器を一型式として指示した。これは『阿玉台』として僕等の間に通用して居る。」（山内 1928→1967：97 頁）

②「かくの如く新に認められた型式を考慮に入れ，一方東北地方に於ける土器型式の年代的序列と並行して，関東の土器型式に，（一）繊維を含む土器型式，（二）繊維を含まない諸

> 磯式，（三）『勝坂』又は『阿玉台』，（四）加曾利 E，（五）堀之内，（六）加曾利 B，（七）『安行』の年代的序列が認められた。」（山内，同上：97〜98頁）

①では，「阿玉台」を最初に指示した八幡一郎は，八木奘三郎・下村三四吉「下総国阿玉台貝塚探究報告」（八木・下村 1894）収載の土器を参照して，千葉県姥山貝塚出土土器中の一部にこの名を当てた，としている。

ここで問題となるのは，八幡による「阿玉台式」の概念と山内のそれが同一であったかどうかということである。『下総姥山ニ於ケル石器時代遺跡　貝塚ト其ノ貝層下発見ノ住居址』（八幡ほか 1932）で八幡が指示した「阿玉台式」は「第４類ヨリ第６類マデ」（八幡ほか 1932：58頁）となっている。指示された図版を見ると，「第４類（爪形紋土器）」は，西村正衛の編年（西村 1972）でいうところの阿玉台式「第 III 類」に相当するものが主体を占め（姥山報告第 21 図版 14，第 22 図版 10，13，14，15）（本稿**第1〜2図**参照），「第５類（紐状紋土器）」は阿玉台式「I 類 b 種」〜同「II 類」にほぼ相当するもの（姥山報告第 21 図版 27〜28，30，33，第 22 図版 7〜8，12，16）（本稿**第1〜2図**参照）であり，問題は少ない。しかし，「第６類（縁帯紋土器）」には，加曾利 E 式の古い部分（姥山報告第 23 図版 1，4〜5，第 24 図版 1，2，10）（本稿**第3〜4図**参照）や加曾利 E 式の新しい部分（姥山報告第 24 図版 4，6）（本稿**第4図**参照）などが含まれているのである。これは上述の八木・下村報文提示資料に，阿玉台式に混じって加曾利 E 式が存在している（八木・下村 1894：「第五図」の「い」，「と」，「ほ」）（本稿**第5図**参照）ことが影響しているのかもしれない。1932 年時点における八幡一郎の「阿玉台式」は，「厚手式」と大きな差がない，極めて幅の広いものであったのである。これに対し，山内はどのような姿勢で臨んでいるのであろうか。

そこで注目されるのが，上記の山内論文の②の部分である。関東の土器型式群を列挙するにあたり，勝坂と阿玉台の部分にわざわざ鍵括弧を付しているのである（安行式にも付いているがその理由は後述）。これは一体何を意味しているのであろうか。

まず「勝坂」は，学史上，大山柏が発掘した神奈川県勝坂遺跡出土資料が標準となっているのであるが，その報告書（1927 年）に提示された図を点検してみると，現在一般に「勝坂式」と認定されている土器群の他，加曾利 E 式後半の土器や連弧文土器，それに曽利式系の土器までが含まれており，かなり広義の「型式」と言うことが出来るのである（高橋ほか 1985：4 頁）。すなわち大山の「勝坂式」は，「厚手式」（中期縄紋土器全般を包括する呼称）と同義であったのである。これを山内清男は狭義の細別型式（縄紋中期中葉の細別型式）として押さえなおしたのであった（高橋ほか 1985：10 頁）。この間の事情について山内は以下のように解説している。

> 「関東地方の中期縄紋式土器細別のうち加曾利 E は第一に注意されたが（大正一三年），その他はよい材料が無かったため急速には定められず，漸次阿玉台式，勝坂式などが型式として認められるようになった。前者は八木氏報告の阿玉台，後者も大山氏報告の勝坂の土器の一部を指定して型式の名として慣用してしまったのである。」（山内 1940b→1967：22 頁。傍点は引用者）

すなわち，大山・「勝坂式」（厚手式とほぼ同義）のうち，中期後半の土器を除外し，それに先行す

第21圖版

B 地點發見ノ土器（1/4 大）

第１図　姥山貝塚Ｂ地点出土土器（1）（八幡ほか 1932）

第 22 圖版

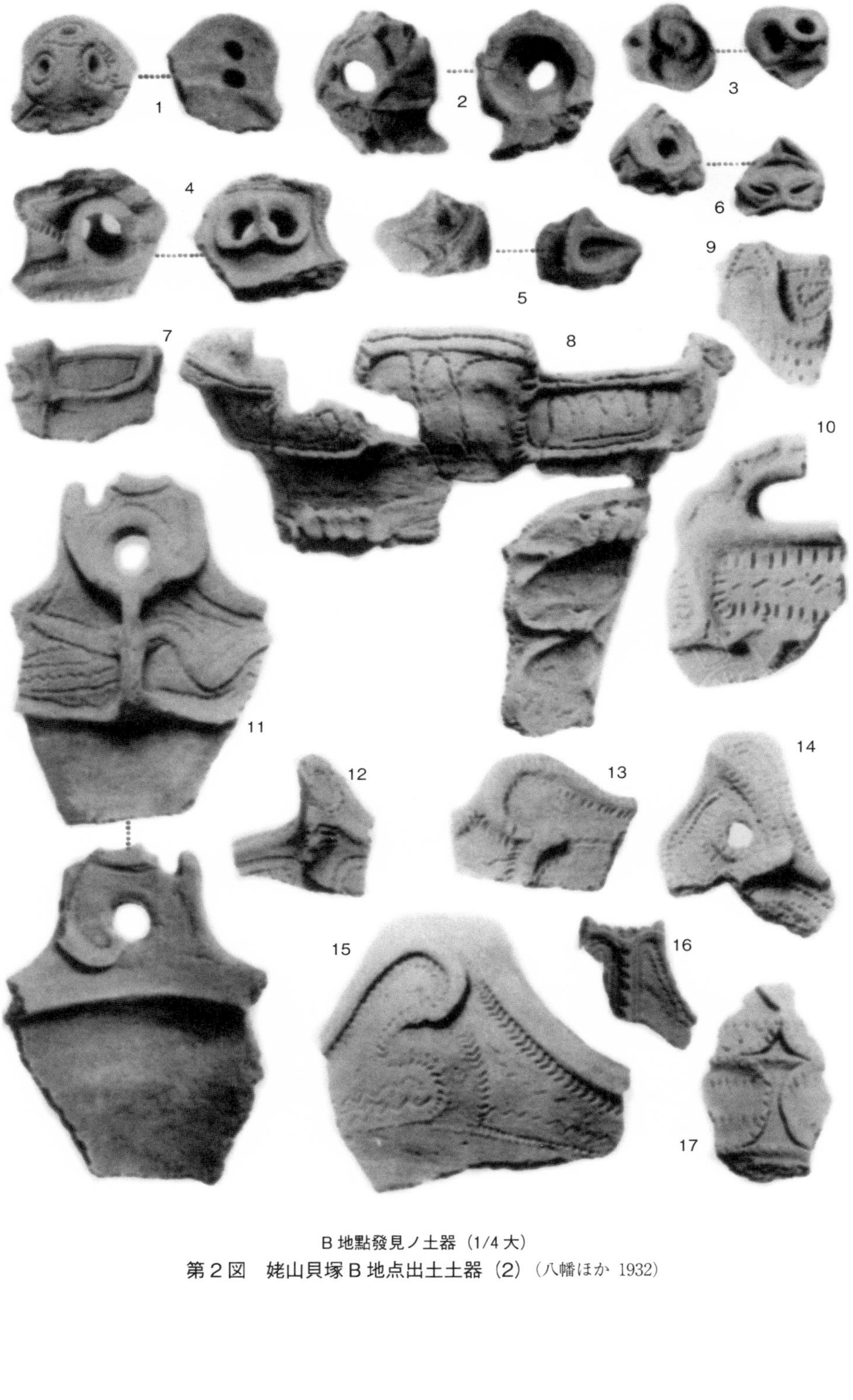

B 地點發見ノ土器（1/4 大）

第２図　姥山貝塚Ｂ地点出土土器（2）（八幡ほか 1932）

第 23 圖版

B 地點發見ノ土器（1/4 大）

第３図　姥山貝塚Ｂ地点出土土器（3）（八幡ほか 1932）

第 24 圖版

B 地點發見ノ土器（1/4 大）

第４図　姥山貝塚Ｂ地点出土土器（4）（八幡ほか 1932）

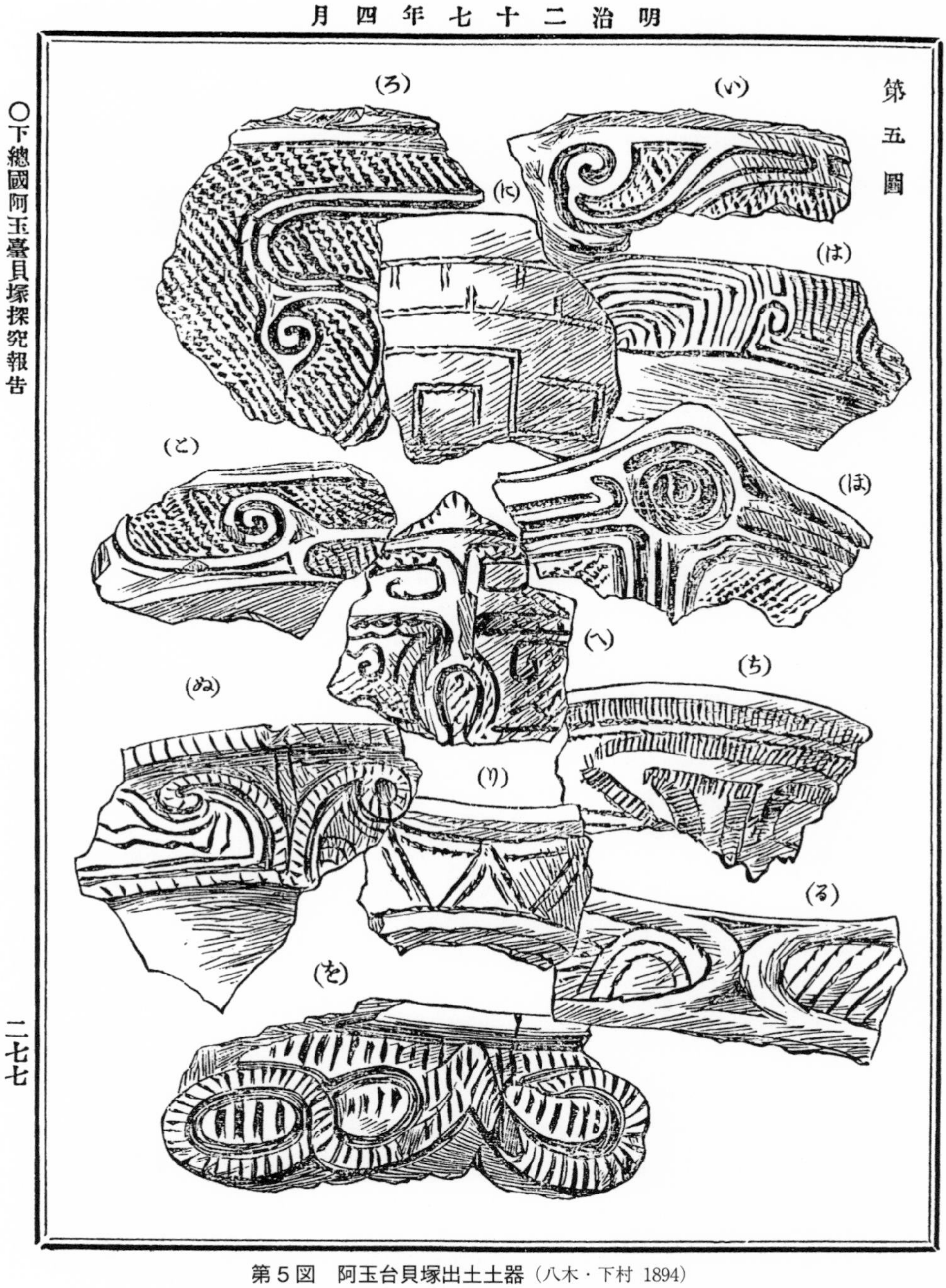

第５図　阿玉台貝塚出土土器（八木・下村 1894）

ると思われる一部の土器群を指して細別型式としての「勝坂式」を再定義したのである。同様に，阿玉台式についても「八木氏報告」の「一部を指定して型式の名として慣用」してしまったのであった。型式提唱者の八幡一郎のプライオリティを尊重しつつも，姥山貝塚出土の「第４類」～「第６類」のうち，その中の一部を指定して狭義の「阿玉台式」を再設定していたことがこれで理解出来るであろう。「勝坂」又は「阿玉台」の部分だけわざわざ鍵括弧を付けたのは以上の学史的背景を考慮したものと思われる。

さて，それでは，山内（1928）において，「安行」にも鍵括弧を付けたのはなぜであろうか。これについて参考となるのが，『日本先史土器図譜』所載の安行式にかかわる以下の解説である。

> 「標準として用いた材料は大正八年自分が藤枝隆太郎君と共に発掘した武蔵国北足立郡安行（アンギョウ）村領家猿貝貝塚出土土器であった。しかし今から考えればこの材料は貧弱なものであって，単に手許にあったため利用され，その遺跡の名が偶々型式の名称として慣用されて仕舞っただけのことである。その後，この型式の良好の資料は武蔵国南埼玉郡柏崎村真福寺貝塚が発掘され，甲野氏の報告が出版せられ（昭和３年），安行式の標準的典拠とされるに至り，同時に真福寺式なる異称を生じたのである。」（山内 1940a→1967：19 頁。傍点は引用者）

すなわち，手許の貧弱な資料を標準として「安行式」を設定したものの，標準資料としては十分ではなく，阿玉台式や勝坂式同様，便宜的にこの型式名称を「慣用」していたことを意識し，阿玉台・勝坂に準じて鍵括弧を敢えて付したものと推察されるのである。

以上，山内清男は，「阿玉台」を「繊維を含まない諸磯式」と「加曾利 E」の間の一細別型式として設定したものの，型式提唱者の八幡一郎のそれとはかなり異なった概念定義を持っていたことが理解出来るのである。それでは山内清男の「阿玉台式」とはどのような内容のものを指すのであろうか。次にこのことについて考えてみたい。

2. 山内清男による縄紋土器型式編年表の検討

1929 年頃，伊東信雄に示した仮編年表には，「陸前」の「ダイギ 6」「大木 7」に並行する「関東」の土器型式として「オタマダイ」（引用者註：「阿玉台」のこと）が充てられている（『画竜点睛』1996 年　巻頭図版 3　本稿**第 1 表**）。しかしこの位置付けは翌年に大幅な修正が加えられる。1930 年に公表された「斜行縄紋に関する二三の観察」（山内 1930→1967）の本文中に，「関東地方」・「陸前」・「陸奥」における縄紋早期から弥生式にわたる各土器型式名と，「縄紋」の押捺方向の対応関係を示した表が提示されているのであるが（本稿**第 2 表**），ここでは，「陸前」の縄紋中期前半に「大木 7」が充てられ，「関東地方」における並行型式として「阿玉台」が位置付けられているのである。続いて，1936 年に公表すべく用意された編年表（山内 1967 年 7 月：裏表紙裏。ただしこの編年表は，編集者の甲野勇の判断で 1936 年段階では掲載されなかった）（本稿**第 3 表**）には，「陸前」の「大木 7」が「大木 7a」と「大木 7b」に二細分されており，「阿玉台」と「勝坂」が「大木 7b 式」に並行して置かれている。翌年に公表された山内（1937）の「附表」でも，やはり「陸前」の「大木 7b」に並行させて「阿玉台」・「勝坂」が置かれている（本稿**第 4 表**）。なお，山内（1969）では，大木 7b 式との関係が示されていないが，阿玉台式と勝坂式の並行関係は，最晩年までその認識が変わっていないことが確認出来る（山内 1969：17 頁の編年表　本稿**第 5 表**参

第１表　山内が伊東信雄に示した編年表
（1929 年頃）（中村編 1996 による）

関東	陸前	陸奥
	（ダイギ）	（ナカイカイツカ）
オタマダイ	6	Ⅱ a
	7	b
カソリ E1	○	
カソリ E2	・・・8・・・	・・・Ⅲ a
カソリ E3	9	b
	10＝境 1	

（中期のみ抜粋）

第２表　「斜行縄紋に関する二三の観察」（1930）掲載の編年表

関東地方	陸前
阿玉台式	大木 7
加曾利 E 式	大木 8
未命名	大木 9，10

（関東・陸前の中期の編年のみ抜粋）

第３表　「日本考古学の秩序」（1936）附表「縄紋土器型式の年代的組織（仮製）」

陸前	関東
大木 7a	御領台
大木 7b	阿玉台 勝坂
大木 8　a b	加曽利 E
大木 9．10	加曽利 E

（陸前・関東の中期のみ抜粋）

第４表　「縄紋土器型式の大別と細別」附表（1937）

陸前	関東
大木 7a	五領台
〃　7b	阿玉台・勝坂
〃　8a，b	加曾利 E
〃　9，10	〃（新）

（陸前と関東の中期のみ抜粋）

第５表　「縄紋草創期の諸問題」（1969）に掲載された関東地方の編年表

中期	五領台
	阿玉台・勝坂
Jomon Ⅳ	加曽利 E1，2，3，4

（中期のみ抜粋。推定年代・中国文化との対比省略）

照）。

上記の各編年表を見る限り，関東東部の阿玉台式は，東北南部の大木 7b 式や関東西部の勝坂式に並行すると山内は考えていたようである。しかし，阿玉台式と勝坂式の並行関係は層位的根拠が示されているものの（山内 1940b→1967：22 頁），大木 7b 式との並行関係を裏付ける層位的根拠は示されたことがなく，多分に型式学的観点から位置付けられた可能性が高い。阿玉台式と大木 7b 式の並行関係を想定した型式学的根拠は以下の通りである。

「陸前では大木 7 式ではＩ紋《ママ》様帯に縄の側面圧痕がある。と同時にこれを模して作ったと考えられる点線の列は，隣地方関東の同時代に阿玉台式の特徴となって居る。」（山内 1979：54 頁。傍点は引用者）

上記文中で言及している「大木 7 式」は，山内清男の大木式諸型式の標準資料（『画龍点睛』1996 年の巻頭図版）を参照する限り，「縄の側面圧痕」が存在する「大木 7b 式」と読み替えることが出来る（「大木 7a 式」標準資料には，縄の側面圧痕が施されたものが認められない）。

山内は，「縄の側面圧痕」を模したものが「点線の列」と記しているのであるが，後者は阿玉台式特有の角状押引紋（「角押紋」）と見て間違いあるまい。実を言うと，〈「点線の列」＝「縄の側面圧痕模倣」〉説のプライオリティは松村瞭（1920：54～55 頁）にある[1)]のであるが，それはそれとして，この報文において松村は，「此ノ点線的彫紋ハ線状縄紋（引用者註：縄の側面圧痕のこと）ニ模倣シタルナランカト思惟セラルヽモノ」（54 頁。傍点は引用者）と主張し，円筒土器上層式に施された縄の側面圧痕の写真と，阿玉台式前半の土器に施された角状押引紋の写真を対比させているのである（松村　同上：「第十三図」）。「点線の列」が角状押引紋を指示していることは確定的であるといえよう。

ここで重要なのは，阿玉台式前半には細めの角状押引紋が盛行するものの，後半になると隆線脇の結節沈線は幅広の押引紋や連続刺突紋に変化し，更に年代が下ると沈線に変化してしまうという事実である（西村　1972：91～93 頁）。縄の側面圧痕を模したと解釈される典型的結節沈線は阿玉台式前半のそれであり，山内清男の「阿玉台式」（「点線の列」の存在が指標）は，現在一般に理解されている「阿玉台式」の前半部分に限定されていた可能性があるのである。こうした視点に立つと，先にも引用した山内（1940b→1967）の解説が興味を惹かれるのである。

> 「勝坂式の分布は関東地方に於ては武蔵・相模を主とし，中部地方甲斐信濃方面にも略同様の状態で分布して居る。これに対して下総・常陸方面に於いては事情が異なって居るらしく，類似の例は阿玉台式と混じて少量発見される。これは武蔵の勝坂式に伴って少数阿玉台式の見られることと対比して，勝坂式と阿玉台式とが略同時代であり，分布圏を異にすることを示す如くに見えるのである。しかし，尚この点については二三の疑問があり，確定したこととは云い切れない様である。」（山内　1940b→1967：22 頁。下線は引用者）

先にも指摘したように，山内は勝坂式と阿玉台式が共伴していることをこの文の前段で示唆しているのであるが，「しかし，尚この点については二三の疑問があり，確定したこととは云いきれない様である」としているのである。どうして山内は「勝坂」と「阿玉台」の共伴関係に疑問を持っていたのであろうか。

山内が考えていた「勝坂」は，『日本先史土器図譜』を見る限り，現在一般に「勝坂式」と認識されている土器群の後半期の土器が大半を占めており，前半に属するものは一例（75 の鉢形土器）のみである。一方，山内清男が認識していた「阿玉台」は，先にも記したように，現在一般に「阿玉台式」と認識されている土器群の前半部分に限定されている可能性が高いのである。両者には時期的にズレが存在するのであり，本来並行関係は求められないはずであった[2]。このことが両者を「略同時代」とすることに躊躇させているのではないかと思われる。

「山内・勝坂」が現在認識されている「勝坂式」の後半部分にほぼ限定されていたことは，『日本先史土器図譜』収載資料により確定的であると思われるが，山内が考えていた「阿玉台」が，現在認識されている「阿玉台式」の前半部分に限られている，ということは未だ証明不充分のそしりを免れない。それで，次に山内が提示した「阿玉台式」の図版を検討することによって筆者の推定の裏付けを取ってみることにしよう。

3. 山内清男が指示した「阿玉台式」の写真図版（山内　1964・1966）の検討

山内清男が江坂輝弥らの協力のもとに多くの若手研究者を結集して作成した，縄紋土器の「カタログ」ともいうべき『日本原始美術　1　縄文式土器』（講談社　1964 年）に興味深い指摘がある。該当部分を抽出すると，以下の通りである。

「中期前半ではそれぞれ同様の地域（引用者註：東北北部〜同南部，関東〜中部山地，「名古屋辺」〜畿内・瀬戸内地帯）に円筒上層式（67〜72），大木７式（*40*），阿玉台式（101，105），勝坂式（96〜99，116〜121，123〜127，*88 ~ 94*），船元式（154，155）が見られる。」（山内 1964：149 頁）（数字の斜字体は同書巻末「参考図版」に掲げられた土器写真を示す。下線は引用者）

上記各型式に対する山内の解説がないので今まで見過ごしてきたが，指示された土器図版を検討すると意外な事実に気付くのである。分担執筆者の江坂輝弥は，101・105 が掲載されている頁のすべての土器（101〜105）（本稿**第６図**）について「阿玉台式土器である」としている（同書 179 頁）のであるが，山内は 102〜104 を阿玉台式として認めていないようなのである。それらを１点ずつ点検すると，102 は口縁部に大形の山形把手が付され，その縁辺部の隆帯上には縄紋が施されている。隆帯脇には幅広の押引紋が施されているようであり，西村（1972）に従えば，「阿玉台式 III 類」となる（以下「阿玉台○式」と表記）。次に 103 は，千葉県市川市鳴神山遺跡出土の勝坂Ｉ式土器（下総編年　近年「鳴神山タイプ」と称されている）である。ちなみにこの土器を 1953 年，明治大学に出講していた山内に高橋良治が実物を持って行って教示を仰いだところ，「ウーン」と深いため息をついた後，「私にも分からない土器はありますよ」という返事が返ってきたということである（大村 2011：80 頁）。高橋自身はその資料紹介において，五領ヶ台式と勝坂式および阿玉台式の特徴を兼ね備えた土器と位置付けている（高橋 1959：3 頁）。104 は山内

第６図　『日本原始美術　1』（講談社　1964 年）**で提示された「阿玉台式土器」**

山内清男は図中 101 と 105 を「阿玉台式」として指示している（149 頁）。一方，江坂輝弥は同書 179 頁において，101〜105 のすべてを「阿玉台式」と解説している。

原典に打たれた左上の土器番号は写真を縮小したため，判読が難しくなったので，左下にフォントを大きくして同じ番号を入れてある。

(1940b→1967）において,「勝坂式に伴う浅い器形には多少の変化があるが，この両例（引用者註：二点浅鉢形土器が提示されている）は恐らくその一種であろう」(23頁）として勝坂式土器に位置付けているのである。

『日本原始美術』には分担執筆者の型式認定と責任編集者である山内の型式認定が異なる場合が多々あるが，山内はそれらについて意見調整を試みていない。他者の見解に自分の意見を強制しない（批判はするが)，というスタンスによるものと思われる。ちなみに山内は，学術用語の統一にも反対していたと中村五郎が証言している（中村 1996：11頁)。研究者の主体性を尊重する山内のスタンスが垣間見られる事実である。それはともかく，ここでも，阿玉台式後半（西村編年「阿玉台 III 式」）の土器を「阿玉台式」と認めていない山内の姿勢をここで確認しておきたい。

次にもう一つ興味深い事実を提示する。山内清男は，晩年になって,『茨城県史研究』4号(1966年）に,「縄紋式研究史に於ける茨城県遺跡の役割」という論文を寄稿している。縄紋土器型式編年構築にあたって，茨城県内所在遺跡が果たした役割を論じたものである。縄紋土器型式編年の研究史として非常に興味深い内容となっている。その中で，陸平貝塚の発掘に言及しているのであるが，幸いにも，この遺跡から出土した「阿玉台式土器」を写真で図示しているのである[3]。佐々木忠二（次）郎・飯島魁による陸平貝塚発掘資料には，縄紋前期から後期にまたがる多様な土器型式が含まれているが（初鹿野 2006)，この中に阿玉台式土器が相当数含まれている。内訳は，阿玉台 Ia 式，阿玉台 Ib 式，阿玉台 II 式，阿玉台 III 式（かなり勝坂式土器の要素が加わっている)，阿玉台 IV 式（同左)，および細別同定の困難な阿玉台式である。ちなみに阿玉台 III 式および同 IV 式はかなり大形の破片である。これらのうち，山内清男が「阿玉台式」として抽出したのが**第７図**に掲げた資料である（原典掲載の写真に資料番号を付した)。参考までに当該資料の拓本図（初鹿野 2006）を**第８図**に掲げる。

1は，先端部がギザギザの施紋具[4]によって押引き，あたかも複列の押引紋のような紋様効果を演出している。圧痕全体の幅は７mm である。口辺には整った楕円区画が配されているようであり，区画を構成する隆線は扁平な粘土帯を指頭で撫でつけて圧着している（区画の外縁は無調整で，内側が指頭により撫でつけられている)。胎土中に雲母を大量に混入する。区画文の形態や隆線の断面形態および貼付け手法は阿玉台式前半の様相を呈するが，幅広の結節沈線を描出しているという点で，阿玉台 III 式に類似すると思われる。「阿玉台 II 式～III 式と考えられる」という初鹿野（2006：65頁）の認定を支持したい。**2**は，複列の角状押引紋が認められ，阿玉台 II 式と認定する。**3**は，楕円区画が口辺に施され，一本単位の押引紋（切り出しナイフ状）や波状結節沈線が認められる。阿玉台 Ib 式である。破片の左右に認められる連続キザミ目紋の原体は，貝殻腹縁ではなくヘラ状工具である。**4**は，やはり楕円区画を口辺に施しているようである。**3**と同様，一本単位の角状押引紋や波状結節沈線（一見沈線に見えるが，ルーペで詳しく観察すると，底面に薄く押圧の痕跡が残っている）が施されており，阿玉台 Ib 式と認定出来る。**5**は，無紋であるが，口縁附近に粘土棒を芯としてこれに粘土帯を貼り付けて作出された阿玉台式特有の突起が認められる。この突起の形状から観て，阿玉台式前半に属することはまちがいないと思われる。

第７図　山内（1966）**で図示された「阿玉台式土器」**（茨城県陸平貝塚出土資料）（図中の番号は大村が記入）

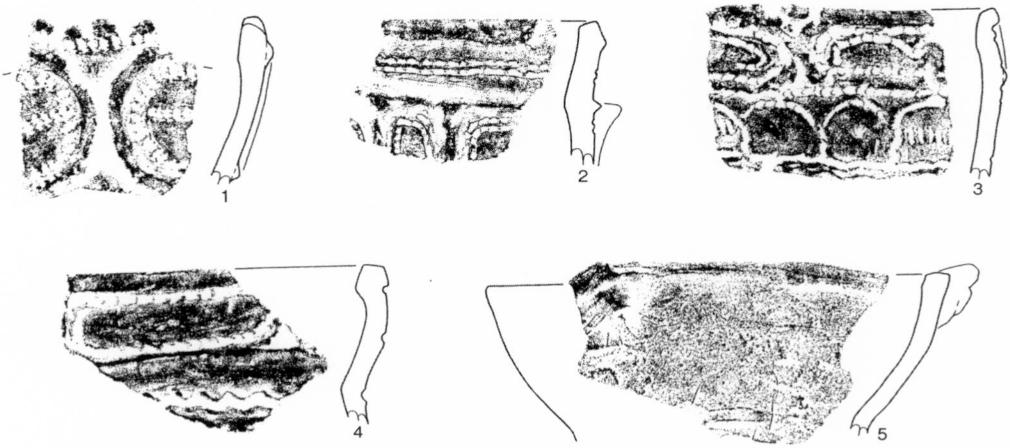

第８図　山内（1966）**で提示された資料の拓本図**（初鹿野 2006 より抜粋）（図中の番号は大村が記入）

以上，山内清男は，陸平貝塚出土資料に阿玉台式後半（III 式・同 IV 式）の大破片が存在するにも拘わらず，それらを敢えて外し，現在一般に認識されている「阿玉台式」の前半部分のみを抽出して「阿玉台式」の資料としていることが理解されるのである。

その背景には，大木 7b 式に盛行する「縄の側面圧痕」を模したと考えられる角状押引紋の存在を重視していた，という事実があったと推察されるのである。

おわりに

山内清男がなぜ阿玉台 III 式や同 IV 式を「阿玉台式」の範疇にいれなかったのか。その理由は推測するよりほかないのであるが，山内清男による土器型式学の特徴（大村 2014）を踏まえるならば，これらは当初設定した「阿玉台式」（「点線の列」の盛行）の「顔つき」からかけ離れ過ぎている，ということではなかろうか。

周知のように，山内清男は各地の遺跡から出土した特徴的な土器群を「標準資料」として「飛び石」的に土器型式を設定し，それらの先後関係を層位的に確認したり，型式学的根拠から先後関係を推定したり，特徴的な型式要素（繊維混入，磨消縄紋など）を手がかりに並行関係を認定したりして，短期間のうちに全国的な型式編年網を確立したのであった。各土器型式の上限や下限に位置付けられる土器群や，型式分布の外縁地帯の土器群に関しては，将来の資料集積を俟つ，という姿勢であったと思われるのである。「阿玉台式」を例にとれば，陸平貝塚出土資料のうち，阿玉台 Ia 式（上限）や阿玉台 III 式・IV 式（下限）が等閑に付されているし，『日本先史土器図譜』収載の「勝坂式」は，限定された地域（ほとんど東京都区内）の資料を選んでおり，勝坂式分布域の周縁地域の資料を排除しているという事実は象徴的と言えよう[5]。

こうした山内の厳密な姿勢から設定された「阿玉台式」は，自ら標準資料の提示をしなかったことが災いし，その概念はほとんど学界で関心を惹かなかったのであった。むしろ，八幡一郎による「姥山報告」で示された，「第 4 類（爪形紋土器）」（阿玉台 III 式相当）と「第 5 類（紐状紋土器）」（阿玉台 Ib 式・同 II 式相当）が，結果的に「阿玉台式」の概念的枠組みとなって学界に広く定着して行ったものと推測されるのである。

註

1） このことは鈴木徳雄が既に指摘している（鈴木 1989：73 頁）。

2） 阿玉台式前半の土器群は，勝坂 I 式～同 III 式土器（勝坂式前半）に伴っていることが確かめられている（大村 2011）

3） 下総考古学研究会による，東京大学総合研究博物館収蔵資料の陸平貝塚出土資料見学会（2016 年 10 月）の折に当該資料を筆者実見。資料の実見に便宜を与えてくださった同博物館に感謝します。

4） 初鹿野（2006）は，「貝殻による押引きを施す」（65 頁）としているが，筆者の施紋実験（サルボウ，ハイガイ，アカガイを使用）において，完形の貝殻では同じ圧痕を復元することはできなかった。圧痕の幅が広くなりすぎるのである。しかし，サルボウの貝殻の破片で施紋を試みたところ，ほぼ同じ圧痕を復元できた。

5） 下総考古学研究会（1976）：23～24 頁参照。

引用・参考文献

大村　裕　2011『縄紋土器の型式と層位―その批判的検討―』六一書房

大村　裕　2014『日本先史考古学史講義―考古学者たちの人と学問―』六一書房

大山　柏　1927『神奈川県下新磯村字勝坂遺物包含地調査報告』史前学研究会

下総考古学研究会　1976「中峠式土器の研究」『下総考古学』6 号

鈴木徳雄　1989「諸磯 a 式土器研究史（1）―型式論的研究の基本的問題を探る―」『土曜考古』13 号　土曜考古学研究会

高橋良治　1959「千葉県・鳴神山の土器」『考古学手帖』10　塚田光

高橋良治ほか　1985「勝坂式土器の研究　II　研究史」『下総考古学』8 号

中村五郎編　1996『画龍点睛』山内清男先生没後 25 年記念論集

中村五郎　1996「わが国先史考古学の体系確立に捧げた一生」『画龍点睛』山内清男先生没後 25 年記念論集　所載

西村正衛　1972「阿玉台式土器編年的研究の概要―利根川下流域を中心として―」『早稲田大学大学院文学研究科紀要』18

初鹿野博之　2006「3．考古遺物　縄文土器・土製品」『茨城県稲敷郡美浦村　陸平貝塚―調査研究報告書 2．学史関連資料調査の成果―』美浦村教育委員会

松村　瞭　1920『琉球　荻堂貝塚　東京帝国大学理学部　人類学教室研究報告　第三編』東京帝国大学

八木奘三郎・下村三四吉　1894「下総国阿玉台貝塚探究報告」『東京人類学会雑誌』97 号

山内清男　1928「下総上本郷貝塚」『人類学雑誌』43 巻 10 号→1967『山内清男・先史考古学論文集・第二冊』先史考古学会

山内清男　1930「斜行縄紋に関する二三の観察」『史前学雑誌』2 巻 3 号→1967『山内清男・先史考古学論文集・第五冊』

山内清男　1936「日本考古学の秩序」『ミネルヴァ』1 巻 4 号→1967『山内清男・先史考古学論文集・第三冊』裏表紙裏

山内清男　1937「縄紋土器型式の細別と大別」『先史考古学』1 巻 1 号

山内清男　1940a『日本先史土器図譜』第 VII 輯→1967『山内清男・先史考古学論文集・第六～十冊』

山内清男　1940b『日本先史土器図譜』第 VIII 輯→1967『山内清男・先史考古学論文集・第六冊～十冊』

山内清男　1941『日本先史土器図譜』第 XII 輯→1967『山内清男・先史考古学論文集・第六～十冊』

山内清男　1964『日本原始美術　1　縄文式土器』講談社

山内清男　1966「縄紋式研究史に於ける茨城県遺跡の役割」『茨城県史研究』4 号→1969『山内清男・先史考古学論文集・新第一集』

山内清男　1969「縄紋草創期の諸問題」『MUSEUM』224 号　東京国立博物館

山内清男　1979『日本先史土器の縄紋』（1961 年京都大学に提出）先史考古学会

八幡一郎ほか　1932『下総姥山ニ於ケル石器時代遺跡　貝塚ト其ノ貝層下発見ノ住居址』東京帝国大学理学部　人類学教室研究報告　第五編　東京帝国大学

III. 佐藤達夫「土器型式の実態—五領ヶ台式と勝坂式の間—」における阿玉台式土器について

—山内清男の土器型式概念との比較も兼ねて—

はじめに

1977年，下総考古学研究会による勝坂式土器の共同研究（下総考古学研究会 1985）の一環として，標記の論文が塚田光会員をチーフとする「型式班」によって検討され，その成果が『研究メモ』139号（1977年）に提示された。その内容は極めて手厳しいものであり，〈佐藤達夫氏の方法論は山内清男氏の方法論と似て非なるものであり，本会が関わる必要のない論文である〉とされた。

しかし筆者が標記論文を再検討した結果，佐藤（1974）は塚田会員らが評価したような，参照不要な研究では決してなく，成城大学大学院院生諸氏（戸田哲也，土肥孝ら）の協力を得て[1]，当時周知されていた五領ヶ台式終末から「井戸尻Ⅰ式」の間の資料を悉皆調査し，それらの検討を踏まえた上での重厚な論文であることが改めて確認出来た。一遺跡から出土した多数の土器片の中から，当該資料の1〜2点を漸く探し出しているケースも多数確認できた。それは，下総考古学研究会が「中峠式土器」の再検討をしたときの手法（共同研究の手法）であり，複数の「小型式」（筆者からみたら類型）がやがて「勝坂式土器」という「大型式」に収斂して行く状態を叙述している点でも，われわれの「中峠式土器」の共同研究（下総考古学研究会 1998）と共通するものがある。佐藤の当該論文は，資料の提示・引用が紙幅の制限にあってか十分ではなく，その結果「難解」という印象を与えているが，指示された資料を原典にあたれば，かなり理解が容易である。こうした試みが今までなかったため，表層的な理解に終わってしまっているケースが多いように思われる。筆者は，佐藤論文（1974）の再検討に当たって，佐藤が論述の中で指示した原典を悉皆的に調査し，その当否を検討した成果を下総考古学研究会の2018年8月例会で発表したが，今回は紙幅の関係で，なるべく阿玉台式土器に関係する部分のみに焦点を当てて検討を行なってみる。ただし，山内清男の型式学と佐藤の型式学の異同については若干言及しておく。佐藤は一般に，山内考古学の正統の後継者として認識されているが，両者には極めて大きな相違があり，学史研究上重要なことなので，この機会にこのことについて特に言及してみたい。佐藤達夫の視座から見た「山内考古学の風景」と，筆者に見える「山内考古学の風景」（大村 2008・2011・2014）の違いの原因を明らかにしたいからである。

1. 佐藤達夫の問題意識

佐藤は，土器型式の一般的理解として以下のような解説をしている。

「土器の型式は時期的・地域的に，分離しうる最小の単位と考えられている。通常ある範囲に，同一の系統に属する一群の土器があり，それらが紋様の特徴から単一の時期に属すると考えられる場合，一型式と認定される。」(81頁。傍点は引用者)

この認識は山内清男の定義（山内 1939→1967：2頁；1964：148頁）をほぼ踏襲するものであるが，次のような問題提起を加えている。

「しかし実際は，異なる時期のものや，あるいは異系統のものが混在し，型式の識別に困難を生じる場合の方が多い。」(81頁)

「ある場合には一時期に属する一遺跡において，幾つかの異系統の土器が共存し，またある場合には一個の土器に系統を異にする紋様が組み合わされている。このような複雑な事態は何によって起こるのであろうか。これらの土器は各系統間のどのような関係において作られているのか。そして土器の型式をどのように扱うべきなのか。」(82頁)

すなわち，縄紋遺跡において頻繁に認められる異系統土器の共存問題をどのように理解すればよいのかを考えてみたい，とするのである。ここで佐藤は，山内清男による異系統土器共存問題および型式変化の背景に関する解釈を紹介する。すなわち「関東・中部・畿内諸地方の土器型式に伴存する大洞式土器を移入品と認定され，また関東の晩期終末，千網式以降の型式変化を，部族間の闘争による勢力の交替に基づくものと考えられた」とするのである（81～82頁)[2]。「部族間の闘争」云々はともかく，「交易による移入品」という解釈は鳥居龍蔵（1923→1974：20～23頁）以来唱えられてきたところであるが，佐藤は「一般論として，異系統土器の共存を交易，または部族的要因に帰しうるかどうかは，また別の問題であろう」(82頁）として，異系統土器の存在の背後に別の要因があったことを匂わせるのである。

そしてこの問題を検討するにあたって，まさにおあつらえ向きの時期として，「五領ヶ台式から勝坂式」の間に注目し，この間の，主に関東・中部高地の多様な土器群を俎上に載せて分析を行なっている。

2. 佐藤達夫による縄紋中期細別型式等の定義と問題点

本論文で検討された土器群を表にまとめると，**第1表**のようになる。

東関東は，基本的に西村編年（1972)，西関東は「井戸尻編年」(「新道式」と「狢沢式」の新旧序列を逆転させた改訂版）を時間軸の中心に据え，これらに並行すると推定される土器群を地域別に整理している。実に，今日の縄紋中期土器型式編年のルーツを見る思いがするような，見事な整理である。問題は，第１表　佐藤達夫が抽出した「五領ヶ台式と勝坂式の間」の諸「型式」

中部高地	「西関東」				「東関東」		東北	その他
長野	神奈川	東京	埼玉	千葉西部（「西関東の東側」）	千葉東部	茨城	福島	
雷七類並行	五領ヶ台式直後（雷七類）	五領ヶ台式直後（雷七類）	五領ヶ台式直後（雷七類）	五領ヶ台式直後（雷七類）	五領ヶ台式直後（雷七類）	五領ヶ台式直後（雷七類）	雷七類類似（音坊）	雷七類類似・並行（静岡・柏窪，新潟・上野）
阿玉台Ｉa式（関東の同式とはやや異なる）	阿玉台Ｉa式／宮の原例（清水台の角押紋よりも原型に近い）	阿玉台Ｉa式／檜原の土器（清水台系統＋梨久保系統）	阿玉台Ｉa式		阿玉台Ｉa式			
貉沢式	五領ヶ台上層式	清水台式	阿玉台Ｉb古式	鳴神山（高橋，1959）	阿玉台Ｉb古式			鳴神山類似（栃木・湯坂）
新道式／後田原遺跡の土器	平台（阿玉台Ｉb新＋清水台風＋鳴神山）	多摩ニュータウン第46号遺跡出土の「截痕紋を列ねる紋様」が施された土器	所沢市膳棚遺跡第１号住居跡の土器（鳴神山の系統に近い一型式）（新道式的＋鳴神山系統）	鳴神山（明大考古研1969），布瀬貝塚の一例（新道＋阿玉台），	阿玉台Ｉb新式			新巻遺跡の土器（群馬）

註　地域区分は佐藤の区分に準じる。千葉県西部を佐藤は「西関東の東側」と表現しているが，筆者にはしっくりこない。

①　時間軸として設定した土器型式の区分に誤りがないかどうか

②　佐藤が抽出した各種の「土器型式」が等価であるかどうか

③　隣り合う類似した「型式」の境界が明確であるかどうか

という点である。

まず①について検討してみよう。「五領ヶ台式の直後」に位置づけられた「雷第七類（五領ヶ台式直後）」とはどのような内容であろうか。佐藤（1974）は，以下のような簡潔な説明をしている。

「紋様は五領ヶ台式に近いが，かなり変化があり，**角押紋の多用**が特徴的である。（中略）縄紋のあるものとないものとがある。」（1974：82頁。ゴシックは引用者）

提示された図を参照すると（本稿**第１図**），基本的に縄紋を地紋として角押紋が施された土器群を指しているようだ。しかし，これらの土器群は，後年，提唱者の西村正衛によって「五領ヶ台式」に繰り上げられているのであり（西村 1984），佐藤がこの論文執筆にあたって参照した西村（1972）においても，阿玉台式に先行する土器型式としては，「雷第七類」を外して「雷第八類」に分類された土器群の一部が「阿玉台式直前」と名称を変えて，充てられているのである（大村 1987）。それは，Y字状文系方形区画文やX字状文系楕円区画文（大村 1995：16頁）がまだ成立せず，五領ヶ台式後半に存在した鋸歯状文が消滅，三角形陰刻文や縄紋は残存し，裏面に彫刻的文

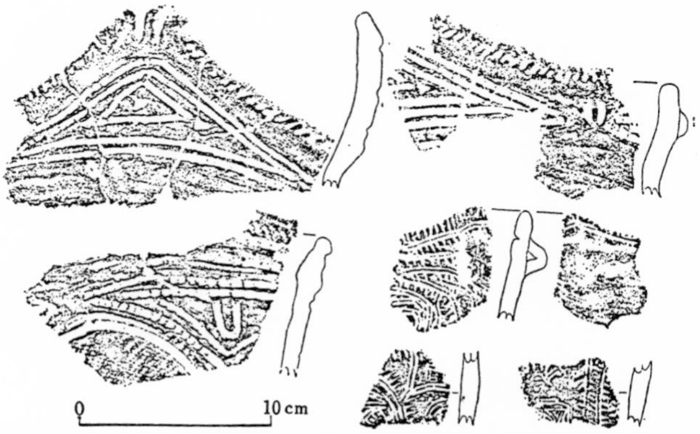

第１図　平尾第９地点出土土器の「五領ヶ台式直後」（佐藤 1974による）

様が加えられた一群の土器群である（西村 1972：76～81 頁；1984：263～272 頁）。より五領ヶ台式の特徴が希薄になっている土器群と整理できる。

佐藤は阿玉台式の細別概念は西村（1972）に依存しておきながら，阿玉台式成立前の土器群の呼称と概念は，既に西村自身が清算してしまった 1954 年の雷貝塚報告のそれを援用してしまっているのである。この論文を執筆した後，佐藤は「私は西村正衛先生の編年に従っているわけですけれど，最近の西村先生の御意見は前の御意見とちょっと，殊に阿玉台式土器のごく古い部分の扱い方で違いがあるように拝見したわけですけれど，その辺は，私には良く判らないところがあります」（佐藤ほか 1976：31 頁）と述べており，困惑を隠さなかった。「雷第七類」は，西村にとって，1972 年段階においては，「五領ヶ台式および阿玉台式の中間型式」では既になかったことをここで改めて確認しておきたい。

次に，阿玉台 Ib 式を佐藤が「古」と「新」に分けた根拠を確認する。佐藤が取り上げた標準資料は千葉県船橋市高根木戸遺跡第 72 号竪穴住居址出土の 2 個体の土器である（**第２図５・７**）。ここでは，阿玉台式土器と共に，高橋良治が検出した市川市鳴神山遺跡出土土器（**第２図１**）に酷似する土器（**第２図４**）が出土している。遺憾ながら報告書には土器の詳細な出土層位・レベル差に関する情報が提示されていないが，すべて「表土下から床面までの間に」堆積した「褐色土」中から出土しているという（岡崎ほか 1971：207 頁）。これらのうち，No.7 の土器は「深さ 30 cm で（確認された）いくらかやわらかい堆積土」（括弧中の語句は引用者）中の下部から出土していることが土層セクション図（**第２図右下**）に示されているが，No.5 の出土層位・レベルは確認出来ない。佐藤は No.5 が「阿玉台 Ib 古式」で，No.7 が「阿玉台 Ib 新式」としているが，新旧の層位的根拠は存在しないのである。図を見る限り，「阿玉台 Ib 新式」とされた土器（No.7：7204）は覆土下層から出土しており，仮に No.5（7202）の「阿玉台 Ib 古式」の土器がそれよりも下層から出土したものだとしても，大きな時間差はないと判断される。ちなみに本住居址は，竪穴切込み面の上から床面まで，「しまった褐色土」が覆っており，「セクションで明確に識別することが出来なかった」（岡崎ほか 同上）というので，この住居址の覆土は，大きな時間差がなく短時間のうちに堆積した可能性が高い。佐藤は No.7 の土器を No.5 よりも新しい階段と認定しているが，その根拠は「口縁部の突起が発達し，隆起帯が幅広く変化しており……」という事実を挙げているのみである。しかし，それのみを以て「新道式」に並行する根拠とすることは困難なように思われる。ちなみにこの竪穴住居址から一緒に出土している「鳴神山」の土器は，「阿玉台 Ib 古式並行」のもののみ（**第２図４**）であり，「新道式並行」とされた「鳴神山」（新）相当の土器（明治大学考古学研究会 1969。本稿**第２図３**参照）は出土していないのである。型式学的には，**第２図７**は５よりも新しい様相に見えるけれども，中峠遺跡第８次調査地点において，加曽利 E1 式新の炉体土器を持つ１号住居址覆土から勝坂式土器的装飾を持った完形の加曽利 E1 式土器が出土している事例もある（『下総考古学』25 号　102 頁第 22 図５の土器）ので，本稿**第２図５**と**７**の様相の差が，型式細別するほどの相違として位置づけられるかどうかの判断は保留した方がよさそうである。この佐藤による阿玉台 Ib 式の二細分論はかなり多数の後進の研究者によって

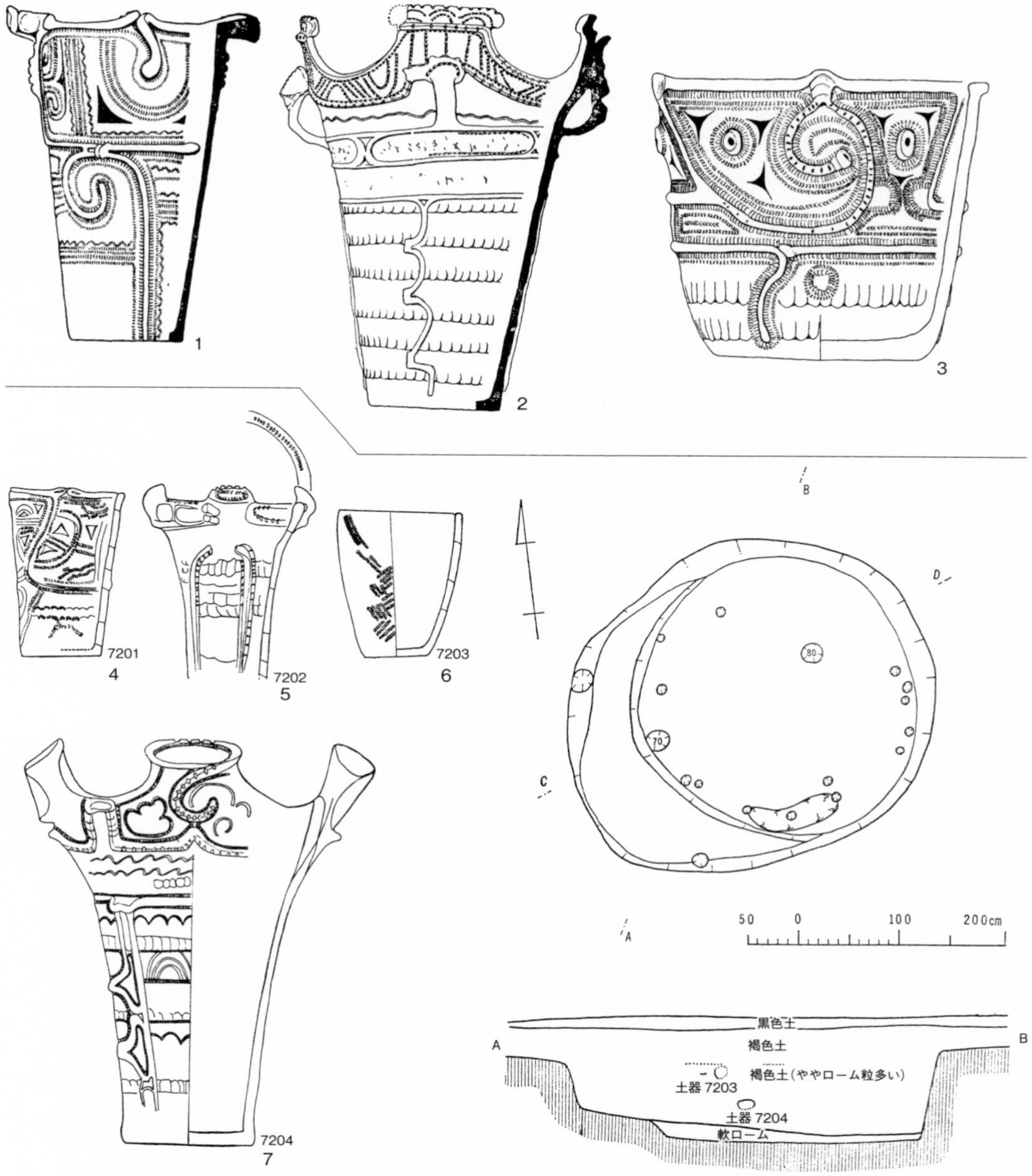

第２図　鳴神山遺跡出土土器および高根木戸遺跡 72 号住居址と出土土器

上段　鳴神山遺跡出土土器（1〜2 は高橋 1959，3 は明治大学考古学研究部 1969 による）

下段　高根木戸遺跡 72 号住居址出土土器（左）と 72 号住居址実測図（右）（岡崎ほか 1971 による）

支持されている[3]が，再考を促したい。ちなみに筆者は佐藤と別の視点から阿玉台 Ib 式を二細分している（大村 1991：73〜75 頁および大村 1995：17 頁参照）。

次に②について検討してみよう。

阿玉台 Ib 式は，西村による一連の当該期遺跡調査報告に掲載された図版を見れば，実に様々な形態の深鉢に共通の装飾が確認され，確実な細別型式であることは確定的である。近年では浅鉢にも同様な装飾が施された事例が多数確認されている。

一方，鳴神山の土器は，阿玉台Ⅰb式古の深鉢（**第２図２**）に共伴した筒形の小型土器（**第２図１**）と，時期の異なるバケツ形の土器（**第２図３**）が確認されている程度である。これらは勝坂Ⅰ式および同Ⅱ式の中に位置づけられ，「鳴神山タイプ」（「タイプ」は「類型」の意味で用いられているようである）と通称されている。勝坂式に含まれる一類型であり，阿玉台Ⅰb式と等価に扱うことが出来ないものである[4)]。所沢市膳棚遺跡第１号住居跡出土の「新道式」と「鳴神山」の折衷土器（**第３図１**）も単独出土であり，他遺跡においても一か所から一定の組成を以て出土する事例は存在しないと思われる。東京都多摩ニュータウン第46号遺跡出土の「截痕紋を連ねる紋様が施された土器」（**第３図２〜３**）は，佐藤が自ら認めているように，「新道式を構成する一要素」（89頁）であり，山内の「土器型式」と異なる。「類型」に相当するものである。群馬県新巻遺跡出土の「特異な型式」（90頁）として２点が抽出されている。一つは半截竹管状工具の「腹」による半隆線とこれに沿う截痕が施されたもの（**第４図３**）で，多摩地域の截痕紋土器に類似するが，体部の文様帯が幅広く「垂直及び曲線的な隆起線紋」がある点が異なるとする。もう一つは，現在「新巻類型」（山口 1989）と呼称されるものである（**第４図４**）。「隆帯に特色」があり，「部分的に幅が広くなり，扁平で上面が凹む」もので，「紋様全体の特徴からみると，これまで述べたどの型式とも系統を異にするように思われる」（94頁。傍点は引用者）と評価している。

この他，長野県後田原遺跡１号住・２号住・集石遺構から出土した特異な顔つきの土器群（「新道式」類似土器，「踊場式系統の紋様」を施した土器，「新巻」と同類の土器，平出Ⅲ類Ａの系統）（**第５図**）を紹介し，「諸型式が一遺跡に共存する」（傍点は引用者）としているので，上記の土器群のいくつかについて，「型式」と捉えていたことは間違いないであろう。こうした一連の分析に対し，松村恵司は早くも同年において「氏の行なっているのは型式区分ではなく，型式を構成する類型の抽出である」（松村 1974：35頁）と看破している。ちなみに佐藤の「土器型式」概念は多岐に広がっている。本稿の主題から少し外れるが，佐藤が「師」と仰ぐ山内清男の「土器型式」概念とかなり異なっているので，章を改めて解説することにする。

最後に③について検討する。まず阿玉台Ⅰb式古の階段に並行する諸型式として東京都では「清水台式」，神奈川県では「五領ヶ台上層式」，中部高地では「狢沢式」を配置しているが，「清水台式」（48頁の**第６図下段**）と「五領ヶ台上層式」（**第６図上段**）の解説の中で，「両者とも（中略）楕円形の区画紋帯が発達する」「区画内を充塡する角押紋と，胴部の分帯は阿玉台式的ではない」「楕円形の区画紋帯は狢沢式に発達する」**「狢沢式は長野における五領ヶ台上層ないし清水台式と呼びうるだろう」**（85頁。ゴシック文字への改変は引用者）として，狢沢式を含む三者は，同じ型式内容を持つものであることを示唆している[5)]。各地域において，期せずして設定された個々の細別型式を同一型式とみなしつつも，佐藤が構想する編年網を整備するため，地域ごとに名称を使い分けているように見える。こうしてみると，東は西村阿玉台式土器編年，西は井戸尻編年を軸にした編年枠（「箱」）をまず用意し，各地の当該期土器群を多少無理やりにはめ込んだ

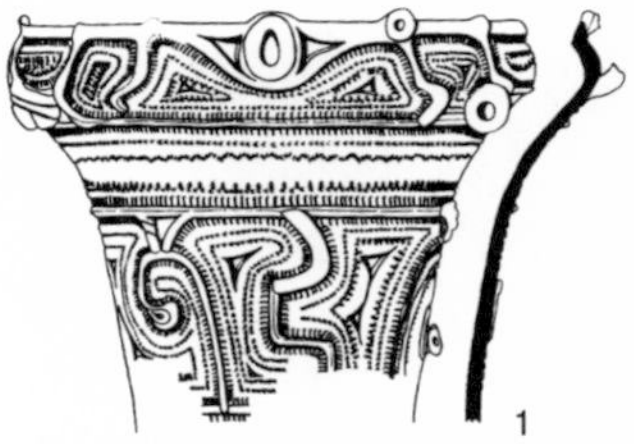

第３図　膳棚遺跡１号住炉体土器（左）と多摩ニュータウン No. 46 遺跡出土土器（右）（佐藤 1974 掲載図を複写。右から２つ目の土器は原典に掲載なし）

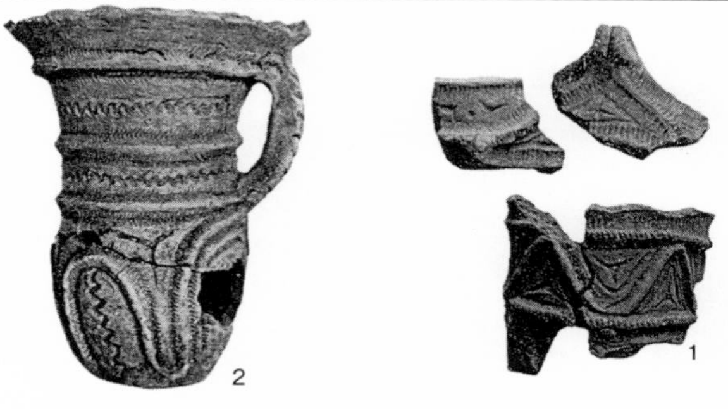

第４図　新巻遺跡出土土器（佐藤 1974 掲載図に基づき，原典より複写・抜粋）

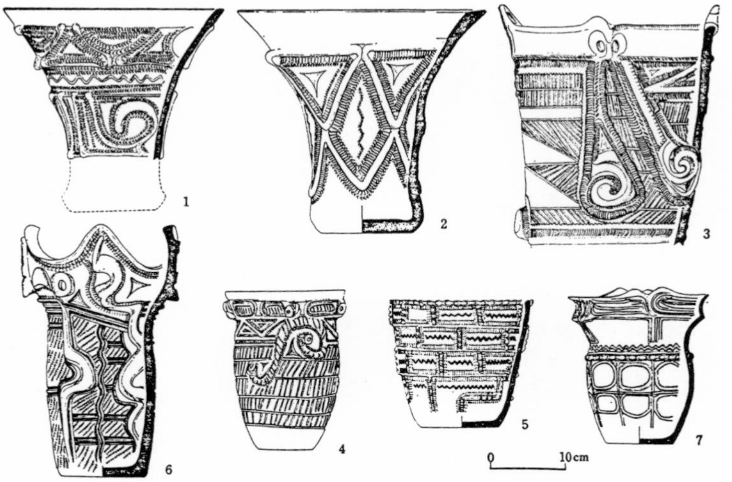

第５図　後田原遺跡出土土器（佐藤 1974 掲載図を複写）

観があることは否めない（第１表参照）。高根木戸遺跡 72 号住出土の２点の阿玉台 Ib 式土器を，層位的根拠もなく二分してしまったのは，「新道式」並行の阿玉台式を用意する必要があったからであろう。

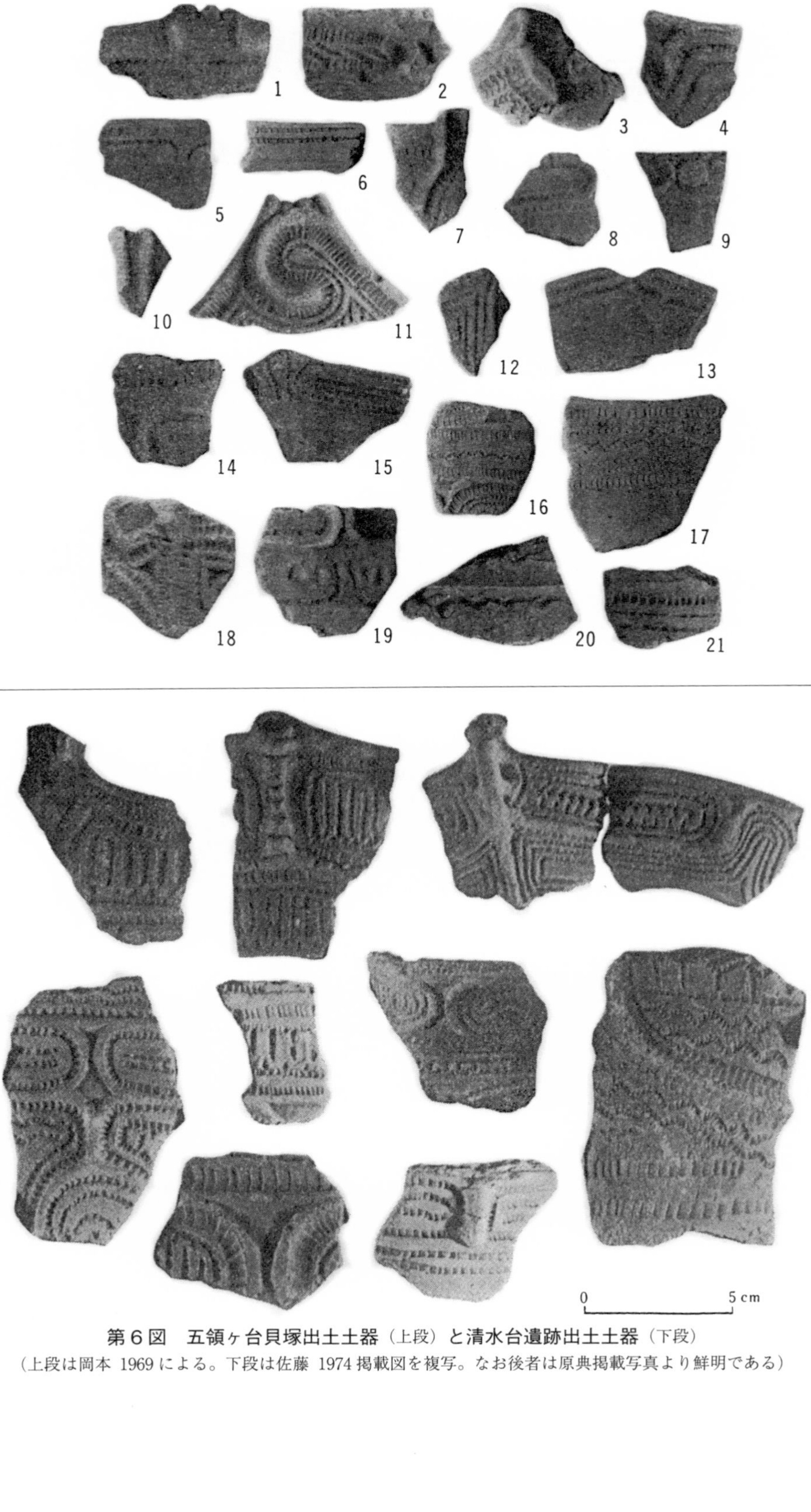

第６図　五領ヶ台貝塚出土土器（上段）と清水台遺跡出土土器（下段）
（上段は岡本 1969 による。下段は佐藤 1974 掲載図を複写。なお後者は原典掲載写真より鮮明である）

3. 佐藤達夫の「土器型式」概念とその問題点

上述したように，佐藤（1974）において多数抽出された「型式」，あるいは活用された既存の「土器型式」には，様々な概念が含まれている。論点を明確にするためにそれらを整理してみよう。

本論文から，佐藤が「土器型式」に言及した部分を抜粋すると以下の通りである。

① 土器の型式は時期的・地域的に，分離しうる最小の単位と考えられている。通常ある範囲に，同一の系統に属する一群の土器があり，それらが紋様の特徴から単一の時期に属すると考えられる場合，一型式と認定される（81頁。傍点は引用者）。

② たとえば新巻や後田原のごとき場合に，共存する諸系統の土器を一括して，一型式としてよぶのが適当かどうか。もしそれらの組合わせが一定地域において普遍的であれば，それも可能であろう。（中略）ある組合わせをもつ個々の事例に，それぞれ別個の型式名を付けるとすれば，型式の認識に混乱を生じる恐れがあろう。このような場合は系統を異にする複数型式の特殊な組合わせとして理解する方が，より便利かと思われる（98頁。傍点は引用者）。

③ 同一土器に異系統の紋様が組み合わされる場合も，事情は同じであろう。もしある組合わせが，一定地域に安定していれば，これを特定の型式とすることができよう（98頁）。

④ 型式という言葉は二つの意味に用いられている。一つは地域的・時期的に細分された一単位としての型式であり，一つは系統を示す型式である。たとえば阿玉台Ia式，Ib式などは前者に，総称としての阿玉台式は後者に属する（98頁）。

⑤ （型式学的操作の手順は）まず系統としての型式を抽出し，次に各系統内の時期的細分に進むべきであろう（98頁。括弧中の文言は引用者）。

上記①は，山内清男の「土器型式」の概念をほぼ踏襲しているものであることは既に述べた。しかし，②～⑤は佐藤独自の「土器型式」概念である。説明が前後するが，まず③について山内の考えと比較してみよう。

佐藤は「同一土器に異系統の紋様が組み合わされる場合」でも，「一定地域に安定していれば，これを特定の型式として区分する」としているが，山内はあくまでそういう事例は折衷土器として標準資料から排除しており，「離散的存在」（中間がなく他とはっきり区分される存在）のみに注目して細別型式を抽出しているのである。例えば，杉原荘介が千葉県市川市姥山貝塚で掘り当てた良好な完形土器群（次頁**第7図**参照）のうち，No.2・5を「加曾利E式の古い部分」の一例として『日本先史土器図譜』（第IX輯）（山内 1940b）に収録しているが（同書83-1，84-1），もっとも優品と思われる杉原（1940）の「No.1」の土器は，このカタログから除外しているのである。なぜであろうか？　当該土器を見ると，口辺部の文様帯は加曾利E1式（新）の様相を見せているものの，体部の文様帯は横方向に沈線文様が展開しており，大木8式の特徴を持っているのである。「異系統の紋様」が組み合わさった当該土器は，加曾利E式の良好な事例とは言いがたく，割愛

下總姥山貝塚出土土器寫眞（杉原附圖）

第７図　姥山貝塚出土土器（杉原 1940 による）

したのであろう。山内は，こうした折衷土器は，編年体系を構築するにあたって，とりあえず俎上に載せることはしなかったのである。

②の解説は，モンテリウス（1903→1932）の「Typus」（大村は「類型」と訳す）の概念を踏まえたものと言える。モンテリウス（1903→1932）はイタリアの骨壺（**次頁第８図上段**）を一例に挙げて「Typus」の変遷を説いているのであるが，これは山内清男の「土器型式」（長谷部言人や松本彦七郎の土器型式概念を踏襲）とおおいに異なる。山内のそれは，例えば加曽利貝塚Ｅ地点から出土した同じ顔つきの土器群を一括して「加曽利Ｅ」としており，**深鉢や浅鉢など種々の器種が含まれている**のである。一方，モンテリウスの「Typus」は，例えば「骨壺」という一つの器種を区分した単位であり，分類の枠が極めて狭いのである。この認識の違いは現在の多くの考古学研究者によって指摘されており，山内が「型式」の概念を広げすぎているとの見方が主流であるが，筆者の評価はそれらとは異なっている（大村 2014）。モンテリウスの「Typus」（英語表記では「type」）を濱田耕作が初めて「型式」と邦訳したのは1922年刊行の『通論考古学』である（146頁）。一方，長谷部や松本は，1919年には既に「ある遺跡，あるいはある遺跡の特定の層位から出土した同じ顔つきの土器群」[6]に対して，生物学における基準標本（英語で「type」と表記）に準じ，「大木式」（大木貝塚出土土器群）・「宮戸式」（宮戸島里濱貝塚出土土器群）（長谷部 1919→1927：449～450頁）とか「大境五層式」「大境四層式」（大境洞窟第五層・第四層出土土器群）（松本 1919a）あるいは「宮戸島下層期（式）」「宮戸島上層期（式）」（里濱貝塚下層および上層出土土器群）（松本 1919b：341頁）などと型式設定しているのである。「型式」概念とその用語法に関わる先取権から言えば，長谷部（1919）・松本（1919a・b）の方に存在するのであり，後出の濱田（1922）は，長谷部・松本らの「型式」（type：生物分類学における「基準標本」とそれに相当する資料を指す。詳細は大村 2014参照のこと）と異なる分類単位である「Typus」について，「型式」という邦訳は遠慮し，他の訳語（例えば「類型」という訳語が考えられる。独和・英和の辞書を繙けば，「Typus」や「type」は「類型」という訳が優勢である。ちなみに，『グランド・コンサイス英和辞典』三省堂版では，「型式」という訳語は掲げられていない）を案出すべきであったのである[7]。参考までに山内清男が解説した「型式」と「類型」に関する模式図を**第８図下段**に示す[8]。モンテリウスの「Typus」は，「骨壺」という一器種における「類型」と位置付ければ，長谷部・松本・山内の「型式」概念（生物分類学における「基準標本とそれに相当する資料」）との整合性が取れるであろう。それはともかく，佐藤はモンテリウス流の「Typus」の概念を踏まえて，「鳴神山の土器」や「截痕紋土器」（勝坂式の一類型），「新巻の土器」などを一つの「型式」と理解したのであろう。

最後に，④・⑤に関する問題点を指摘する。佐藤の解説を要約すると，

a. 「型式」は地域・時期的に細分された一単位（たとえば阿玉台Ia式，Ib式など）と系統を示す型式（たとえば総称としての阿玉台式）の二つに分かれる

b. 型式学的研究の手順としては，まず系統としての型式を抽出し，次に各系統内の時期的細分に進むべきである

ということになるであろう。

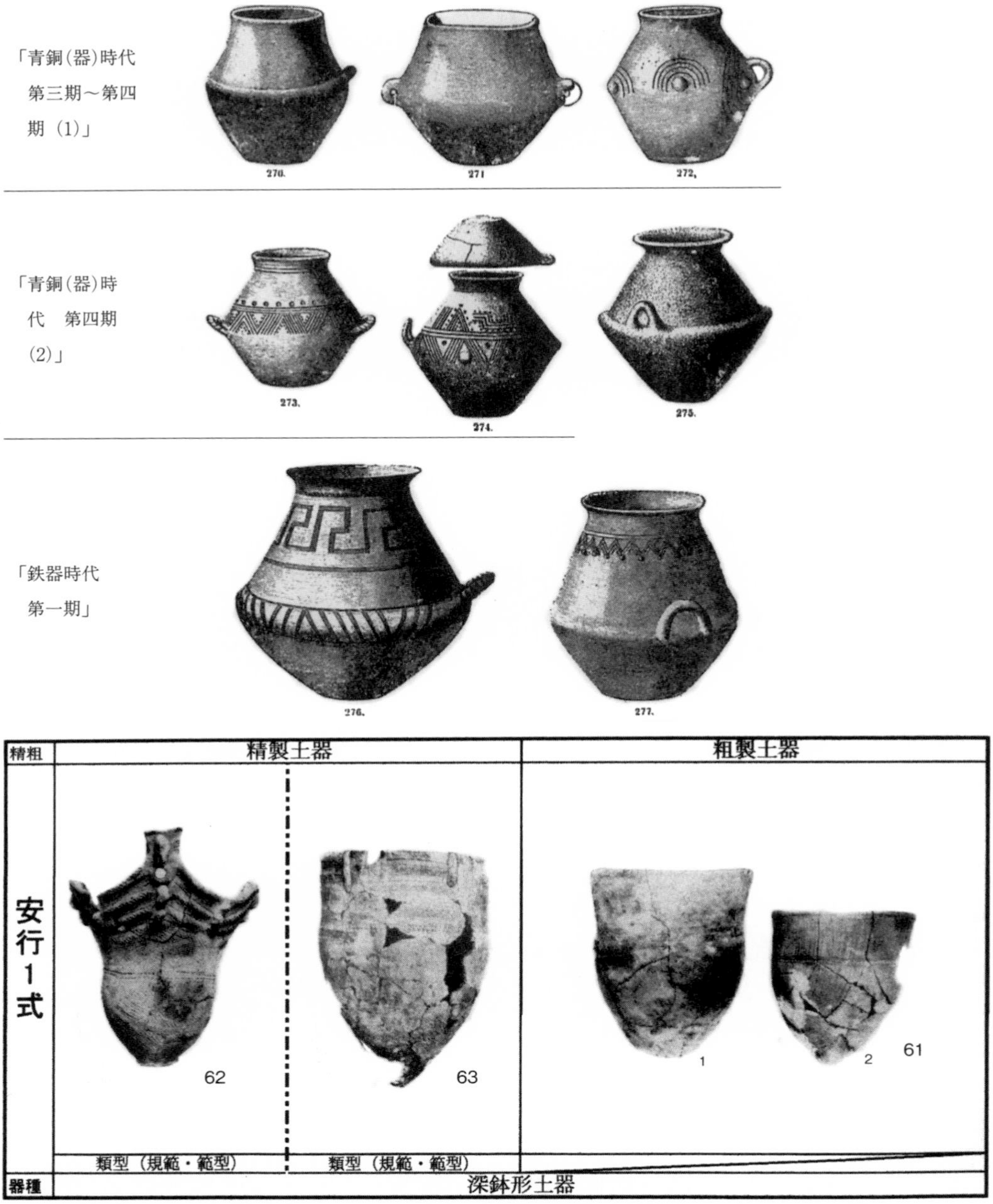

第８図　モンテリウスの「Typus」（上段）と山内清男の「型式」と「類型」（下段）の比較
（モンテリウス 1903→濱田訳 1932；山内 1940・1969 に基づき，筆者構成）

この考えは，現在の縄紋土器研究者の共通理解となっているようであるが，山内・西村の場合は少し異なる場合がある。例えば加曾利Ｅ式の細分設定について山内は以下のような手順を踏んでいるのである。

まず 1924 年加曾利貝塚Ｅ地点出土の標準資料（口縁が突起を持たない平縁で，斜行縄紋のみが施され，縦行する縄紋を持たない。隆線の脇を沈線が忠実に囲む）を以て「加曾利Ｅ」あるいは「真の加曾利Ｅ地点の土器」(後に加曾利 E2 式となる)などと符牒を付ける。そしてこれに先行する細分型式として松戸市上本郷貝塚Ｆ地点(2 号竪穴)の，口縁に突起が存在し縄紋が縦行する炉体土器を配置し(後に加曾利 E1 式となる)，後続する細分型式として磨消縄紋のある加曾利貝塚Ｄ地点の土器群(後に加曾利 E3 式となる)を加え，これらを総称して「加曾利Ｅ式土器」と呼称するに至るのである(大村 2007)。

山内清男に土器型式学の多くを学んだ西村も，典型的な阿玉台式土器(後の阿玉台 Ib 式)を基準として(詳細な考証は大村 1995 参照)，雷貝塚出土土器群の「阿玉台古式」土器群(第八類)の中から，阿玉台 Ib 式の「窓枠状区画」の祖型を持つ土器群を抽出して「阿玉台式Ⅰ類ａ種」とし，阿玉台式の「最末期の状態」(西村 1960)と位置付けた幅広の角押紋施紋の土器群(阿玉台式 III 類)に多くの点で特徴を共有する(区画文や把手・突起の形状，条線紋や縄紋施紋)，別種の土器群(隆線脇に沈線を施す)を新たに「阿玉台式」に加えて「阿玉台式 IV 類」とし，「総称としての阿玉台式」を再設定しているのである(大村 2020 参照)。

山内も西村も，基準となる資料と型式学的につながる細別型式を前後に加えて「総称としての加曾利Ｅ式」，「総称としての阿玉台式」の概念を確立したのであった。すなわち，「型式を細分する」のではなく，「細別型式」を集めて「型式」概念を確立しているのである。佐藤は，戦前に行なわれた山内の縄紋土器研究はともかく，1974 年論文で俎上に載せた直近の「阿玉台式土器編年」(西村 1972)の真相をも見誤っていたのである。

4. 佐藤(1974)の意義(後進に与えた影響)

以上，佐藤論文には看過しえない問題点も含まれているが，この論文の末尾において，縄紋中期の大型土器は交易に不向きであるから，異系統土器の混在の背景は，異なる系統の土器を製作する女性たちが当該集落に婚姻により移動して来たか，「異系統紋様の伝習」によるものであろう，という卓見を披露している。そして一個体の土器に「異系統紋様」が共存するのは，「明らかに異系統紋様の伝習が行われたことを示している」(98 頁)と結論するのである。「時間の尺度」を得るための「土器型式編年」から一歩踏み出し，土器型式が持つ社会的意味に切り込んだこの論文の価値は計り知れないものがある。

埼玉県を主なフィールドとして縄紋中期土器研究を長らく牽引してきた谷井彪は，1982 年，「いわゆる阿玉台 Ia 式土器とその周辺の土器群について」という論文(谷井 1982)において，佐藤(1974)に関して極めて的確な論評を加えている。以下に引用してみる。

「この論文は縄文土器の鋭い分析法，土器が表わしている地域社会相互の関係を新しい視点から分析した。縄文土器研究史上でも画期をなす論文である。論文の標題にあるように，五領ヶ台式から勝坂式(佐藤氏が勝坂式という場合，縦形区画文の成立をもって言っており，中部地方の編年でいう藤内式以後をさす)の間の土器群の多様で錯綜とした変遷過程を通じて，土器のもつ意味を検討し，その特色を型式として抽象化することによって，社会相互の交流，さらには集団間で行われたであろう婚姻関係へ切り込んだものである。

普遍的な土器研究では氏独自の方法がみられた。特に注目すべき見解として，土器を様々な角度から系統的分析を加え，大型式に対する小型式の概念を提出したこと，ある特定の型式にあっては他の型式群との関係から婚姻関係に結び付く例があるのではないかとしたことであり，土器研究を編年研究の枠のみに終わらせず縄文社会そのものへせまる道を開いたことであろう。

編年研究の具体的側面では，出土例の少ない五領ヶ台式から勝坂式に至るまでの土器の摘出と土器様相の変化を卓抜した型式学的理論で分析し，系統的にたどっている。それまでは出土例の少ないことから，ほとんど光の当てられることがなかっただけに貴重な論考であった。

この他，この論文の果した役割に，西村氏の阿玉台式の編年研究を西関東の土器の編年組立に活用して，その重要性を広く認識させたことが挙げられよう。

それまでの阿玉台式の編年は高橋良治氏らが中心となって進めた三細分の試みがあるにすぎなかった。（中略）

西村氏の五細分が一般に認識されるようになると，佐藤氏の分析を踏まえた新たな勝坂式の編年が試みられるようになった。このころは，すでに藤森栄一氏の組立てた『井戸尻』編年が一般化しており，これを対照する形で進められた。戸田哲也，和田哲氏の論考が勝坂式に対する最も標準的な考え方であろう。」（24 頁）

引用が長くなったのは，筆者が本稿において割愛した，縄紋社会の構造に切り込もう[9)]という佐藤（1974）の意欲的側面について，実に的確に論評しているからである。この論評で注目されるのは，佐藤の画期的論文が中期縄紋土器研究者に衝撃を与えたこと，この論文によって西村・阿玉台式土器編年の蓋然性が裏書されて，広く周辺の当該時期の土器型式研究に応用されていったことを同時代人の立場から証言していることである。

この谷井の賛辞は，多くの縄紋土器研究者の意見を代弁したものであると推定される。しかし，緻密な層位データに基づいて構築した西村・阿玉台式土器編年の一部に，佐藤が層位の裏付けもなく改変を加えて（阿玉台 Ib 式の新旧細分）設定した東関東の「時間軸」が，何の批判もなく普及し，勝坂式との対比に応用されて行ってしまったことは，後進の研究に少なからぬ問題を残してしまったような気がしてならない。その具体的な検証は，下総考古学研究会の共同研究における課題の一つとしたい。

おわりに

佐藤（1974）を読んで，最も奇異に感じたのは，「層位」に関する記述がまったくないことである。塚田ほか（1977）が佐藤論文の問題点として，最も強調したのはこのことであった。「時間軸」として採用した西村の阿玉台式土器編年や藤森らの「井戸尻編年」に対する批判的検討

（層位の吟味と型式学的吟味）もない。確かに山内清男の方法論，延いては下総考古学研究会の基本的研究姿勢とは異質である[10)]。しかし，異系統土器の共存問題，同一個体における異系統文様の共存問題，およびそうした事象が生まれる背景を考察しようとした佐藤の姿勢は，今日的課題でもあり，21 世紀の日本先史考古学を展望した画期的論文であったと評価出来よう。異系統土器の「折衷」を媒介として鮮やかに各地の土器群の並行関係を整理したのも，その後の縄紋土器研究に指針を与えるものであった。問題点は問題点として留意しつつも，佐藤論文から学ぶことは多い。亡くなる直前にこの論文を著した背景の調査を推進すると共に，佐藤達夫の学問を今後も学んで行く必要があるように思われる。

謝辞

本稿を執筆するにあたって，以下の方々のご教示・資料提供を頂きました（五十音順，敬称略）。記して感謝の意と致します。

大内千年・大塚達朗・小澤政彦・小林謙一・建石徹・塚本師也・戸田哲也・西川博孝・三門準

註

1）　戸田（2017）は，佐藤論文（1974）が完成する経緯について，東京都町田市清水台遺跡出土資料や神奈川県平台遺跡出土資料，埼玉県朝霞市城山遺跡出土資料などをもとに「毎週研究室内での検討が深められ，その結実として佐藤達夫氏の『土器型式の実態―五領ヶ台式と勝坂式の間―』がまとめられたのであった」（107 頁）と回想している。佐藤の 2 冊の遺作集を見る限り，佐藤（1974）以外に縄紋中期土器と深く関わった事実はなく，戸田哲也・土肥孝といった縄紋中期土器を専攻対象の一つとする優秀な若手研究者の強力なサポートを得て本論文を完成させたものと推定される。重住豊も，「以前，3 年程前ですが考古学協会の帰りに喫茶店でお話を伺った時に，（佐藤）先生は，ちょっと行き詰った時に成城大学の生徒さんを使われて物凄い多量の土器の中から丹念に探し求めた土器を見付けたという風に僕は聞いて，先生がその時感激されていたようなことを伺った」（佐藤ほか 1976：37 頁。傍点および括弧中の語句は引用者）と証言している。

2）　土器型式変化の要因の一つとして「部族闘争」があったのではないかと山内（1969→1972：197 頁）は確かに指摘しているが，「千網式以降」という言及はない。

3）　阿玉台式土器を長年にわたって継続的に研究している塚本師也氏は，2000 年に公表した論文（塚本 2000）において，佐藤（1974）における阿玉台 Ib 式二細分案が「多くの研究者に」「受け入れられている」（57～58 頁）と認めている。ただし，それらの多くは「イメージで捉えられている状況で，具体例を示してその特徴を説明したものは少ない」と問題点を指摘している。

4）　鳴神山遺跡出土の当該土器について，高橋良治は少なくとも 1950 年代前半に「鳴神山式」と仮称していたことを湯浅喜代治が証言している（2005 年 5 月，筆者聞き取り）。高橋は類例の集成も行なっていた（高橋の自邸で集成図の一部を筆者閲覧）が，正式にこれを「鳴神山式」と宣言しなかったのは，一定の組成を持つ土器群であることの確証がなかったからであると筆者は考えている。「仮称 Pre1 式土器」を一土器型式（「中峠式土器」）として位置づけるのを長い間留保していたのもその故であった。

5）　戸田哲也氏は，清水台遺跡出土土器群の考察において，同遺跡出土土器が，岡本勇が仮称した「五領ヶ台上層式」（岡本 1969）と同類であることを認めているが，当該土器群について，本報告書においても「何等具体的記述がなく，型式の内容が明らかではない」ので「あえて五領ヶ台上層式」の名称を用いなかったと述べている（戸田 1971：14 頁）。また，長野県の「狢沢式」にも言及し，清水台出土の土器は狢沢式と「類似する」ことを認めている。ただし，藤森（1965）では，「新道式」が「狢沢式」よりも古いとしていることを問題視し，「新道式と藤内Ⅰ式とは極めて近い土器群であり，それが藤内Ⅱ式へと連続してゆくのであって，その間に一時期を画して狢沢式が存在することは考えられない」と卓見を述べている（14 頁）。翻って清水台の土器についても，「多くの類似資料の検出と，調査による層位的関係，あるいは生活遺跡の発見などの段階をへて，土器様相の正確な把握のもとに（型式設定が）提起されねばならない」（14 頁。括弧中の語句と傍点は引用者）と慎重な態度を表明している。この考えは，下総考古学研究会における「Pre1 式」（「中峠式」）の共同研究の方針そのものであり，当時同会の中核会員であった戸田哲也氏の面目躍如といった感がある。これに対し，佐藤は報告者に先駆けて「清水台式」（佐藤 1974：85 頁）と呼称してしまったのである。

6) 実際，松本（1919）は，「型式」について次のような解説をしている。

「これは単に個々の土器に就て何式と云ふ類では無く，土器の全般を綜合的に見た上での個々の遺跡又は遺跡の個々の層位に就ての型式である。」（22 頁。傍点引用者）

7) 大貫（1997）によれば中国では，“typology” は「類型学」と訳しているそうである（110 頁）。

8) 山内清男が自らの「土器型式」の構造の一端について具体的な解説をしたのは山内（1940a→1967：19～20 頁。ゴシックは引用者）であると思われる。以下に関係個所を抜粋する。

①「**安行１式**は（中略）稍**粗製**の 60，61（引用者註：本稿**第８図下段右**参照）の如きものが半数近くを占めて居る。（中略）稍**精製**の土器には**深鉢形**，浅鉢形，皿形，注口土器その他の変化があり，同じ**深鉢形**にも例えば，62，63（引用者註：本稿**第８図下段左**参照）の如き種々の**規範**がある。」

②「62. 下総国千葉郡犢橋（コテハシ）村犢橋貝塚。（中略）安行１式の深鉢型《ママ》の一**範型**。」

戦後の解説（山内 1969→1972：194 頁）では以下のようになっている。

「一時期に属する文物の一群とは，**土器型式**にあたる（したがって，その土器の形態，文様，文様のつけ方，製作技術などの面で一致している一群に，一つの土器型式があてられる）。その土器型式にはまた多少の**器種**があり，さらに，いくつかの**類型**（カテゴリー）に分けられる。」（ゴシックは引用者）

上記の解説を模式図にしたのが本稿**第８図下段**である。

9) 石器研究に夢中であった安斎正人氏に，佐藤が「石器は土器ほど人を語りませんよ」と忠告したという（安斎 2019：1 頁）が，佐藤の問題意識を如実に物語るエピソードである。佐藤（1974）の方針は，山口（1999）や大塚（2000）が意欲的に継承・発展させている。

10) 佐藤達夫に東京大学において親しく指導を受けた大塚達朗氏には，2018 年 12 月，下総考古学研究会の月例会において「佐藤達夫は日本先史考古学の何を批判しようとしたのか―短期編年論者の問題提起と限界―」と題して特別講演をして頂いた。この中で，山内清男の考古学と佐藤達夫の考古学の基盤が大きく異なっていることが多方面から論証された。外部には未公表の内容なのでこれ以上紹介出来ないが，両者の学問の違いが奈辺にあったのか，納得出来るものであった。大塚氏には，この内容を是非活字に起こして頂きたい，と希望する。

引用・参考文献

安斎正人　2019「〈巻頭言〉　土器型式の実態」『斬新考古』7号　北海道考古学研究所

大塚達朗　2000『縄紋土器研究の新展開』同成社

大貫静夫　1997「中国における土器型式の研究史」『考古学雑誌』82巻4号　日本考古学会

大村　裕　1987「所謂『五領ヶ台直後型式』研究の現状について」『下総考古学』9号　下総考古学研究会

大村　裕　1991「考察　第1次調査地点出土の土器について」『下総考古学』12号　下総考古学研究会

大村　裕　1995「阿玉台式土器の成立の指標を何に求めるか？」『土曜考古』19号　土曜考古学研究会

大村　裕　2007「山内清男の大木諸型式（特に大木7b～8b式について―関東地方の土器編年との関わりから―）」『下総考古学』20号　下総考古学研究会

大村　裕　2008『日本先史考古学史の基礎研究―山内清男の学問とその周辺の人々―』六一書房

大村　裕　2011『縄紋土器の型式と層位―その批判的検討―』六一書房

大村　裕　2014『日本先史考古学史講義―考古学者たちの人と学問―』六一書房

大村　裕　2020「西村正衛による『阿玉台式土器編年的研究』完成の前段階―『利根川下流域における縄文中期文化の研究（予報）』『古代』34号（1960年）―」『下総考古学』25号　下総考古学研究会

岡崎文喜ほか　1971『高根木戸―縄文時代中期集落址調査報告書』船橋市教育委員会

岡本　勇　1969「『五領ヶ台上層式』土器についての覚え書」『貝塚』3号　物質文化研究会

佐藤達夫　1974「土器型式の実態―五領ヶ台式と勝坂式の間―」『日本考古学の現状と課題』吉川弘文館

佐藤達夫ほか　1976「勝坂式成立の問題点」『北奥古代文化』8号　北奥古代文化研究会

下総考古学研究会　1985「勝坂式土器の研究」『下総考古学』8号　下総考古学研究会

下総考古学研究会　1998「中峠式土器の再検討」『下総考古学』15号　下総考古学研究会

杉原荘介　1940「下総姥山に於ける私の採集品」『考古学』11巻6号　東京考古学会

高橋良治　1959「千葉県・鳴神山貝塚の土器」『考古学手帖』10　塚田光

谷井　彪　1982「いわゆる阿玉台Ia式とその周辺の土器群について」『土曜考古』6号　土曜考古学研究会

塚田　光ほか　1977「土器型式の実態―五領ヶ台式と勝坂式の間―佐藤論文の批判と評価について」『研究メモ』No.139　下総考古学研究会

塚本師也　2000「茨城県における縄文時代中期中葉の土器について―つくば市中台遺跡と谷和原村前田村遺跡の調査成果から―」『常総台地』15号　常総台地研究会

戸田哲也　1971「町田市玉川学園　清水台遺跡緊急発掘調査略報（三）土器群についての一考察」『文化財の保護』3号　東京都教育委員会

戸田哲也ほか　2017『東京都町田市御嶽堂遺跡発掘調査報告書』玉川大学教育博物館

鳥居龍蔵　1923「石器時代に於ける関東と奥羽との関係　殊に土偶に就て」『人類学雑誌』28巻5号→1974『日本考古学選集6　鳥居龍蔵集　上巻』築地書館

西村正衛　1954「千葉県香取郡小見川町白井雷貝塚（第二・三次調査）」『早稲田大学教育学部学術研究』3号

西村正衛　1960「利根川下流域における縄文中期文化の地域的研究（予報）」『古代』34号

西村正衛　1972「阿玉台式土器編年的研究の概要―利根川下流域を中心として―」『早稲田大学文学研究科紀要』18

西村正衛　1984『石器時代における利根川下流域の研究―貝塚を中心として―』早稲田大学出版局
長谷部言人　1919「宮戸島里濱貝塚の土器に就いて」『現代之科学』7巻3号→1927『先史学研究』大岡山書店
濱田耕作　1922『通論考古学』大鐙閣
藤森栄一編　1965『井戸尻　長野県富士見町における中期縄文時代遺跡群の研究』中央公論美術出版
松本彦七郎　1919a「宮戸嶋里濱及気仙郡獺澤介塚の土器　附　特に土器模様論（1・2）」『現代之科学』7巻5号・6号
松本彦七郎　1919b「宮戸島里濱介塚の分層的発掘成績（続）」『人類学雑誌』34巻10号
松村恵司　1974「縄文時代中期初頭土器研究史」『史観』3号　史館同人
モンテリウス，O.　1903→濱田耕作訳　1932『考古学研究法』岡書院
明治大学考古学研究部　1969「市川市縄文時代遺跡」『MICROLITH』23号
山口逸弘　1989「房谷戸遺跡における縄文時代中期前半の土器様相」『房谷戸遺跡　I』群馬県考古資料普及会
山口逸弘　1999「土壙出土土器の選択性―中期土壙の2個体の共伴例から―」『縄文土器論集―縄文セミナー10周年記念論文集―』六一書房
山内清男　1939『日本遠古之文化』（補註付・新版）先史考古学会→1967『山内清男・先史考古学論文集・第一冊　日本遠古之文化』先史考古学会
山内清男　1940a『日本先史土器図譜　第VII輯　安行式（前半）』先史考古学会→1967『山内清男・先史考古学論文集・第六～十冊』先史考古学会
山内清男　1940b『日本先史土器図譜　第IX輯　加曾利E式』先史考古学会→1967『山内清男・先史考古学論文集・第六～十冊』先史考古学会
山内清男　1964「縄文式土器・総論」『日本原始美術　1』講談社
山内清男　1969「縄紋時代研究の現段階」→1972『山内清男・先史考古学論文集・新第五集』先史考古学会

IV.「縄紋時代の時期区分」と「縄紋土器型式の大別」の違い
—「後期に下る加曾利Ｅ式」という用法は正しいのか？—

はじめに

「縄紋土器型式の大別」という概念は，山内清男（1937）が細別型式を整理するために定義した便宜的区分であった。すなわち，従来の「土器区分の歴史」を踏まえ，細別型式の数を均等に振り分けることを念頭に置いて設定した型式学上の区分であったのである。現在，われわれが縄紋文化を語るときには，山内が提唱した六大別（草創期→早期→前期→中期→後期→晩期）を当たり前のように使っているが，本当に自覚的に使っている人は案外多くないのかも知れない。後述するように，提唱者の山内清男でさえ混同してしまった時期があったのである。

例えば，「縄文時代の中期」という用法は果たして正しいのであろうか？

「大別」としての「中期縄紋土器」は，炭素14年代測定が正しいとすれば，一万数千年の時間の中で，むしろ縄紋土器が使用された時代の後葉の方に位置する土器群〔5470～4420 cal BP（小林2007：10頁）〕ではないのか。「縄文土器型式の中期」は，真に「縄文時代の中期」とは言えないのである。この当たり前のことが今日，かなり見落とされてしまっているように思われてならない。問題の根本は，「時期区分」と「型式学上の土器区分」を混同していることにあるのである。その象徴的な混乱を最近の事例を引きながら検討してみよう。

1.「土器型式の大別」と「時期区分」を混同した最近の事例

2016年1～3月に，神奈川県横浜市において開催された，称名寺貝塚企画展の図録（『称名寺貝塚　土器とイルカと縄文人』2016年）に，「後期に下る加曾利Ｅ式」（86頁）というような解説が目についた。こうした表現は，専門研究者の間では以前より膾炙されていたのであるが，今や市民向けの図書にも紹介されるようになったことを知り，広く一般化してゆく情勢であることを予感した。ちなみに，この企画展に関連して市民向けに開催された「称名寺貝塚と称名寺式土器」というシンポジウムの発表要旨にも，「後期に下る加曾利EIV式土器」というような表現が認められる（88頁）。一方，上記のシンポジウムとほぼ同じ時期に東京都内において開催された「シンポジウム　縄文研究の地平2016—新地平編年の再構築」においても，その発表要旨巻末において，「後期に下る加曾利Ｅ式については，先行研究者らが考える『加曾利EV式』」の「細別呼称を使用」することが明言されている（134頁）。このイベントには，多数の若い研究者が集い，熱心に研究発表や討議を聴講しているのを目の当たりにした。また，1990 年代以来継続されているこのイベントの発表要旨集は，東京都内においてはかなり権威ある基本図書として活用されている傾向にあるので，「後期に下る加曽利Ｅ式」という表現が，専攻を異にする考古学研究者の間にも広く浸透してゆく可能性を予感した。

しかし「加曽利Ｅ式」は，縄紋土器の型式区分にあって，「厚手式」の代表格ではなかったか。そして「厚手式」は学史上，「中期」に充てられるものであって，後続型式（後期縄紋土器／「薄手式」）と共伴しようが，「加曽利Ｅ式」と名称を冠する以上，型式区分上は中期縄紋土器（「厚手式」）とすべきである。「中期」と「後期」の境界を「時期区分」という横切りの線で水平に区切ろうとするから，「後期に下る加曽利Ｅ式」という表現が使われてしまうのである。しかしそうした用法は，本来の「縄紋土器型式の大別」の本義から大きく外れるものであると言わざるを得ない。

筆者は，いわゆる「加曽利EV 式」が称名寺式に伴うと考えることに全く異論はないが，称名寺式に伴う「加曽利Ｅ式」を「後期の加曽利Ｅ式」とすることには強い違和感を持つものである。次にもう少し詳しく学史に沿ってこのことを検討してみたい。

2.「型式の大別」の本来の意味

縄紋土器の全国的編年大綱を確立した山内清男は，1930 年代において，「縄紋式土器を三期に大別する傾向」（「所謂厚手式」を「中期」，「所謂薄手式」を「後期」，そして「諸磯式及び並行型式以前のもの」を「前期」とする）が一般化している学界状況を踏まえた上で，

> 「型式の数の余り多い所謂前期を早期（尖底を有する本格的に古い土器群）及び前期（広義の諸磯式とその並行型式）に分かち，又所謂後期を後期（所謂薄手式の範囲）及び晩期（亀ヶ岡式及その並行型式）としたい」

とし，縄紋土器型式「五大別」を提唱した（山内 1937→1967：47 頁）。

この縄紋土器型式の五大別（早期・前期・中期・後期・晩期）は戦後も広く普及して行ったが，1962 年，山内がかつて抽出した「古式縄紋土器群」よりも更に古い土器群が戦中から戦後にかけて発見が相次いだ状況を踏まえ，型式数が格段に増加した「早期」を二分し，押型紋土器群より更に古い土器群（撚糸紋系土器群およびそれ以前）を一括して「草創期」と位置づけたのであった（山内・佐藤 1962→1969：55・69 頁）。

このように，山内の「縄紋土器型式の大別」の論理は，明治時代以来の研究史を踏まえ，型式の数を各々一定にすることを配慮して構築された独特なもの（型式学上の区分）であったことをまず確認しておきたい。

ここで問題となっている「縄紋式中期」（「厚手式」）は，縄紋土器型式の「細別型式」を整理する過程で，従来その存在が知られていた「広義の諸磯式」（前期）と「薄手式」（後期）の中間の細別型式群に与えられた分類単位であったのである。

ここまで述べてくれば，「縄紋時代中期」という表現が，当初の山内の意図とかなり異なったものである，ということが理解できるであろう。試みに，山内清男の諸論文を検索して，山内が「大別」をどのように使用しているかを確認してみよう。「大別」に言及した諸論文（『山内清男・先史考古学論文集』旧集第一冊～新第一集　所載）とその用法を表にまとめると，以下のようになる（次頁**第1表**参照）。

まず注目すべきは，山内は戦前から戦後にかけて「縄紋時代中期」というような表現を一切使用していない，ということである。「中期」という用語は，「縄紋土器型式の大別の一つ」であり，「縄紋時代の時期区分ではない」という自覚を持っていたからであろう（少なくとも1960年代初頭まで）。

> 「縄紋土器の細別は20―30に達するのであるから，仮に大別を協定し得たならば，一般の記述に多くの便宜を生ずるであろう」（山内 1937→1967：47頁。傍点は引用者。以下同様）
>
> 「縄紋土器には早期，前期，中期，後期，晩期の五期が認められる」（「日本先史時代概説」1964→1969：111頁）

という表現を見ても，決して「縄紋時代の時期区分」ではなく，「縄紋土器型式の区分の単位」であるということが理解できよう。

くだんの「加曾利EV式」は，絶対年代で「大別」を水平に区切る「時期区分」上の観点から見たら，「縄文時代後期」に残存した「加曾利E式」という表現が可能である。しかし，「縄紋土器型式」の「大別」という分類単位上の観点から見たら，「加曾利E式」はあくまで「厚手式」から抽出された細別型式なのであり，「加曾利E式」という名前を冠する以上は，「中期」の大別に整理すべきものなのである。

このような現今の認識の混乱は，山内清男の次世代研究者の全盛時代から既にあったのである。そして，何と「縄紋土器型式の大別」の原理を主唱した山内清男も，晩年においてその混乱にはまってしまったのであった（1962年以降）。次にこのことを確認してみよう。

3. 諸先学による「大別」に関する言及

山内より世代が若く，戦後日本先史考古学を牽引して来た諸先学は「大別」をどのように認識していたのであろうか。これに関わる議論の一端を以下に紹介する。『シンポジウム　旧石器時代の考古学』（学生社　1977年）において，山内清男が提唱した「草創期」に対する諸先学によるコメントである。長文にわたるので，関係個所だけ抜粋する（発言の順序改変。傍点は引用者）。

杉原　「山内先生が縄文時代を大別されて，新しい方から，晩期，後期，中期，前期というふうに分けられて，さらにその前に早期という時代を作られたのは，縄文の研究の学史ではどうしても大書しなければならない功績だと思います。」（265～266頁）

「縄文時代というものは狩猟に漁撈が加わるということにおいて，非常に大きい意味があるというふうに受け取ったわけです。古い石器時代の人間でも魚を食べたことは

第 1 表　山内清男による「大別」の用法（1）（『山内清男・先史考古学論文集』旧集第一冊～新第一集までの検索結果）

論集番号	初出年	論文タイトル	用語あるいは言説	頁
第一冊	1932	日本遠古之文化　縄紋土器の起源	縄紋土器には各地に多数の型式が認められて居るが，大体に於いて四つに大別することが出来るであろう。	6
			近年には，各大別は多くの型式に細別されて居る。	7
	1939	日本遠古之文化　補註	a. 縄紋式中期初頭，b. 縄紋式前期，c. 縄紋式早期（早期縄紋式），d. 縄紋式中期末より後期，e. 晩期縄紋式	a.37，b.37～38，c.38～39，d.39，e.40
	1937	縄紋土器型式の細別と大別	縄紋土器の細別は 20-30 に達するのであるから，仮に大別を協定し得たならば，一般の記述に多くの便宜を生ずるであろう。	47
			自分は各大別も亦出来れば同数位の細別型式を含むものとしたいと思う。 　この点を考慮して私は前中後に早晩の二期を補い，全期を 5 期に分かつことを提案したい。型式の数の余り多い所謂前期を早期（尖底を有する本格的に古い土器群）及び前期（広義の諸磯式とその並行型式）に分ち，又所謂後期を後期（所謂薄手式の範囲）及び晩期（亀ヶ岡式及その並行型式）としたい。	47
第二冊	1937	武蔵国殿袋出土の早期縄紋式土器	早期縄紋式	101～102
	1937	福岡構内石器時代遺跡発掘調査報告	この方面の調査は土器（縄紋土器）の細密な研究によって進められて居り，関東地方には大別して五期（早期，前期，中期，後期，晩期），細別すれば総計二十余に達する階段（土器型式）を認め得るようになったのである。	107
			中期縄紋式土器	107
	1942	片口付縄紋土器に就て	縄紋式中期	112
			仮りに関東地方を考えてみても，縄紋土器に約三十の変遷の階段が認められる様になった。又これらの細別を適宜区分して，早期，前期，中期，後期，晩期の五期に大別することも学界一般に行われる様になって来た。	111～112
第三冊	1936	日本考古学の秩序	a. 縄紋式中期，b. 縄紋式前期，c. 縄紋式の中期末又は後期初め，d. 縄紋式晩期	a.144，b.146，c.148，d.148～149
	1936	考古学の正道	a. 縄紋式中期，b. 縄紋式後期，c. 縄紋式晩期	a.156, 160，b.156，c.156
第四冊	1932	下野国河内郡本村野沢の土器	所謂厚手式なる大別	195
			先史時代前期（縄紋式）	195
第五冊	1937	日本先史時代に於ける抜歯風習の系統	a. 縄紋式晩期，b. 縄紋式中期末，c. 縄紋式後期，d. 縄紋式晩期	a.234, 236, 238～239, 241，b.237, 239，c.239，d.239, 241
	1942	石器時代の犬小屋	a. 縄紋式早期，b. 縄紋式晩期	a～b.242
	1936	石器時代人の寿命	縄紋式の中期	247
	1936	武蔵高等学校裏　石器時代遺跡の発掘	縄紋式中期	251
第六冊～十冊	1939～1941	日本先史土器図譜	a. 前期縄紋式土器（縄紋式土器前期），b. 縄紋式中期末，c. 縄紋式後期及晩期，d. 縄紋式（土器）後期，e. 縄紋中期，f. 中期縄紋式土器細別，g. 縄紋土器中期，h. 縄紋式土器大別，i. 晩期縄紋式，j. 早期縄紋式（土器），k. 縄紋式早期	a.7～8，b.9，c.10，d.16, 19，e.22，f.22，g.25，h.26，i.28，j.33～34，k.36
旧第十一集	1955	鹿児島県出水貝塚の新発掘	縄紋式中期	274
	1953	鳥居博士と日本石器時代	縄紋式中期	286
新第一集	1966	画竜点睛の弁	a. 縄紋式前期，b. 縄紋式中期末，c. 縄紋式晩期	a.3，b.5，c.6
	1966	縄紋式研究史における茨城県遺跡の役割	縄紋式土器の六大別のうち，後の四大別即ち前期，中期，後期，晩期は明治以来の研究史を持っている。	7
			土器型式の大別には新たに実年代が与えられるに至ったといえるであろう。	8
			a. 縄紋式後期，b. 中期縄紋式，c. 縄紋（式）後期，d. 縄紋式晩期，e. 縄紋式前期，f. 縄紋草創期	a.9，b.10，c.12～14, 16，d.16，e.16～17，f.18
	1968	縄紋土器の改定年代と海進の時期について	a. 縄紋式早前期，b. 縄紋式早期末，c. 縄紋後晩期，d. 縄紋後期	a.26, 32，b.26，c.33，d.33
	1967	洞穴遺跡の年代	a. 縄紋前期末，b. 縄紋後期，c. 縄紋前期，d 縄紋草創期，e. 縄紋早・前期，f. 縄紋後期，晩期	a.43，b.43，c.45，d.45，e.46，f.46

とうぜんあるだろうと思います。しかし，毎日の生活のなりわいとして漁撈をやったということと，魚を食ったということは別ですから，そこに大きな意味を認めているわけです。そこでぼくたちはどうしても井草以後を分けるべきだと考えているわけです。そして，井草以後が本格的な縄文だと考えているわけです」（267頁）

加藤　「そういう意味で，山内先生の区分はいわば便宜的だということですから，あとを受けている人たちが文化内容で時代区分をやっていくというほうへもっていきなさいというのが杉原先生のご意見の一部になるわけですね。」（274～275頁）

鎌木　「山内先生のいわれている草創期の中で，ぼくや芹沢君の発掘した隆線文系の土器が少なくとも西日本，とくに九州では細石刃と一緒に伴っています。他の地域ではすべて有舌尖頭器を伴っています。だから，その時期は少なくとも石器がはっきりつぎの縄文に影響を与えていないので，縄文と区別するのがいいのではないかと考えたのです。」（268～269頁）

芹沢　「一言いいたいのですが，もし草創期という用語を使う人は，無土器新石器を認めているという前提があるのではないかと思います。」（中略）「草創期の年代的な位置もその内容も，山内先生が決めたものがはっきりしているわけですから，名まえだけをうっかり使えないのではないかという気がします。」（274頁）

渡辺　「草創期を設けたのも，さっきお話があったように，古いものがたくさん出てきたので，早期の古い部分を草創期にするという，かなり前と同じ論法ではないかと思います。文化内容とか系統がどうというものではなくて，早期の型式の数が多くなりすぎるので二つに分けて草創期を作ろうという先生の発想があったと思います。」（273頁）

この議論の問題点については，以前言及したことがある（大村 1993）が，改めて本稿の趣旨に沿って問題点を抽出してみたい。

山内（1937→1967：47頁）は，早期・前期・中期・後期・晩期の五期区分は「縄紋土器」の細別型式を整理するために設定した区分だと明言している（「縄紋土器の細別は20―30に達するのであるから，仮に大別を協定し得たならば，一般の記述に多くの便宜を生ずるであろう」）。これに対して杉原は，山内が「縄文時代を大別」（土器型式の大別にあらず）して「五期区分」を提唱した，と誤解した上で，「草創期」は漁撈活動が活発化していないから「縄文時代」ではないと批判し，従って「草創期」という「時期区分」は認められない，としているのである（上記発言参照）。山内が土器区分上の議論をしているのに対し，杉原は生業活動の内容も踏まえた「時代区分の論理」を指向していたと評価できる。加藤稔もこの主張に対して一定の理解を示しているようである。

続いて鎌木義昌も，草創期とそれ以後の大別の間に，石器の組成に大きな断絶があるから「草創期」は認められないとしている。ここでも「大別」という概念を，「土器型式の区分」ではなく，文化内容をも踏まえた「時代区分」という論理を前提にして批判しているのである。

山内の学説に鋭い批判を浴びせ続けてきた芹沢長介は，「もし草創期という用語を使う人は，無土器新石器を認めているという前提がある」と断言する。ただし，ここではあまり十分な説明が加えられていないので，彼の主張の真意を汲み取りにくい。筆者なりの補足を加えるならば，山内が「草創期」の上限を紀元前2500年に置いている以上，それに先行する土器を伴わない文化は旧石器文化ではなく，「無土器新石器文化」ということになる（紀元前数千年前の新石器文化）。従って，「草創期」を用いることは，これに先行する「旧石器文化」を否定することになるのではないか，という論法になると思われる。議論は明快であるが，芹沢も山内の土器区分上の単位である「大別」を，絶対年代と絡めて批判しようとする姿勢を読み取ることができる。やはり〈大別＝時期区分〉という認識に立っているといえよう。ここにおける各氏の議論では，理系研究者の渡辺直経（年代学）だけが，山内の真意の一面を正確に捉えていたと評価できる（「文化内容とか系統がどうかというものではなくて，早期の型式の数が多くなりすぎるので二つに分けて草創期を作ろう」と山内は考えていたと理解）。

以上，戦後日本先史考古学を代表する碩学たちが，文化内容や絶対年代を絡めて「縄文時代の大別」論を考えていたことが鮮明になったと思われる。

彼らの指導や影響を受けた後進の研究者の間に，「縄紋土器の型式学上の区分」と文化内容や年代観をも絡めた「時期区分（「時代区分」の下位概念）論」が混同される傾向が強まったことは必然の結果であったといえよう。しかも皮肉なことに，土器型式学上の分類単位として「大別」を設定した筈の山内清男自身が，晩年において上記の諸先学と同じ過ちをおかしてしまうのである。

4. 山内清男の「大別」認識の混乱（あるいは変更）

まず**第２表**を見ていただきたい。これは『山内清男・先史考古学論文集・新第二集〜新第五集』に再録された諸論文中の「大別」に関わる用法や言説を一覧にしたものである。ちなみに商業出版から刊行された書籍が多い。

ここで注目されるのは，山内が東京大学を停年退官した年（1962年）の12月に発表された「縄紋土器の古さ」において，「縄紋土器の時代は五つの時期に大別される」（山内・佐藤 1962→1969：54頁。傍点は引用者，以下同様）として，初めて縄紋式の時代の時期区分について言及していることである。最晩年に発表された「縄紋時代研究の現段階」（1969→1972）においても，「縄紋時代では，土器を資料として時代区分をつくる」（中略）「これらの型式は六つの時期に大別される」（194頁）と解説したのであった。この文章の後にも，「縄紋時代の時代区分の細別は，もっとも多く発見され，かつ年代的，地方的特徴をしめしている土器によっておこなわれている」云々（197頁）というような表現が使われている。ここまで来れば，単なるケアレスミスや出版社側の文章の改変とはとても思われない[1)]。山内の昭和初期における「大別」の定義に長年親炙してきた筆者には，目を覆いたくなるような「変節」と言わなければならない。山内もまた，杉原荘介や鎌木義昌等と同様，「縄紋土器型式の大別」論ではなく，「縄紋時代」の「時期区分」論に走っているのである。こうした表現は，1961年以前の山内論文には認められないものであっ

第２表　山内清男による「大別」の用法（2）（『山内清男・先史考古学論文集』新第二集〜新第五集までの検索結果）

論集番号	初出年	論文タイトル	用語あるいは言説	頁
新第二集	1960	縄紋土器文化のはじまる頃	a. 早期末茅山式，b. 縄紋早期	a.49，b.52
	1962	縄紋土器の古さ	縄紋土器の時代は五つの時期に大別される。先に早期，中心に前期・中期後期，終わりに晩期である。	54
			これらの時期の区分，型式の細別は大体昭和10年ごろまでにでき上がっていた。	54
			縄紋土器の各期のうち，最も学界の関心を引いているものの一つは晩期である。	55
			回転押型紋は遠く九州，関西，中部地方にも以前から知られ，近年東北地方にも発見されつつある。早期を二つに区切るならば，これはよい目標になるだろう。	55
			a. 縄紋土器早期，b. 縄紋式前期，c. 縄紋（式）早期，d. 早期縄紋式，e. 縄紋草創期	a.53，b.60，c.62，66，82，d.69，e.75
新第三集	1964	日本先史時代概説	縄紋土器には早期，前期，中期，後期，晩期の五期が認められる。近頃では早期の古い部分を草創期として新たに区分し，全六期に区分している。	111
			各大別はおおよそ五百年の存続年代を持ち，細別の一型式は平均五十年ないし六十年ということになるだろう。	114
			a. 縄紋草創期，b. 縄紋早期，c. 縄紋前期，d. 縄紋式中期，e. 縄紋式晩期	a.111，b.111，c.114，d.116，e.122〜123
	1964	日本原始美術第一・第二巻緒言	縄紋式土器は早，前，中，後，晩の五期に大別され，各期はさらに若干の細別を持つことになった。	138
			縄紋式中期（初出は「縄文式土器中期」）	139
	1960 1964	中村孝三郎氏　新潟県小瀬ヶ沢・室谷報告　序文二編	早期縄紋初頭	143
新第四集	1964	縄紋式土器・総論	若干の大別を仮設して縄紋土器の体系を整えねばならない。昭和初年には関東地方に於て前中後期の三分法が考えられるようになった。中期は明治時代八木氏の陸平風，大正時代の鳥居博士の厚手式，松本彦七郎博士の凸曲線縄紋期に相当し，後期は八木氏の大森風，鳥居博士の薄手式，松本博士の凹曲線縄紋期に相当する。前期は明治時代八木氏によって指摘され，大正時代に榊原氏によって命名された諸磯式等々を含むものとして新たに脚光を浴びたのである。私は（中略）全五期の大別を提唱した。	146
			各大別が縄紋土器の分布する全土に亘るべき事，各大別にそれぞれ所属する細別型式の数に著しい差等なき事を期しての立案である。	146
			大別の保有する細別型式の数は可及的同数位であることが望ましい。早期を二分して，昭和10年頃私が早期とした範囲を早期として，爾後知られるに至った早期以前の型式を草創期として割当てることを考えた。	146〜147
			a. 縄紋草創期，b. 縄紋前期，c. 縄紋式晩期，d. 縄紋早期前期，e. 縄紋土器の後期	a.147，b.147，c.159，d.159，e.159
	1971	佐々木洋治氏　高畠町史　別巻　考古資料編　序文	a. 縄紋草創期，b. 縄紋早期，c. 縄紋中期	a.185〜186，b.191，c.191
新第五集	1969	縄紋時代研究の現段階	縄紋文化の時代区分	193
			土器を多数にだす縄紋時代では，土器を資料として時代区分をつくる。	194
			これらの型式は六つの時期に大別される。第一—草創期，第二—早期，第三—前期，第四—中期，第五—後期，第六—晩期とよんでいる。	194
			縄紋時代の時代区分の細別は……土器によっておこなわれている	197
			その後この文化は，一—縄紋式草創期，二—早期，三—前期，四—中期，五—後期，六—晩期縄紋式に大別され，つぎに弥生式となる。	201
			a. 縄紋式各期，b. 縄紋式草創期，c. 縄紋式前期，d. 縄紋式中期，e. 縄紋式晩期，f. 縄紋式早期，前期，g. 縄紋式後期，晩期	a.201，204，b.201，204，c.204，d.204，e.204，f.205，g.205

た。山内の頭の中で何が起こったのであろうか？　次にその背景を考えてみよう。

山内清男による「大別」＝「時期区分」論への転換の契機は，「縄紋土器の古さ」という論文（山内・佐藤 1962→1969）の内容にあったと思われる。

この論文では，日本国内において発見された種々の「渡来石器」と大陸発見の同種遺物を対比して，縄紋文化の始まりは「紀元前 3000 年代」とし，その直前の「無土器新石器時代」は紀元前 4000 年前後としている（87 頁）。ここでは，まだ縄紋土器型式の各大別の絶対年代を指示していないが，大陸と日本の先史文化の対応表をみると，草創期から晩期の各大別の年代幅は均等に割り振られているので，紀元前 3000 年から西暦紀元直前までを六つに分けて均等な年代を与えようとしていたと思われる。すなわち，各大別は「絶対年代」の裏付けを持つ「時期」に置き換えることが可能になったのである（山内にとって）。

その後，山内はこの年代試案に多少の改訂を加え，縄紋式の時代の始まり，および各大別の時間幅を以下のように決定した（山内 1967→1969：42 頁）。

草創期　早期　前期　中期　後期　晩期　弥生式

B. C. 2500 — 2100 — 1700 — 1300 — 900 — 500 — 100

すなわち，「縄紋全期 2400 年，各期 400 年，各型式 40～50 年」（41 頁）というわけである。

ここで注目されることは，各大別に絶対年代が割り振られ，各々の大別間に截然とした境界線（年代の）が水平に引かれたことにより，重複する時間が許容される相対編年の柔軟性が失われてしまっていることである（相対編年ならば，加曾利Ｅ式が後期の称名寺式に伴存しても一向に奇異には感じられず，加曾利Ｅ式は「中期」に，称名寺式は「後期」に分類され，「後期に下る」という表現は普及しなかったであろう）。型式学上の区分である「大別」が「時期区分」（「時期」が絶対年代で線引きされる）に置き換わってしまったため，後期の時間幅に存続する「加曾利Ｅ式」は，「後期に下る加曾利Ｅ式」とすることが可能になってしまったのである。

余談ではあるが山内は，最晩年において戦前から用いて来た「縄紋土器の時代」「縄紋式の時代」「縄紋式時代」という表現から一歩進んで（後退して？），「縄紋時代」と呼ぶようになる。商業出版による一般向けの刊行物ではあるが，「縄文時代研究の現段階」（1969 年）という解説がそれである。ちなみに上記論文以前の「時代」表現の詳細を抽出すると以下の通りである。

- **「縄紋式石器時代」**：「石器時代土器底面に於ける稲籾の圧痕」（1925→1967：208 頁），「日本考古学の秩序」（1936→1967：153 頁）
- **「縄紋（式）土器の時代」**：『日本遠古之文化』（1939→1967：4 頁），「貝塚は何故日本海沿岸に少いか」（1934→1967：190 頁）
- **「縄紋式の時代」**：『日本遠古之文化』：（1939→1967：6 頁），「日本考古学の秩序」（1936→1967：151 頁），「貝塚は何故日本海沿岸に少いか」：（1934→1967：190 頁），「米作と日本の祖先たち」（1947→1967：200 頁），『日本先史時代概説』（1964→1969：121 頁）
- **「縄文式土器とその時代」**，**「縄文式時代」**：『日本原始美術 1』（1964　原典の「緒言」1 頁目・4 頁目。「論文集」再録のものは誤記あり）

1969 年まで，頑なに「縄紋時代」という用語を使用することを回避してきたことが上記の用例を見ても理解できるであろう。山内は，「大別」の概念以外でも，1960 年代に入ってから急速に当時の学界の用語法に妥協し始めてきたように感じられるのである[2)]。

その理由は筆者にはまだ十分に解決できていないが，「大別」の概念を主唱した山内清男自身が，晩年に至って「大別」の本義を忘れたかのような表現を用いたことにより，「大別」=「時期区分」論が何の疑問も持たれずに学界の一部に定着してゆくことになるのである。

おわりに

「加曾利Ｅ式」が後続の「称名寺式」に伴うという事実は，縄紋土器型式の層位論的検討の観点から見たら，特異でも何でもないのである。例えば中期中葉に属する勝坂式終末期の土器は，中期後葉加曾利Ｅ式初頭の土器に確実に伴う事例が枚挙に暇ないほど指摘されている（例えば大村・建石 2003[補註)]）。仮に勝坂式と加曾利Ｅ式の間に「中期」と「後期」の線引きがあったとしたら，同じ議論が行なわれるであろう（「後期に下る勝坂式」というように）。年代的に隣接する土器型式が共伴することは当然予想されることであり，相対編年上の「大別」を，「時期区分」という水平の線引きで区切るからおかしな議論になってしまうだけのことである。

筆者の考えは，あるいは現在では特異なものなのかも知れないが，「縄紋土器型式の大別」という本来の定義から見ると，主唱者の山内の「変節」の事実を突き付けられても，やはり「後期に下る加曾利Ｅ式」という表現は，論理的におかしいのではないか[3)]，というのが本稿の結論である。

註

1)　「縄紋時代研究の現段階」所載の『日本と世界の歴史　第 1 巻　古代〈日本〉先史―5 世紀』（学習研究社　1969 年 10 月刊行）の編集陣は，かなり優秀な人々であるように見える。炭素 14 年代を否定する山内論文の前に，炭素 14 年代等の隣接諸科学と考古学との総合的な成果を紹介する芹沢長介の論文（「日本の旧石器時代」）を載せた上で，両者の論文の間に「日本文化の起源についての二つの見解」というコラムを「編集部」名義で挿入して，両者の見解の齟齬の理由を簡潔に説明し，公平性を保っているのである。また，従来の山内清男は「炭素 14」に関して，質量数を炭素記号（C）の右上や右下に表記していたが，唯一この論文（『山内先史考古学論文集・新第五集』再録論文だけでなく，原典も参照のこと）だけは左上に正しく表記している。これは編集部の働きかけと思われる。同年 11 月の「縄紋草創期の諸問題」（山内 1969）ではまた右下に戻ってしまっているのである。

2)　山内は戦前から，細別型式を指示する用語として「階段」という用語を採用していたが（生物学者の丘浅次郎や松本彦七郎の影響と思われる。大村『日本先史考古学史講義』57 頁），この論文では「『続縄紋式』の第二期は二，三の段階に分かれて」というように，珍しく「段階」の表記を使っている（山内 1969→1972：213 頁。傍点は引用者）。また，細別型式の基準標本について従来の山内は「模式」とか「標準」という表記を使っていたが，この論文では八幡一郎等が戦前に広め，現在のほとんどの縄紋研究者が使用している「標式」という用語を初めて使用している（同上 213 頁）。

ちなみに商業出版によっては，研究者が提出した原稿を書き換えるという傾向があるらしい（杉原 1977：1 頁参照）。読者の目になじまない特殊な学術用語や表現は，書籍の売り上げを気にする編集者としては容認できないのであろう。山内が用いる「縄紋」をすべて「縄文」に置き換えているのはその証拠の一端と捉えることができる（『日本原始美術　1』など）。山内の生前に自費刊行された『山内清男・先史考古学論文集・新第三集』（1969 年 4 月）再録の「日本先史時代概説」（『日本原始美術　1』所載論文）では，すべて「縄紋」に直されているので，この処置（「縄文」の採用）は山内の本意ではなかったことは確定的である。「縄文時代研究の現段階」において，山内としては異例な用語が使用されているのは，こうした事情がある可能性もあるが，上記論文集に再録されたのは，山内の没後（1972 年）なので，「段階」「標式」などの用語の採用が，山内の意思によるものなのか，編集部の書き換えなのか判定することができないのは極めて残念である。

3) 「それでは，縄紋後期に存在する加曽利 E 式をどう表現したらよいのか」という反論が当然予想される。素直に「称名寺式に伴う加曽利 E 式」と表現すれば，十分であると筆者は考える。

補註

大村・建石論文（2003）では，土坑内から出土した大形の加曽利 E1 式土器の中に，勝坂式末葉の小形土器が入れ子状に入っていた事例を取り上げている。

引用・参考文献

大村　裕　1993「ある学史の一断面―『日本先史土器の縄紋』の刊行と塚田光―」『下総考古学』13 号　下総考古学研究会

大村　裕　2014『日本先史考古学史講義―考古学者たちの人と学問―』六一書房

大村裕・建石徹　2003「入れ子状に出土した二つの土器―千葉県佐原市朝日森遺跡第九号土坑出土中期縄紋土器の研究―」『佐原の歴史』3 号　佐原市教育委員会

小林謙一　2007「2　研究成果」『AMS 炭素 14 年代測定を利用した東日本縄紋時代前半期の実年代の研究　平成 17 年～18 年度科学研究費補助金基盤研究（C）（1）　研究成果報告書』

縄文研究の地平グループほか　2016『シンポジウム　縄文研究の地平　2016―新地平編年の再構築―発表要旨』

杉原荘介　1977『日本農耕社会の形成』吉川弘文館

山内清男　1925「石器時代土器底面に於ける稲籾の圧痕」→『山内清男・先史考古学論文集・第四冊』先史考古学会

山内清男　1934「貝塚は何故日本海沿岸に少いか」『ドルメン』3 巻 9 号→1967『山内清男・先史考古学論文集・第四冊』先史考古学会

山内清男　1936「日本考古学の秩序」『ミネルヴァ』1 巻 4 号→1967『山内清男・先史考古学論文集・第三冊』先史考古学会

山内清男　1937「縄紋土器型式の細別と大別」『先史考古学』1 巻 1 号→1967『山内清男・先史考古学論文集・第一冊』先史考古学会

山内清男　1939『日本遠古之文化』（補註付・新版）→1967『山内清男・先史考古学論文集・第一冊』先史考古学会

山内清男　1947「米作と日本の祖先たち」『新農芸』2巻6号→1967『山内清男・先史考古学論文集・第四冊』先史考古学会

山内清男　1964「日本先史時代概説」『日本原始美術　1』講談社→1969『山内清男・先史考古学論文集・新第三集』先史考古学会

山内清男　1967「洞穴遺跡の年代」『日本の洞穴遺跡』平凡社→1969『山内清男・先史考古学論文集・新第一集』先史考古学会

山内清男　1969「縄文時代研究の現段階」『日本と世界の歴史　第1巻　古代〈日本〉先史―5世紀』学習研究社→1972『山内清男・先史考古学論文集・新第五集』先史考古学会

山内清男　1969「縄紋草創期の諸問題」『MUSEUM』224号　東京国立博物館

山内清男・佐藤達夫　1962「縄文土器の古さ」『科学読売』12巻13号→1969『山内清男・先史考古学論文集・新第二集』先史考古学会

横浜市歴史博物館　2016『称名寺貝塚　土器とイルカと縄文人』

横浜市歴史博物館　2016『平成27年度三菱財団人文科学研究助成　企画展「称名寺貝塚」関連シンポジウム「称名寺貝塚と称名寺式土器」』

渡辺直経ほか　1977『シンポジウム　旧石器時代の考古学』学生社

追記

脱稿後，重要な文献を見落としていたことに気付いたので余白を使って追記する。それは，鈴木公雄「縄文時代の時期区分と発展の段階」（『考古学研究』35巻2号　1988年）である。

この文献で鈴木は，「時期区分」という用語は，「時代区分の下位単位として」使われる場合と，「編年区分の上位単位」として使われる場合がある，とする。前者は「ひとつの大きな時代の質をさらに細かく分けていくときの，それぞれの質を問うような区分として」使われるものであるという。これに対して後者は，「考古学的な型式に準拠してつくられる時代連続の単位の集合」を，「なんらかの研究上の要請，あるいはある様式上のまとまりといったもので区分する―ある意味で大きくまとめていく―」ものである，とする。すなわち，「『時期区分』というのは，その両方の意味に使える用語として日本語の中には存在している」ため，往々にして「両義的に使われてしまう。つまり時代区分の下位概念として議論しているときに編年区分的な考え方が導入されてしまう」のである，と混乱の原因を喝破している（33～34頁）。

2021年補記　筆者の基本的考えは上記の卓見に尽くされている。なお読者には，拙稿の本文だけではなく，第1表～第2表の内容も吟味して頂きたい。

V. 芹沢長介と山内清男
—縄紋土器研究をめぐって—

はじめに

中央大学における2015年度の「考古学特講（A）」の最終回の講義において，「芹沢長介の縄紋土器研究」というテーマで講義を行なった。山内清男による縄紋土器研究の方針を継承し，戦後，層位データに基づく精密な研究を華々しく展開した研究者として，筆者の講義においてどうしても取り上げたかった先学であった。

「芹沢長介」というと，どうしても彼の「旧石器時代」研究に目がいきがちであるが，その研究姿勢は少年時代から始めた縄紋土器研究にルーツが求められる。学史研究において，この方面の検討が未だ不十分な状況であるので，この講義の準備において気づいたささやかな事実を以下に紹介してみたい。

1. 芹沢長介と山内清男との学説上の対立

芹沢長介と山内清男との学説の対立の一端については，拙著『縄紋土器の型式と層位—その批判的検討—』（六一書房　2011年）において少し触れたことがある。新潟県本ノ木遺跡出土の石槍と土器の共伴関係に関する山内との論争（「本ノ木論争」）である。芹沢は，少年時代に山内の弟子としてその教えを受け，「私の最も尊敬してやまない学者」（芹沢 1982：183頁）と常々語っていたという。明治大学の院生時代にも，同大学に出講した山内の講義（「縄紋」施紋法の講義）を学部学生に混じって受講している。しかし1950年代後半以降，日本における縄紋文化以前の石器文化の位置づけや，縄紋文化始原に関する年代的位置づけ，および縄紋草創期に関する評価などで，山内とことごとく対立している。「本ノ木論争」はその一端にすぎない。

両者の間に決定的な亀裂が入ったのは，大分県丹生遺跡の発掘をめぐる紛糾である。丹生遺跡は1959年，地元の研究者たちが発見した。そしてこの情報を大阪市立大学（のち平安博物館館長・古代学協会理事長）の角田文衛と鳥取大学医学部（当時）の金関丈夫に伝え，指導方を依頼したのであった。連絡を受けた金関丈夫は，この遺跡出土の石器がインドの前期旧石器と酷似していることからその重要性に鑑み，友人でもある先史考古学の権威・山内清男に連絡する。山内は東大退職を目前に控えていたことと，体調を崩していたこともあったかして，現地に入ることをせず，弟子の佐藤達夫等を1962年3月に派遣した。この実査成果はただちに翌月慶応義塾大学で開かれた日本考古学協会第28回総会において研究発表される（金関・山内・佐藤 1962→1969：92～96頁)。ここでは，丹生遺跡出土のチョッパー，チョッピング・ツール等は南及び東アジアに広く分布する前期旧石器に該当することは確実であろう，と結んでいる。この発表に先立って，山内は，日本考古学協会総会の席上で，「丹生遺跡は世界的なものであるから，考古学者の全国組織である当協会内に特別調査委員会をつくって全力をそそぐべきだ」としてその設立を提案した。これに対し，角田文衞は，「日本考古学協会で委員会によって一本化することには賛成だが，まだその時期ではない。協会の事業とする前に，各方面からの調査が必要」として，特別委員会設立は時機尚早と主張したのであった。そしてそれに畳み掛けるように角田は，〈自分が主宰する古代学協会で本格的発掘調査を予定しているのでこれを活用すべきである〉と提案する（綿貫 2007：7頁)。

両者の主張相譲らず，司会の不手際もあって議論が紛糾する中で，会場から芹沢が発言を求める。すなわち，〈丹生遺跡出土の石器はまだ確認されたとはいかないので，委員会の設置は時機尚早である〉と意見を表明したのである。芹沢は，丹生から出た石器の多くは，縄紋式の石器に酷似しており，旧石器ではない，という考えを持っていた（渡辺ほか 1977：248頁）ので，協会を挙げての発掘調査は慎重を期した方がよいと考えていたようである〔ちなみに鎌木義昌は，この遺跡を後で発掘したところ，山内等が問題とした石器に似たものは，縄紋早期の押型紋土器に伴って出土しており，その下の層からは石器は検出出来なかった，と証言している（同上 250頁)〕。この芹沢発言がきっかけとなって，丹生遺跡調査の特別委員会設置は継続審議となってしまう。山内はこの結果を不服として日本考古学協会の委員を辞し，同協会からも脱退してしまったのである。これ以後，芹沢は山内の研究室に行けなくなってしまった，と回想している（同上 251頁)。

山内はこの「前期旧石器」問題に関して，かなり性急に事を運ぼうとしていたようである。自ら実際に現地を訪れ，前期旧石器とされる遺物が確実に古い地層から出土していることを確認しないで，弟子たちの見聞をそのまま鵜呑みにして，日本考古学協会において研究発表をしてしまったことは，「ミネルヴァ論争」で山内が批判した喜田貞吉の手法そのままではないか。60歳を過ぎた頃の山内の研究は，かつての精密な発掘調査に裏付けられた研究姿勢は陰をひそめ，既出資料の検索とその分析から自己の学説の正当性を主張するという傾向が強まっているように見える（『日本原始美術　1』の編集・刊行，海進海退の研究，矢柄研磨器の研究など)。体力的にも，20代～30代の頃のような，全国各地の調査成果の上に立って研究を進めるのは，困難な状況になっていたのである。

これに対して全国各地の「旧石器時代」・縄紋式初頭の遺跡を精力的に発掘し，精密なデータを基礎にして確固とした業績を着々と挙げ，日本先史考古学界の中枢に駆け上ったのが，ここに取り上げる芹沢長介であった。

2. 芹沢の研究戦略について

芹沢は，編年学派第二世代の旗頭（江坂輝弥・芹沢長介・吉田格）の中で，最も山内清男の影響を強く受けているように感じる。以下の芹沢の記述は，山内の理論〔『日本遠古之文化』(1939) で展開〕をそのままなぞったものとして受け止められるのである（下線は引用者）。まず縄紋土器の定義に関して次のような解説をしている。

A.「縄文土器とは何か。この問いに対して正確に答えうるひとはないかも知れない。それほど縄文土器の実体は捉えがたく，その輪郭はぼやけている。」（中略）しかし，「礼文島の形式《ママ》 x と種子島の形式《ママ》 y とは，一見しては無関係の土器にみえても，考古学上の操作をたどってみれば，たがいに相関連するほぼ同時期の土器であることが推定されるのである。

したがって，形式《ママ》群を単位とした土器の組成をみるときには，日本にひろく分布する石器時代の土器が，ひとつのつよい有機的な関連のなかにあることを示すのである。」（芹沢 1958：159〜160 頁）

これに対応する山内の文章は以下の通りである。

「縄紋土器と云われるものに通有な特徴が無いとはまさに不思議である。文字通り縄紋ある土器がそれであろうか？　しかし縄紋のない縄紋土器は普通であって，地方又は年代によって縄紋が全く稀，又は皆無なことがある。（中略）縄紋土器一般の無数の変化は，地方及び時代による変化の雑然とした集合である。我々はこのままを縄紋土器の姿とは考え得ない。寧ろ斯くの如き器物の羅列を一旦棄却しよう。そして，地方差，年代差を示す年代学的の単位―我々が型式と云って居る―を制定し，これを地方的年代的に編成して，縄紋土器の形式《ママ》網を作ろう。この新しい基準によって土器の製作，形態装飾を縦横に比較して土器の変遷史を作ることが出来るであろう。そしてその結果に照して所謂縄紋土器全般を見直すことが出来るであろう。」（山内 1932→1939：2 頁）

この文章を一口で要約すれば，縄紋土器とされる土器群の型式細別を進め，それらを縦横に比較し，型式網に包まれた土器群を「縄紋土器」としようと提起しているのである。芹沢による上記の文章は，山内の提起を分かり易く説明したものと解してほぼ間違いないであろう。

次に，「日本民族」の由来を探る方針として，芹沢は以下のような解説をしている。

B.「縄文文化は旧石器文化の伝統の中から生まれ，いくつかの新しい要素を加えつつ形成されてきたのではないか，と私たちは考えるようになった。そうだとすると，現在の日本民族は，歴史時代から古墳時代，古墳時代から弥生時代，弥生時代から縄文時代，縄文時代からついには旧石器時代まで自分たちの先祖をたどってゆけることになる。日本の旧石器時代文化をさらにさらに古く追求してゆくことは，とりもなおさず冒頭に述べた『日本民族はどこから来たか』という疑問を解くことになるであろう。」（芹沢 1974：「まえがき」）

この文章に酷似する山内の文章は存在しないが，山内は，長谷部言人の「変形説」（日本人一系統説）を踏まえて，「縄紋土器」は「一系統の土器」（山内 1939→1967：1頁），縄紋土器使用者は〈日本人の直接の祖先〉（山内 1953→1969：286頁）という仮説を設定し，より古い縄紋土器を探求することによって，縄紋文化の遡源（「日本人の祖先」の由来）を探ろうとしているのである（大村 2008：15～16頁）。

すなわち，まず薄手式（後期）・厚手式（中期）に先行する「広義の諸磯式」（前期）の位置づけを確認。そしてさらに古式の土器群として条痕ある繊維土器群，繊維混入のない尖底土器群の存在を自ら突きとめた過程を『日本遠古之文化』で解説し，「日本人の由来」を探る基本方針を示しているのである（山内 1939→1967：6～10頁）。戦後は縄紋施紋技法を手掛かりにして，後進研究者たちが発見したより古い土器群の編年的位置づけの理論化を図り，「縄紋土器の始原」を追いかけていったのであった（山内 1969）。

これは筆者の想像ではなく，山内は1969年論文に於いて，「日本内地の主要文化は大陸からの渡来を契機として生じた。したがってその初現に当たっては渡来文物が認められるというのは私の長い間の信念であった。（中略）その（引用者註：「渡来文物」のこと）大陸における年代および地方が確定するならば，縄紋文化の原郷土，その年代を判定し得るだろう」（山内 1969：16頁。傍点は引用者）と日本最古の文化の探求の意義を告白しているのである。

芹沢の，「日本の旧石器時代をさらにさらに古く追求してゆくことは，とりもなおさず冒頭に述べた『日本民族はどこから来たか』という疑問を解くことになるであろう」という方針は，山内が戦前から指向してきた上述の方針の踏襲というべきであろう。こうした事実を踏まえれば，戦後における縄紋土器編年の指導的立場にあった研究者たちの中で，芹沢がもっとも山内の学問を理解していたと筆者には思われるのである[1]。ただし，現時点から芹沢の縄紋土器研究の実際を分析すると，少なからぬ問題点を見出すことができる。次にそのことについて検討してみよう。

3. 芹沢の縄紋土器研究の実際

本来なら遺跡の発掘状況や層位の様子，考察の内容などについて詳細に触れなければならないところであるが，紙幅の関係でそれらはすべて省略し，芹沢の土器の分類と層位的検証についてのみ紹介することにする。

(1)「横浜市鶴見区東寺尾町荒立（台上）貝塚発見文化遺物に就いて」『考古学雑誌』28巻2号 1938年 芹沢19歳

酒詰仲男と芹沢による共同調査報告であるが，「文化遺物の方は芹沢が書いた」と後年酒詰が明記している（酒詰 1967：48頁）。芹沢が19歳の時の労作である。土器型式の分類手法や型式認定に少なからぬ問題を残すが，当時は若年であり，しかも正式な考古学の教育を受けていない頃の労作であることを考慮すれば，それは致し方のないことである。ここで芹沢の少年期の仕事を俎上に載せるのは忍びないものがあるが，その分析手法は後年のそれに通じるものがあるので敢えて言及することにした。

この調査では，1 軒の竪穴住居址（3×3.20 m の略円形。深さは約 50 cm）が完掘されている。竪穴の覆土は，

貝層下土層（赤土を混入）（末尾の「特記」には「混土貝層」とある）→第一貝層→中間土層（黒土層）→第二貝層→表土

となっている（堆積順は下層から記載）。

ここで採取した土器片を a 類から g 類に分類している。a 類は「所謂勝坂式」（次頁第 1 図 1～2），b 類は「所謂加曾利 E 式の肉彫り的隆起文を有するもの」（第 1 図 3～4，7），c 類は「加曾利 E 式に属するものであるが，（中略）細沈線文は全面に亘って口辺と垂直に引かれる」もの（第 1 図 5～6），d 類は「磨消縄紋の手法の認められるものを一括」している（第 1 図 8，10～14）。d 類は更に I（加曾利 E 式）・II（「I と III の中間型式」）・III（堀之内式）に区分されている。e 類は「加曾利 E 式の一部に属する」もので，器面全面に粗い縄紋が施紋されているものと，口辺に平行させて一本の沈線が加えられたものとがある（写真が不鮮明なため本稿では図の提示省略）。f 類は「所謂堀之内式中の浅鉢形」（第 1 図 15～16），g 類は「所謂堀之内式の深鉢形」（第 1 図 17～18）である。

なお分類の対象から外されているが，「其の他の土器」として「繊維土器」（第 1 図 25）および「注口土器」破片（第 1 図 22～24）や「袖珍土器」（ミニチュア土器）が図示・記載され（本稿では図省略），表採品の「所謂加曾利 B 式」（第 1 図 19～21）までも紹介されている。

次に，芹沢が提示した図を筆者が検討した結果を以下に示す[2)]。

① a 類の 1 は勝坂式の可能性があるが，2 は所属型式不明。

② b 類は 3・4 が加曾利 E3 式，7 は加曾利 E1 式新。

③ c 類（5～6）は加曾利 E 式に伴う条線紋土器。

④ d 類の I は 8 が連弧文土器，10 は加曾利 E 式新もしくは称名寺式，II の 11 は後期前半，III の 9 は称名寺式，12～13 は堀之内式，14 は堀之内 2 式。

⑤ e 類は写真不鮮明のため所属型式不明（本稿では図の提示省略）。

⑥ f 類（15～16）は 15 が所属型式不明，16 は堀之内 2 式。

⑦ g 類（17～18）は 17 が所属型式不明，18 は堀之内 1 式？

⑧ 「その他」の第 1 図 19～20 は堀之内 2 式，21 は加曾利 B 式。22～23 は後期前葉～中葉の注口土器，24 は写真不鮮明のため器種・時期共に不明。25 は早期後葉の条痕紋系土器。

以上である。分類の規準に統一性がなく，型式認定にも幾つかの誤りがあることが理解できる。まだ経験が十分ではなく，山内清男による『日本先史土器図譜』が刊行される以前の報文なので致し方のないことといえよう。この報文で瞠目すべきは，出土土器の層位的検討において，

「上下貝層区分最も明確なる地点 1 米《メートル》×1 米《メートル》の地区を選び，その中より厳密に，特に注意して採集したる資料を用ひて立論した」（103 頁）

という点である（ルビは引用者）。層位的検討作業において，19 歳の少年の視点とは思えない周到

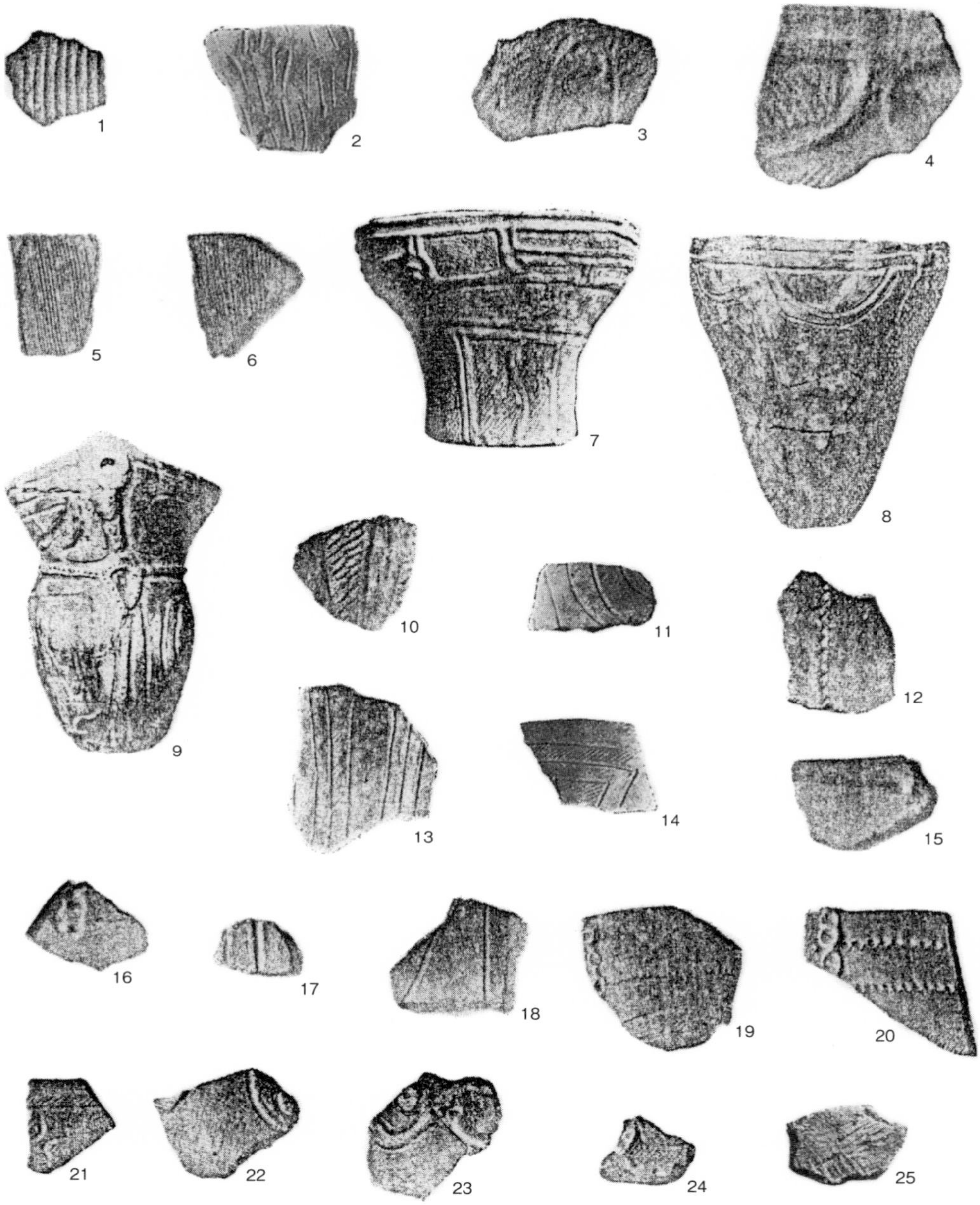

第１図　荒立（台上）貝塚出土土器（酒詰・芹沢 1938b より抜粋）

さである。そして，a 類（「勝坂式」）は第一貝層（下部貝層）にのみ存在すること，b 類（「加曾利E 式」）は第一貝層に多く，第二貝層（上部貝層）になると数量が半減，d 類―I（「加曾利 E 式」）は，第一貝層では d 類―II（後期前半）より優勢なのに，第二貝層（上部貝層）では後者が優勢になっていることを指摘している。次に d 類―III（「堀之内式」）は「この表（大村註：本稿**第２図**）では第一貝層中（下部貝層中）に若干見られるのみである」と，層位的には矛盾した結果であるにも拘わらず正直に記載している。最後にe類（「加曾利E式」）のI（全面縄紋）とII（口辺に沈線が一本加えられたもの）は下層から上層へと減少，f類（「堀之内式浅鉢」）とg類（「堀之内式深鉢」）は逆に下層から上層へと数を増していることが指摘されている。

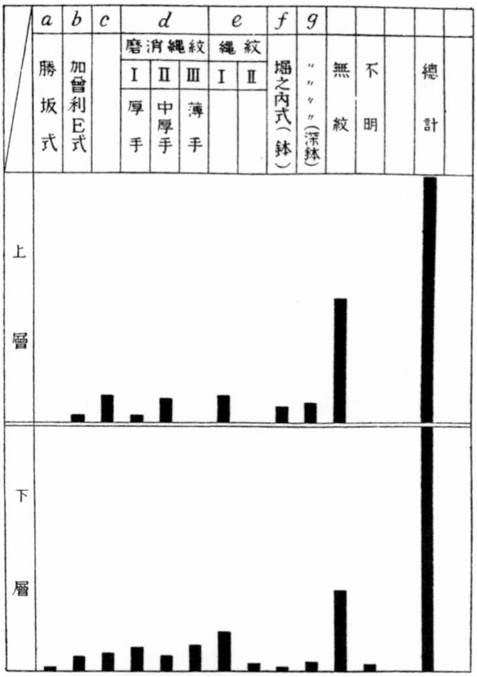

第２図　各種出土量百分率上下層比較表

山内が編成した関東地方の縄紋土器型式編年を自らの調査で検証しようとする，明確な問題意識を持って調査・検討に取り組んでいることが理解できよう。山内編年と矛盾する事実も正直に書いているが（「加曾利E式と堀之内式の交雑状態」），こういう状態は他の時期（前期前半と後半）にも認められることを指摘し，型式の「発展過程中において，明確な一線を（層位的に）画することが頗る困難である」ことに注目している（括弧中の語句は大村）。層位的調査の有効性と限界を十分に意識していたことがここから窺うことが出来よう。この時期における縄紋遺跡の調査報告として，芹沢の労作は出色の成果として評価できるものである。敢えて付け加えるならば，山内が遺跡の調査報告において土器の層位的出土状況を簡略に記載するだけなのに対し，芹沢は，分析に用いた出土土器片の総数量を示し（307点），それらの型式別の百分比を層位別に図示している点で（第２図参照），むしろ山内の調査報告の水準から一歩踏み出した，先進的報告と評価できるのではないだろうか。この手法は，戦後，明治大学に進学後さらに整備されて行くことになるのである。

(2)　「千葉県西之城貝塚―関東縄文式早期文化の研究―」『石器時代』２号　1955年　芹沢36歳

西村正衛・金子浩昌・江坂輝彌との共著であるが，「撚糸文土器についての考察」は芹沢の文責が明記されている。また，「人工遺物」の記載は西村の担当であるが，芹沢が調査に関わった大丸遺跡や夏島遺跡の成果が公表されていない段階での調査報告なので，恐らく芹沢の助言がかなり参考になったものと推定される。

この報告の考察において芹沢は，ローム層直上の「褐色土層」から出土した井草式と，その上層の「下部貝層」出土の井草式との間に様相の違いを見抜いている。すなわち，前者では口唇部の肥厚・外反が顕著な井草式のみが出土，後者では口唇部の肥厚・外反が顕著ではない「井草式」とこれに混じて大丸式（口唇上面および器面全体に撚糸紋の施された土器群）が検出されたという。そして，上部貝層からは「主として粗く浅く捺された縄文あるもの，および比較的密接した粗雑な撚糸文のあるものが見出された」という。これらは「大体夏島式に比定される」としている。なお縄紋と撚糸紋の比率は70% 対 30% の割合で，「神奈川県方面の撚糸文遺跡の傾向と逆」である事実に注目している。

以上の事実を踏まえて芹沢は，撚糸紋系土器群の細別を以下のように整理したのであった。

褐色土層	下部貝層	上部貝層
井草式（Ⅰ）	井草式（Ⅱ） 大丸式	夏島式併行

井草式が二つの階段に分かれ，新しい階段は大丸式と並行するというのである。その根拠は，ローム直上の褐色土層とその上層の「下部貝層」に井草式が出土しており，後者の断面は，口唇部の肥厚・外反が弱くなっているという事実であった。これを読者に客観的に理解させるために，西之城貝塚出土の撚糸紋系土器の「口縁」の変化模式図を提示している（第３図　筆者の説明の都合上，この図の井草式土器破片の部分に，褐色土層出土土器片には1~7の数字，下部貝層・上部貝層出土の井草式にはa~ℓの記号を付けておく）。さて，この図を一見すると下部貝層出土の破片の口唇部の肥厚・外反がきついように見えるが，提示された「井草Ⅰ式」の断面図に，下部貝層および上部貝層出土の「井草Ⅱ式」断面図をトレースしたものを重ね合わせてみると，ほとんど差異がないことに気付く。この作業で確認した結果を読者に分かりやすく整理した対照図が第４図である。1はb・d・kに，2はeに，3はa・j・ℓに，4はgに，6はfにほぼ対応しているのである（第４図）。上部・下部貝層出土土器片で類似のものが確認できないのは5と7のみであった。

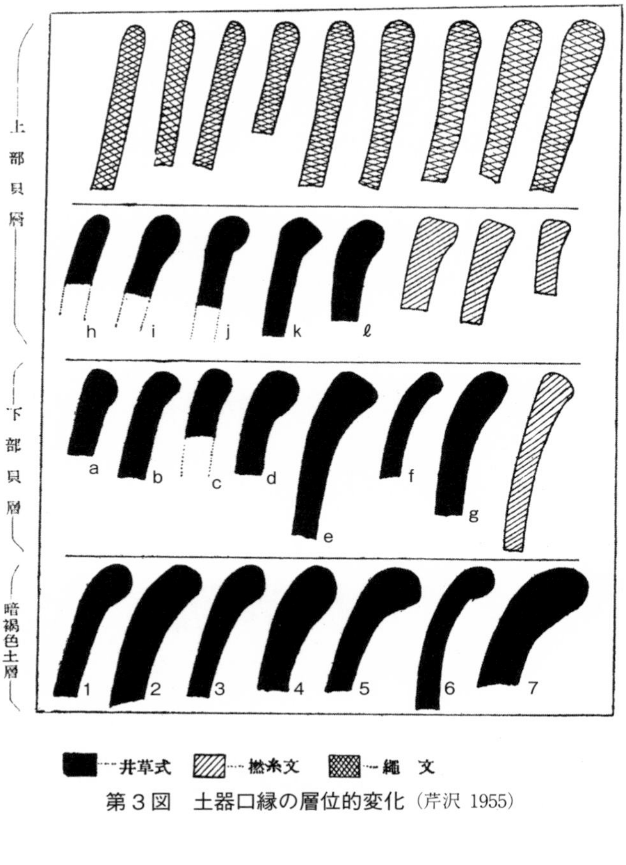

第３図　土器口縁の層位的変化（芹沢 1955）

この土器そのものの情報からは「井草式」を二つに分けられる根拠は薄弱なのである。それはともかく，芹沢の主張の最大の根拠は井草式が，最下層の褐色土層とその上の下部貝層の二枚の包含層から出土している事実と，後者に大丸式が共伴している事実のみであった。この労作において，「層位」的事実を極端に重視している姿勢が見て取れることを確

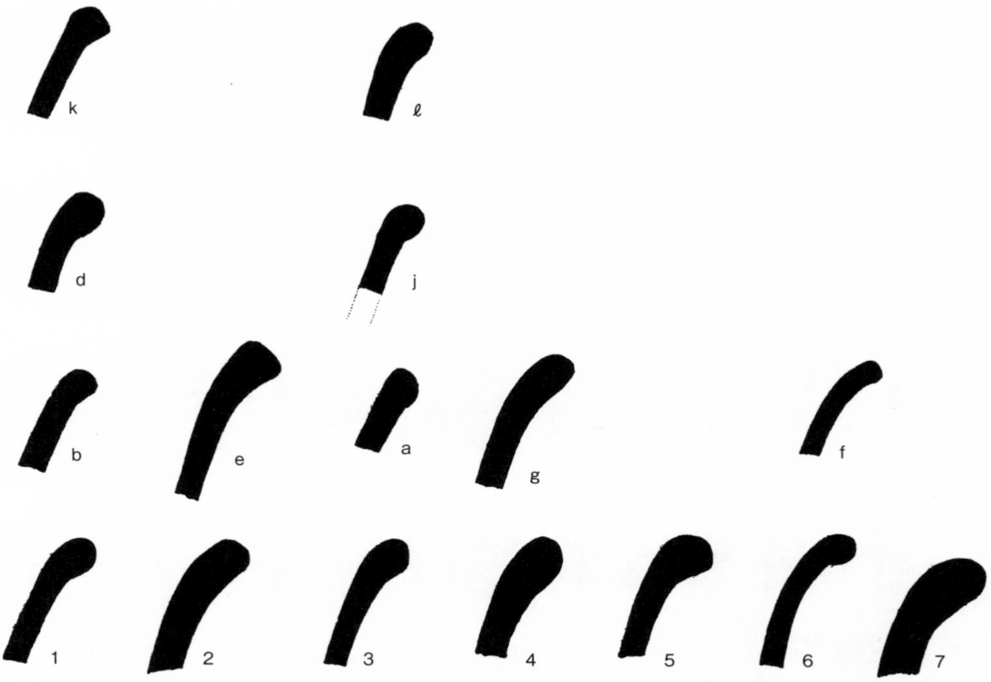

第 4 図　暗褐色土層出土口縁部断面（1～7）**と上・下部貝層出土口縁断面**（a～ℓ）**の比較**

認しておこう。

(3)　「神奈川県大丸遺跡の研究」『駿台史学』7 号　1957 年　芹沢 38 歳

大丸遺跡出土土器を第 I 類から第 XII 類に分類する（次頁**第 7～8 図**）。

第 I 類は口唇部と器面に撚糸紋施紋。第 II 類は口唇部と器面に縄紋施紋をするものである。

第 III 類は口唇部に施紋なく器面に撚糸紋施紋，第 IV 類は第 III 類と器形と施紋方法が同じであるが，「原体は絡条体のかわりに撚り糸を用いている」という。V 類は撚糸紋を口唇直下ないし 1 センチほどの間隔をおいてから施紋。第 VI 類は第 V 類に似るが縄紋が付けられている，とある。

第 VII 類は，器面を磨きあげた後，比較的間隔をおいて巻かれた絡条体を回転させて施紋しているとある。第 VIII 類もあらかじめ器面を磨いた後，縄紋を施しているそうである。条間隔が粗いとあるが，筆者にはそうは見えない。第 IX 類は絡条体を回転させずにひきずって施紋している。第 X 類は無紋土器，第 XI 類は器面を削りとって器面調整をしているとある。

第 XII 類は沈線紋系の土器群。図示はない。

さて，こうした分類結果を層位的に検討して組み合わせを認定し，既存型式との対照を行なっている。第 I・II 類は第 V 層・第 VI 層からまとまって出土し，他の類を含まないことから大丸遺跡最古の土器群と認定し，第 I 類（撚糸紋）を大丸式，第 II 類（縄紋）を井草式としている。第 III 類～第 VI 類は，夏島貝塚の発掘所見を参照して，「夏島式」と認定した。層位的には第

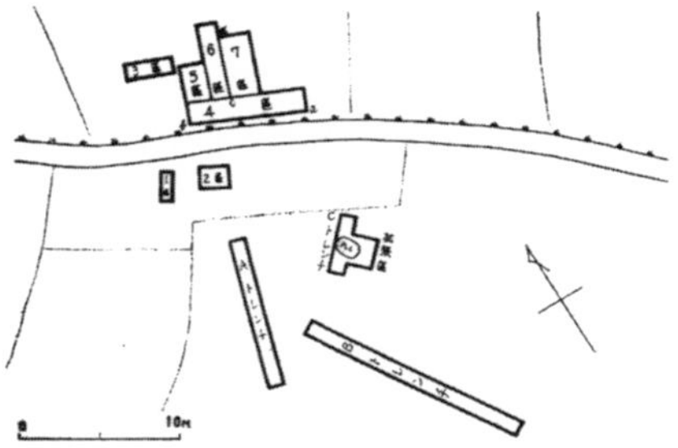

第５図　大丸遺跡発掘区トレンチ

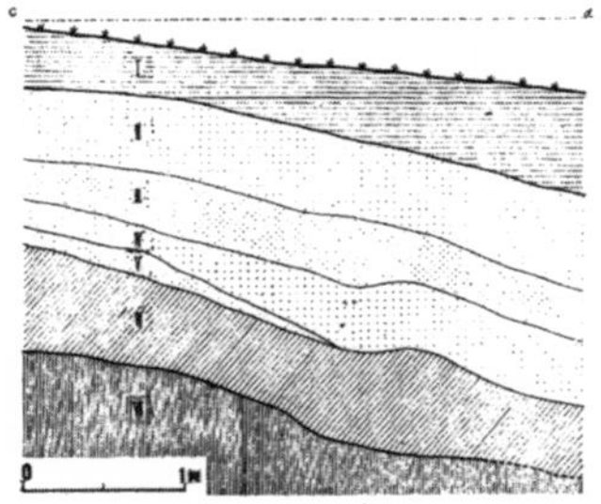

第６図　大丸遺跡　土層断面

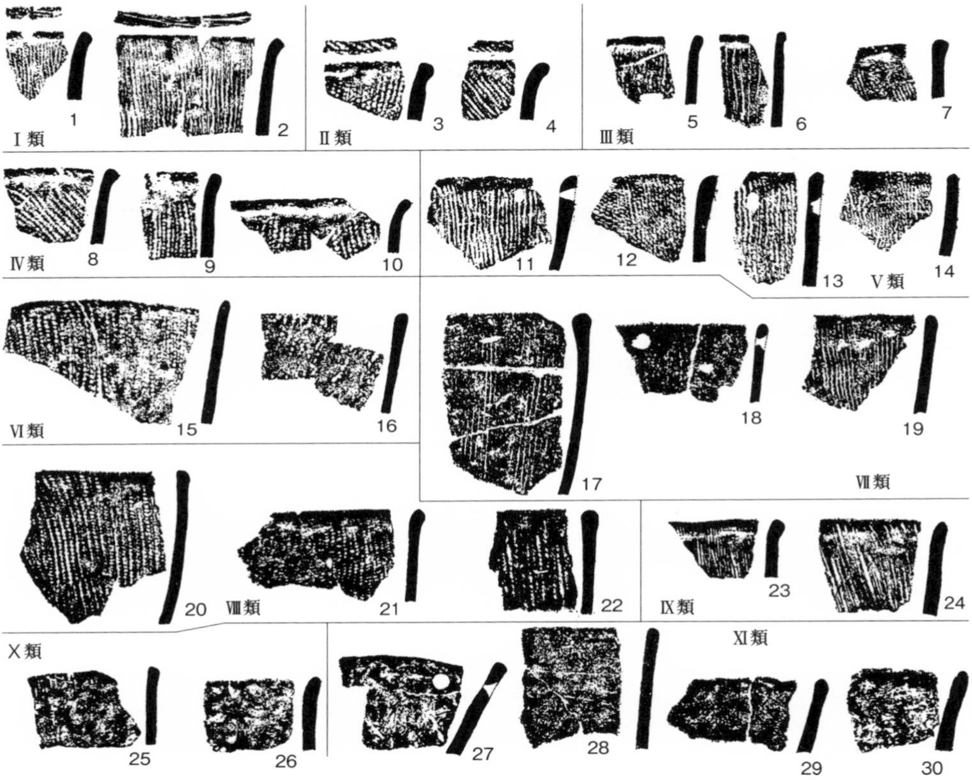

第７図　大丸遺跡出土土器（抜粋）

第１表　土器型式と層位との関係

型式　＼　層位		I	II	III	IV	V	VI	計
稲荷台式	縄文・撚糸文	10	21	16(完)				47
	擦　痕　文		4	12	4			20
	無　　文	1	17(完)	12	4			34
夏　島　式		2	11	10	9	6		38
大　丸　式			1	3		1	17(完)	22
計		13	54	53	17	7	17	161

（註）（完）は完形土器の出土を示す

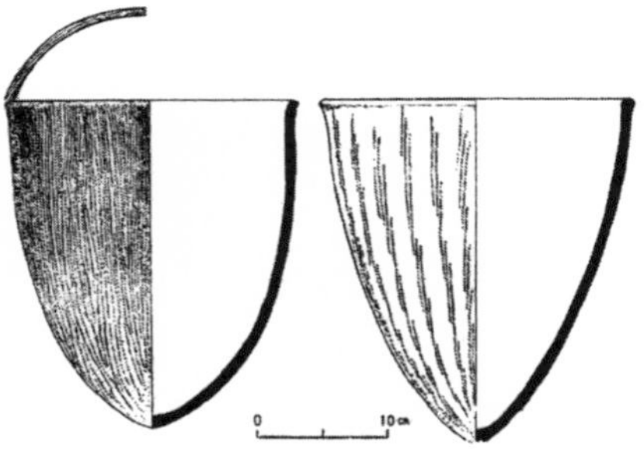

第８図　I 類（左），VII 類（右）

VII～第 X 類と区別できないものの，夏島貝塚や平坂貝塚などの事例を参照して「一型式として存立することはほぼ間違いない」と結論付けている（247 頁）。ただ撚糸紋施紋（第 III 類・V 類）の土器と，縄紋施紋（第 IV 類・第 VI 類）の土器を同一型式とするのは，井草式（縄紋施紋）と大丸式（撚糸紋施紋）を区別した経緯から見ると一貫性がないので，このことを気にしており，この問題に関しては，常総台地の事例の増加を待って再検討したいと書いている。

第 VII 類と第 VIII 類は稲荷台式と認定している。ここでも縄紋と撚糸紋を一括している。第 IX（条痕紋）・X 類（無紋）は器形が第 VII 類・第 VIII 類と似ており，第 II 層・第 III 層で共伴しているので「稲荷台式」を構成する土器群と認定する。「層位」を「型式」に優先する姿勢がここでも垣間見られる。

第 XI 類・第 XII 類は型式認定を保留している。

こうした型式認定結果を踏まえ，口辺部破片にしぼって層位的に集計した表が「第 1 表」（本稿第 1 表）である。大丸式は第 VI 層に多く，夏島式は II～V 層に多い。稲荷台式は II～IV 層に多く出土しており，夏島式と層位的に区分出来ないが，夏島式は V 層で大丸式と一緒に出ており，しかもこの層には稲荷台式は存在しないので，稲荷台式より先行する可能性がある，と読み取っている。以上の層位的データから，

井草・大丸→夏島→稲荷台

という序列を導出したのであった。従来，稲荷台式が最も古い土器群とされていたのであるが，この発掘により，その序列が逆転したのである。見事な発掘区や土層セクションの実測図（本稿第 5～6 図），土器の拓本・実測図，そして明快な層位データ（本稿第 1 表）を提出し，縄紋式の最古の土器群の編年を確立したことは，芹沢の名声を不動のものとした。筆者はこの報文が，山内の古い報告手法（「下総上本郷貝塚」のような）を過去のものと意識させるのに十分な労作となったと推定している。

(4)　『神奈川県夏島における縄文文化初頭の貝塚』明治大学　1957 年　芹沢 38 歳

この報告書は，杉原荘介と芹沢の共著であるが，土器や石器および層位など大事な部分はすべて芹沢が担当している。

まずこの貝塚から出土した土器を便宜的に「夏島 I 式」（井草・大丸式）から「夏島 VII 式」（関山式）に分類している。「便宜的」とはいえ，撚糸紋系土器群の中に「夏島式」という細別型式があるのに，「夏島 I 式」～「夏島 VII 式」と表記することは紛らわしく，あまり感心しない。ちなみに後年，慶応大学の鈴木公雄は，千葉県山武郡姥山貝塚出土の土器を報告するにあたって，この芹沢方式を踏襲している（「姥山 I 式」～「姥山 VI 式」　鈴木 1963）。この公表後，この論文を持って山内清男のところに挨拶に行ったところ，山内は大不機嫌で，のっけから「君は誰に土器を習ったのかね」と質問されたという（鈴木 1995：269 頁）。「姥山 I 式～VI 式」の層位的出土状況をまとめた鈴木論文の「第一表」（本稿第 2 表）は，芹沢による夏島報文の「第 1 表」に酷似している（本稿第 3 表）ので，山内は鈴木が芹沢に土器を習ったのだと思ったのであろう。少なく

第2表　鈴木（1963）の「第一表」

層位＼土器型式	姥山Ⅰ式	Ⅱ式	Ⅲ式	Ⅳ式	Ⅴ式	Ⅵ式
第一層（表土）	○	○	○	○	○	○
第二層（焼土平行層）		△	△	○	○	○
第三層（混貝土層）		△	△	○	◎	△
第四層（褐色土層）		△	△	○	◎	
第五層（混土貝層）	△	◎	○			
第六層（褐色土層）	○	○	○			
第七層（ローム）						

△ 稀　○ 少量　◎ 多量

第３表　夏島報告（1957）の「第１表」

層位＼土器型式	夏島Ⅰ式	夏島Ⅱ式	夏島Ⅲ式	夏島Ⅳ式	夏島Ⅴ式	夏島Ⅵ式	夏島Ⅶ式	型式不詳	計
腐植土層		10	9	4		**35**		74	132
第三貝層									0
第二混土貝層									0
第二貝層		3		**24**		15		28	70
第一混土貝層		27	**15**					91	133
第一貝層		**322**						132	454
褐色土層	**8**							19	27
不明層		55	4	7		12		42	120
計	8	417	28	35	0	62	0	386	936

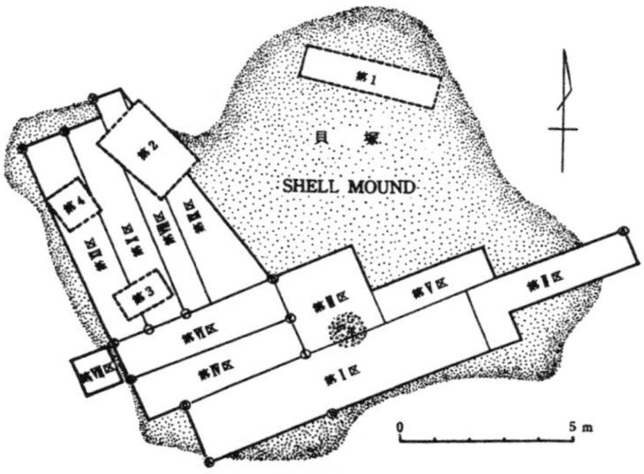

第９図　夏島貝塚発掘区実測図

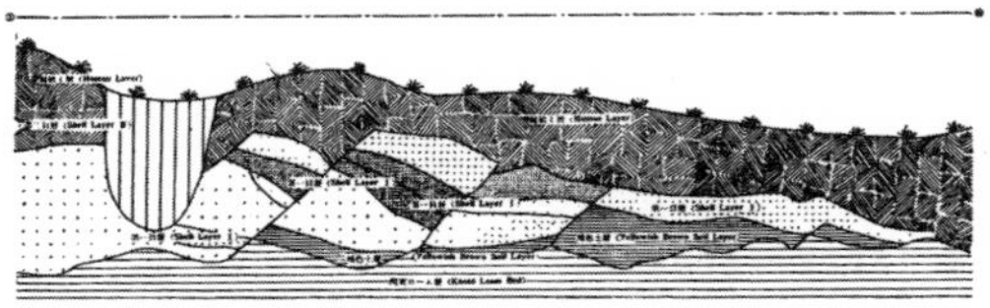

第10図　夏島貝塚 j〜k 土層断面図

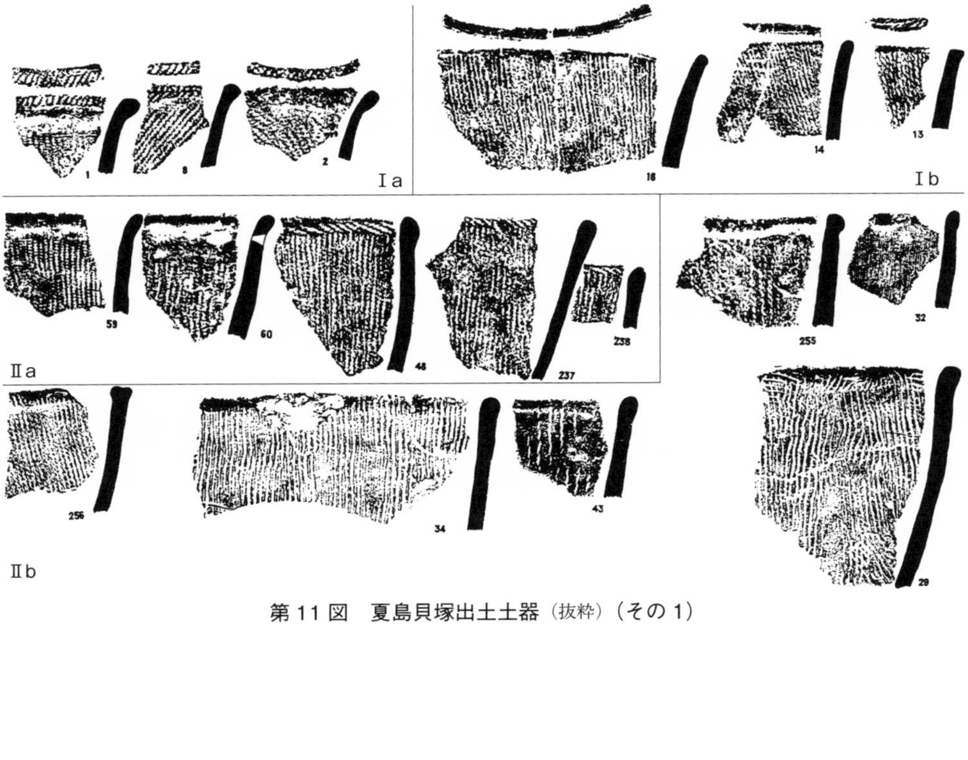

第11図　夏島貝塚出土土器（抜粋）（その１）

とも夏島報告を手本にしたのは明白なので，機嫌を損じたのだと思われる[3)]。実は，鈴木が山内に接見を仰いだ1963年は，丹生問題で芹沢と「決裂」した翌年のことなのである。

話をもとに戻すと，芹沢は，この「夏島Ｉ式」から「夏島VII式」に該当する土器片すべての数量を明示している。すべての出土土器片を持ちかえり，その内訳をデータ化することは，型式学的検討に欠かせない要件である。次に撚糸紋や縄紋のみの土器群を検討するために，縄紋の原体と施紋法の解説をする。これは山内清男の講義に拠ったものであるが，のちに山内はこの「縄紋」解説について触れ，「甲野氏，早川氏等は芹沢氏の創見として引用している」（山内 1969：5頁）と不快感を表明している。ちなみに筆者も当初（約50年前），「縄紋」の学習は，この報告書の解説をテキストとしていた次第である。芹沢の「縄紋」に関する解説は平易で，初学者にもとっつきやすいものであったのである。

「縄紋」に関する基本的な解説を済ませた後，個々の土器群の記載に移る。さて，この記載の後，第VII区における「夏島Ｉ式」から「夏島VII式」の層位的な出土状況を「第１表」にまとめたのであった（本稿**第３表**）。感服するのは「型式不詳」という欄を設け，しかもこれに該当する点数は，「夏島II式」についで多いことである。無理に型式判定をせず，慎重にデータ処理したことが窺われる。この表を検討すると，綺麗に夏島Ｉ式から夏島IV式，およびVI式の層位的な新旧関係が看取される。カウントした土器片のすべてが図示されていないので，このように綺麗なデータが本当に取れるのか（型式判定が妥当かどうか），追認出来ないもどかしさは残る。ちなみに筆者は，千葉県松戸市中峠貝塚第４次調査から第７次調査の報告において，竪穴出土土器片を層位的に全点カウントしてその層位的傾向を確認しようとしているが，このように綺麗なデータは取れていない。型式判定出来たのは，総量の大体30％程度であるから（特に第6〜7次調査では6〜8人程度の型式判定に熟練した仲間と議論しながら１点１点の土器片の型式判定をしている），夏島報告における「型式不詳」土器片が，総量の40％程度に収まっているのは，型式判定の比率がやや高すぎる印象を受ける（型式要素が乏しい当該期の土器片にしては）。しかし少なくとも山内清男のような，数量を示さない記載だけの報告よりずっと客観性が示されていると評価出来よう[4)]。

かくて，①夏島II式（夏島式）と同III式（「田戸Ｉ式」）との新旧関係が層位的に確認されたこと，②夏島Ｉ式（井草・大丸式）が夏島II式（夏島式）より先行することが改めて確認されたこと，③田戸式が層位的に下層式と上層式に分離可能であること，④「捺形文土器」（夏島III式ｇ類）が撚糸紋系土器に伴うものではなく，平坂式・三戸式・「田戸Ｉ式」に並行し，しかも前者がいくつかの階段を以て変化していること，などが層位的に明らかにされたのであった。

特に注目されるのは上記①である。当時，撚糸紋系土器群と沈線紋系土器群は並存し，各々系統を異にしているとする「南北二系統論」（江坂 1942→1982）が注目されており，「日本人」の起源問題に於いて有力な仮説として位置づけられていたのであるが，この調査成果によって，そうした推論は層位的に追認することは出来ず，単系的な発達の過程を示すにすぎないことが明らかになったのであった。乏しい資料に乗っかった推論が多かったこの時期の文化様相について，緻密な発掘データを踏まえた主張は，多くの研究者の承認を受けることになり，芹沢の名声はさらに高まったのである。

また，山内清男が1930年代に設定した関東地方における縄紋早期土器型式群の序列（山内1939→1967）もこの度の芹沢らの発掘成果によって層位的に確定されたのである。実は三戸式と田戸式との層位的関係，田戸下層式と同上層式との層位的関係，茅山式と「総称蓮田式」（「夏島VII式」を含む）との層位的関係，「総称蓮田式」と狭義の諸磯式との層位的関係は，山内自身の発掘では十分に確認してはいなかったのである[5]。繊維混入の状況・貝殻条痕の有無・底部形態，および縄紋施紋の有無などを要素として型式学的に序列を与えたに過ぎなかったのである[6]。これらが夏島貝塚の発掘で証明されたことは，山内の型式学の妥当性を裏付けるものでもあったのである。

後年正式に型式設定されることになる土器群を的確に抽出していることも見逃せない。本稿第12図「夏島II式c類」は1960年に岡本勇が提唱することになる大浦山式[7]であろう。第13図「夏島VI式c類・d類」は，岡本勇が1957年に提唱した鵜ガ島台式[8]である。同図「夏島VI式e類」は岡本の茅山下層式（岡本 1957：21頁）に，同図「夏島VI式f類」と「夏島VI式h類」は茅山上層式（岡本 1957：22頁）に各々相当すると思われる。岡本勇は明治大学在籍時代，夏島貝塚・大丸遺跡などの発掘において芹沢と行動を共にしており，「助け合って研究を進めてきた」と芹沢自らが語っている（芹沢 1999：1頁）し，大丸遺跡出土土器片の「層位的差異を最初に気づいた者は岡本勇君」であったと江坂輝彌も証言している（江坂 1999：21頁）。上述した一連の遺跡から出土した土器の分類には，岡本が深く関わっていた可能性が推察されるが，それはそれとして，この報告書の学史的価値は極めて高いものであると評価できる。

しかし，この優れた労作の中にも，最晩年に「旧石器捏造」を権威付けしてしまった背景が潜んでいるように思われる。先学が設定した諸型式を層位的に確認する作業は素晴らしいのであるが，その型式内容の妥当性の検討を始めとする型式学的分析が充分ではないような気がするのである。利根川下流域の諸貝塚を層位的に発掘して縄紋中期中葉の「阿玉台式土器」の細分を行なった西村正衛（芹沢とほぼ同世代。やはり山内清男に多くの指導を受けている）は，阿玉台式土器の成立の過程を文様形態や文様要素の詳細な分析から解き明かし，阿玉台式特有の「扇状把手」の成立の過程や「窓枠状区画」の成立の過程などについても詳細に型式学的説明をしている（大村2008：126～147頁参照）。夏島報告ではそうした各細別型式のつながりに関わる詳細な型式学的説明が一切ないのである。単に出土した土器群を既存型式と対照してそれらを同定し，出土層位を確認する作業に終始しているように見える。「前期旧石器」研究においても，この方面の分析（型式学的分析）が不十分であったことが長期にわたる「捏造」を許してしまったのではないか，と角張淳一が指摘している（角張 2010）。

ちなみに，筆者が最近報告書作りに関わった中峠遺跡第6次調査地点の1号住居址（中期中葉末～中期後葉初頭）から，多数の黒曜石の剝片や石器類が出土している。報告書作りに加わって頂いた大工原豊（現在縄紋石器研究を精力的に推進，多大な成果を挙げている）は，これらの中から旧石

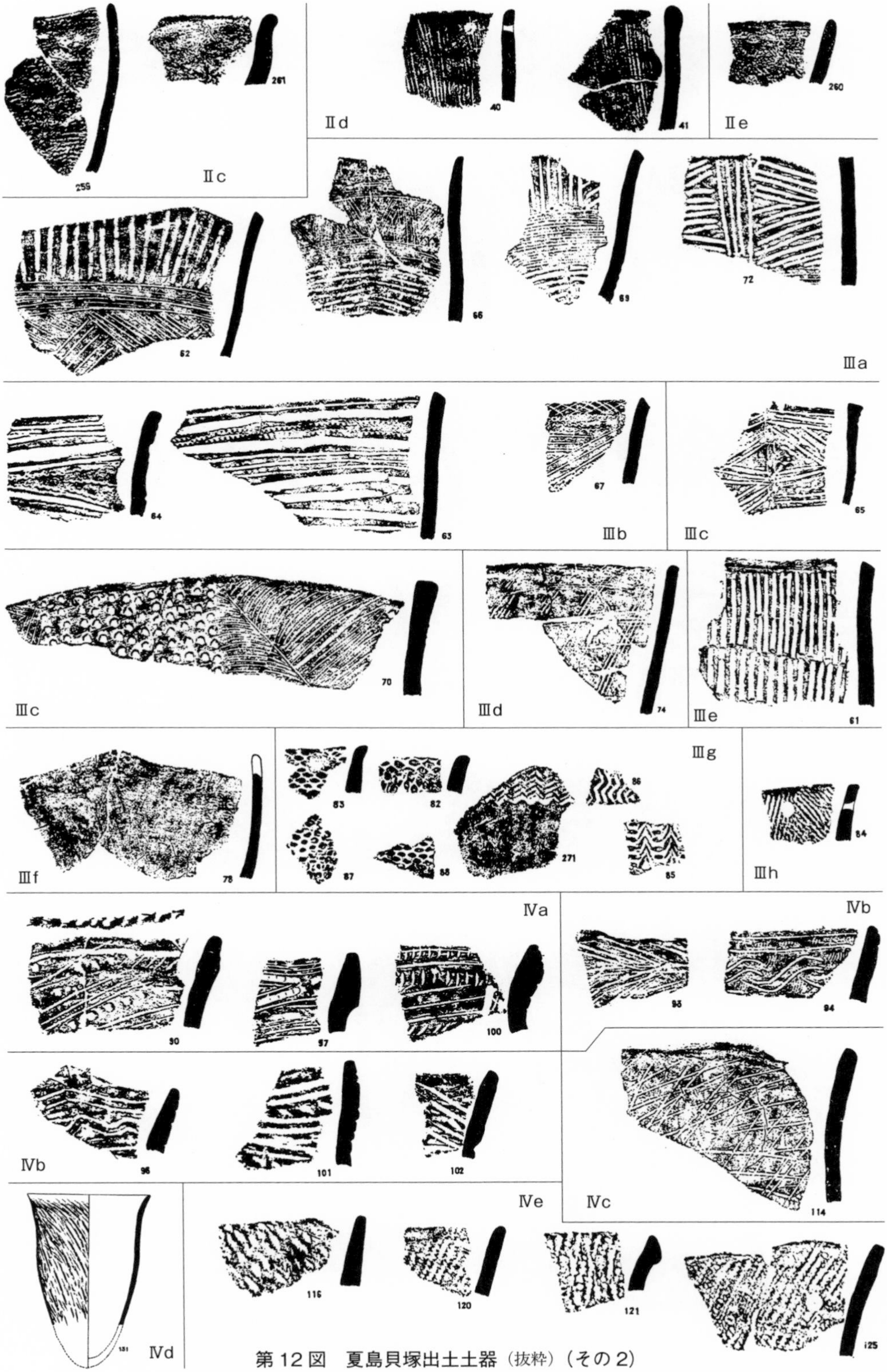

第12図　夏島貝塚出土土器（抜粋）（その2）

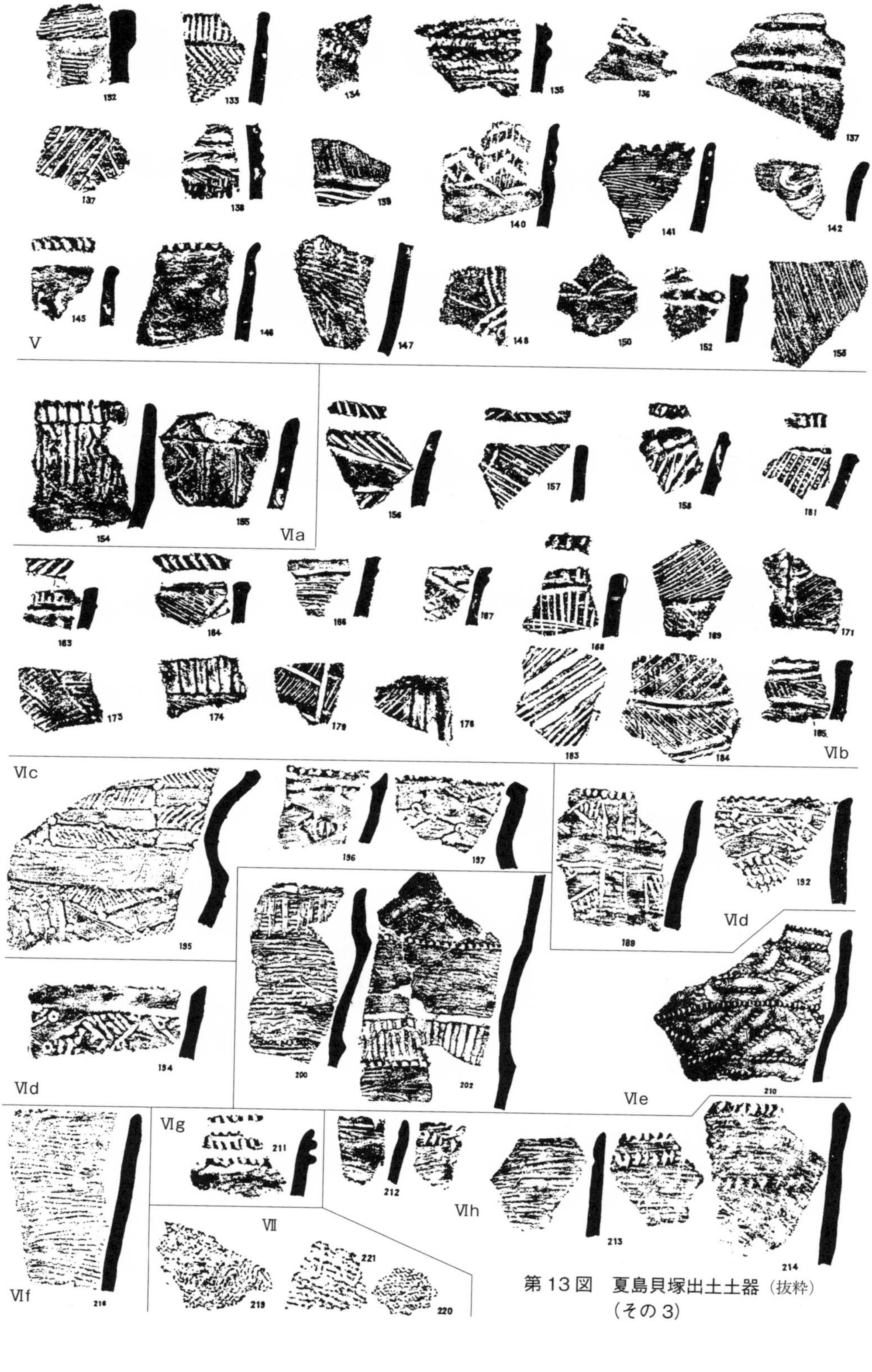

第13図　夏島貝塚出土土器（抜粋）
（その3）

器の疑いがあるスクレーパーを抽出した（大工原 2014）。押圧剥離の手法が縄紋のそれと異なる，というのである。これを蛍光Ｘ線分析にかけて産地を推定した建石徹は，箱根山系の畑宿産と認定した（建石・大工原・二宮 2014）。他の石器・黒曜石剥片類は神津島・星ヶ塔産だったので，この石器は明らかに異質な存在であることが分かったのである。両者の研究は，わざと自分の分析成果を伏せて別個に作業を進めているので「ブラインド・テスト」に成功したことになる。また，この住居址からは，長さ 17.1 cm の大型の分銅形石斧が表土下から出土している。大工原は，「このような大型のものは中期後半には類例がなく，中期末から後期前半に出現するものである。混入品ではないか」と主張した。それで，この住居址出土土器片を丹念に確認したところ，1 点だけ後期前半の土器片が見つかり，大工原の主張の裏付けが取れたのである（下総考古学研究会 2014）。さらに第 7 次調査地点では，明確に堀之内 1 式と認定できる土器片が何点も検出されている（下総考古学研究会 2017）。中峠遺跡は縄紋中期の集落址と認識されていたのであるが，縄紋後期前半にもヒトの生活の痕跡があったことが確認された訳である。このことを，大工原は石器の分析からいち早く予言したのであった。このように，石器の製作手法や形態学的分析を駆使すれば，異物は確実に排除出来るのであり，当然藤村新一が埋め込んだ「石器」は疑わしいものとして排除されたはずなのである。ちなみに大工原は，2000 年に捏造石器が暴露されるかなり前（1995 年前後）から，「あれは捏造」と看破していた（大工原 2016：8 頁）研究者である。

(5)　『石器時代の日本』築地書館　1960 年　芹沢 41 歳

この本は，芹沢の出世作ともいうべきもので，『朝日ジャーナル』の書評でも取り上げられていた，と芹沢自身が回顧している。一般読者にも広く受け入れられたであろう。ちなみに筆者の手元にある 1968 年発行のそれは，「第四版」となっている。40 代初頭の若さながら，海外の情報もよく吟味しており，日本の旧石器時代から縄紋式の時代まで手際よくまとめた好著である。

この本の中に，かつて明治大学在職時代に手がけた岩手県雨滝遺跡（縄紋後期末～晩期）の発掘成果の一部が紹介されている。注目されるのは，この遺跡の上層から大洞 C1 式土器が出土し，下層からは後期末の土器が出土，その中間の層に大洞Ｂ式とＢ―Ｃ式が「共伴」していたという事実を挙げ，両者は同時期に用いられたものであって，別型式に分離すべきではないと主張し，あらたにこれらを一括して「雨滝式」を設定しようとしていることである（次頁**第 14 図**）。両者が層位的に「共存」する型式学的理由として，大洞Ｂ式に特徴的な三叉状入組文と，大洞Ｂ―Ｃ式に特徴的な羊歯状文は，「別々の器形にえがかれたひと組の文様ではないか」と指摘している。森本六爾（1934：4 頁）による「様式論」的な観点と言える（「一つの真実における二つの姿」）。大洞Ｂ式の三叉状入組文から大洞Ｂ―Ｃ式の羊歯状文に変化するという従来の型式学的説明についても，「三叉文は沈刻文であって」，「影と影とによって新しい文様が生ずるということは考えにくい」とし，後者は「後期の壺，土びん，鉢にみられるすりけし縄文のある入組文が扁平化され，しだいに羊歯状文に発展したものと考えたい」と系統関係を解説している（芹沢 1960：207 頁）。このような解釈も一つの可能性としてはあるかも知れないが，図に示された土器を見る限り，大

第14図　雨滝遺跡出土土器（「第Ⅰ期」）実測図・拓本

洞Ｂ式の可能性があるものは第14図16のみであり[9)]，他にもっと良好な同一層位出土の大洞Ｂ式の個体が存在するならば提示してもらいたかったところである。もしこの傾向（「大洞Ｂ―Ｃ式の中に大洞Ｂ式が少数混在」）が実態ならば，この土層の堆積時期は大洞Ｂ―Ｃ式期であり，その土層に古い遺物が残存していると解釈するのが妥当であろう。新しい時期の土層に古い遺物が混じるのはよくあることであり，この事実を以て両者の同時存在とするのは，まだデータが不足しているというべきであろう。なお，他遺跡でも同様な傾向（大洞Ｂ式と大洞Ｂ―Ｃ式の共伴）が認められると本書で指摘しているが，具体的な事例やデータの提示がなされていないので，ただちに容認することは出来ない。同じ土層から異なる顔つきの土器が出て来た場合は，かつて山内清男が実践したように[10)]，他の地点や他の遺跡でも追加検証を試みて，蓋然性を高める必要があったのではないか。芹沢はこの手続きを省略し，性急に山内の学説を否定しようとしているように思われる。ちなみに最近の大洞諸型式の研究者の解説によると，芹沢の主張よりも山内の主張を支持する人が多いそうである（藤沼・関根 2008：683頁）。こうした「層位」を優先する姿勢が，何度も言うように「捏造」を疑うことを妨げたのだと思わざるを得ない。

(6)「長崎県福井岩陰―第一次発掘調査の概要―」『考古学集刊』3巻1号　1965年　芹沢46歳

この概報は，鎌木義昌との共著である。執筆分担は明記されていない。この調査に取り組む前に，芹沢は以下のような問題意識を育んでいたという（芹沢 1975）。

「岩宿遺跡の発掘によって，縄文時代以前の日本にも，ひさしく人類が住みついていたという新事実が分かってくると，縄文土器の起源についての従来の考えかたも，おのずからまた新しい方向で見直される必要が生じた。

1. 日本の旧石器時代人が土器の製作法を発明し，そのまま縄文土器を発展させたのか。
2. 日本の旧石器時代人が大陸から土器の製法を学びとり，やがて縄文土器が成立するようになったのか。
3. 日本の旧石器時代人は滅亡もしくは外地に退去し，縄文土器をもった新来者が上陸してきたのか」（95頁）

これらの問題を解決すべく福井岩陰の調査に取り組んだ結果，以下のような結論を導き出したのであった（鎌木・芹沢 1965）。すなわち，

1層では縄紋早期の押型紋土器および阿高式が出土。

2層上半では爪形紋土器出土。

2層下半では細隆線紋土器・爪形紋土器出土。

※2層全体からは船底形細石核・細石刃伴出。

3層上半では細隆線紋土器・爪形紋土器出土。

3層下半では隆帯紋土器・細隆線紋土器出土。

※3層全体からは船底形細石核・細石刃・削器伴出。

4層：土器の出土無し。尖頭器・削器・細石核（半円錐形）・細石刃出土。

この層位的出土状況を踏まえ，芹沢（1975）では次のような評価を行なっている（96頁）。

「福井洞穴の発掘によって，旧石器時代から新石器（縄文）時代への移りかわりの状態がかなりはっきりしてきたといってよさそうである。福井洞穴を住居として利用していた旧石器時代人は，第四層から第三層に移ったとき土器の製作をはじめた。第三層では隆線文土器，第二層では爪形文土器が作られたが，これらの層の石器は依然として旧石器時代の技術をつよくのこした細石刃だけであった。第一層にはいると，縄文時代早期の土器としてよく知られる押型文土器が作られ，この時期の人間は狩猟の道具として石鏃を着装した弓矢をすでに使いはじめている。したがって，福井洞穴の層序をみるかぎり，旧石器時代から新石器（縄文）時代への移行は漸進的であって，新文化をもった異民族が突然進《ママ》入し，旧石器時代人を駆逐したというような状態を考えることはできそうにない。日本に古くから住みついていた旧石器時代人が，二，三千年のあいだに土器の製作，弓矢・丸木舟・釣針の製作というような新しい技術を順次に受け入れ，ついには縄文文化を成立させたのであろう。」

かくて，「弥生式の母体は縄紋式にある」（山内 1939→1967：41頁）という山内の発想を，縄紋

式と「旧石器時代」との関係にも敷衍し，〈縄紋文化の母体は日本旧石器文化にある〉と宣言したのであった。そうすると，より古い旧石器文化を発見してそれらの連続を確認すれば，自ずとその文化を持った人類の起源（「日本民族のルーツ」）を明らかにすることができる。

「日本の旧石器時代文化をさらにさらに古く追求してゆくことは，とりもなおさず冒頭に述べた『日本民族はどこから来たか』という疑問を解くことになるであろう」（芹沢 1974）

という研究戦略〔山内による『日本遠古之文化』の方針（大村 2008：77〜83頁）の敷衍化〕は，こうした経緯をたどって確立されたのだと推定されるのである。

おわりに

芹沢による縄紋土器研究は，山内清男が構想した基本方針をほぼ忠実に踏襲したものであった。しかし，山内清男による精緻な土器型式学を十分に消化していたとは言えず，基本的には既存の土器型式を層位的調査の成果を基にして再検討（序列の確認，型式概念の再編）するものであり，文様帯を構造的に分析して各型式間の連鎖を辿るというものではなかったように見える[11]。「層位は型式に優先する」という理念が縄紋土器研究においても垣間見えるのであり，その姿勢は「旧石器」研究において更に発展させられていったのであった[12]。

謝辞

本稿の作成にあたり，以下の方々にご協力・ご教示を頂きました。記して感謝の意を表します（五十音順　敬称略）。

大内千年・大熊佐智子・大塚達朗・小澤政彦・合田恵美子・大工原豊・建石徹・三門準

註

1）永峯光一は，「山内清男先生は芹沢長介氏を非常に高く買っていた。芹沢氏は山内先生の学問を一番深く理解していた」と語っていたという（三門準氏の教示）。

2）土器写真の型式判定には，以下の方々にご協力頂いた（五十音順　敬称略）。

大内千年・大熊佐智子・小澤政彦・合田恵美子・建石徹・三門準

なお写真が著しく不鮮明のために図の提示を割愛，あるいは型式判定を留保したものが幾つもある。

3）そもそも山内による縄紋土器型式の分類は，「自然に存在」する土器型式を「研究者がみつけだす」もの（田中 1992：9〜10頁）であって，それ（標準資料およびこれに相当する土器群）を「○○式」とするものである（大村 2014：77頁）。したがって目の前にある土器群を分類する作業は，「同定」（標準資料に似ているか似ていないか）が主なものとなる。芹沢は，山内の方針にならって夏島貝塚出土土器群の同定を行なっているのであるが，「便宜的に」とはいえ，主に山内が命名した土器型式群に対し，「夏島○式」と独自の呼称を用いている。ちなみに生物分類学には，「命名委員会という国際委員会」があり，そこでその標本（標準資料）についての優先権（だれがその種を最初に認知し登録したのか）を確立させているという（鈴木 1995：297頁）。山内にしてみれば，自らが抽出した土器型式に，

「夏島○式」とか「姥山○式」というように呼び変えられるのは不快なことこの上なかったであろう。山内自身は，他者が命名した土器型式に対して，その型式概念を改変しても，命名者のプライオリティ（型式名）は忠実に尊重しているのである（例えば八幡一郎の「阿玉台式」，大山柏の「勝坂式」）（大村 2017 参照）。

4）発掘で検出した縄紋土器片の数量をカウントし，それをデータで示す手法は，前述したように，芹沢の十代の頃の報告においても確認出来る（酒詰・芹沢 1938b）。層位的出土状況の数量表示は，松本彦七郎（1919 など）の業績を参考にしたと思われる。

5）三戸式と田戸式の層位的関係を山内が指示した文献は確認できない。田戸上層式と同下層式の層位的関係については田戸遺跡の発掘で確認している（山内 1937→1967：103 頁）が共同調査者の赤星直忠は両者の層位的区分について否定的であった（赤星 1935：23 頁）。三戸式並行（槻木 1 式）と茅山式並行（槻木 2 式）については宮城県槻木貝塚で層位的に確認している（山内 1929→1967：75 頁）。子母口式と茅山式との層位的関係については，横浜市大口坂貝塚で確認したという（山内 1941→1967：34 頁）。茅山式と「総称蓮田式」，「総称蓮田式」と「狭義の諸磯式」の層位的関係を山内が明示した文献は確認できない。ただし，清野謙次による茨城県所作貝塚発掘資料の中に蓮田式と狭義の諸磯式の層位的区分ができるものがあることを示唆している（山内 1930→1967：84 頁）。

6）これらの型式要素（縄紋・繊維混入）の連鎖について，山内は，「しかしこれは単なる想像で，各型式の内容がより闡明され，年代的関係が確定的となるまでは，当否は不明である」としている（山内 1930→1967：82 頁）。この当時，早期における各型式間の層位的先後関係の確認はまだ十分ではなかったのである。

7）岡本（1960）参照。ここでは，「芹沢長介氏が，『夏島 II 式 c』と分類したものがそれである」（11 頁）と明記している。なお，岡本らの間で「大浦山式」に関心が集まったのは，1949 年，大浦山遺跡の試掘以降である（1 頁）。

8）岡本（1961）が正式な標準資料であるが，1954 年に調査された茅山貝塚の報告で「鵜ガ島台式」を既に提唱している（岡本 1957：21 頁）。

9）ただし，大塚達朗氏の教示によると，この土器も大洞 B—C 式であり，芹沢（1962）で提示されている「雨滝式」の中には大洞 B 式は含まれていない，ということであった。

10）例えば山内清男は，宮城県槻木貝塚の発掘後，繊維土器に混じって繊維を含まない「貝殻刺文，あるいは細隆起線文の土器が十片ぐらい出ていることが水洗の際に発見された。最初はこの二種の土器型式は同時存在とみられていたが」，その真偽を確かめるために第二回の発掘を試み，後者が前者の下層から出土していることを確かめている（伊東 1977：167〜168 頁）。

11）山内による晩年の作品である『日本原始美術　1—縄文式土器—』講談社（1964 年）に対し，芹沢はかなり辛辣な書評を行なっている（芹沢 1964）。その中で，「縄文土器の文様や特色については，博士の執筆になるわずか 9 ページの文章がみられるにすぎないのは，はなはだ残念におもえてならない」（芹沢 同上：117 頁）と書いている。この書評の大半は，山内による「旧石器〜無土器新石器時代」研究および縄紋草創期研究，そしてそれらの年代観批判に当てられているのであるが，山内が初めて豊富な図版を駆使して論述した「文様帯系統論」について言及していない。芹沢は「縄文」を「文様」として捉えていたため（杉原・芹沢 1957：45 頁），「文様帯系統論」を理解できなかったのではなかろうか。山内が定義する「文様」は描かれた装飾であり，その「形態」をたどって系統関係を確認する理論である。山内にとって，「点」の連続にすぎない「縄紋」は「形態」を持っていないので，「文様帯」と認識していないのである（大村 2008：104頁）。山内の「文様帯系統論」は，文様帯の「形態」の連鎖を確認して土器型式の「縦」の並びを整理することにより，他地域の型式の混入を防ぐという絶好のツールとなっているのであり（大村 2014：85頁），学史上見逃すことのできない理論なのである。芹沢が山内清男の文様帯系統論（分類学や比較解剖学および進化論をベースにした理論）に対する理解が不十分であったのは，1939年，江坂・芹沢らが，東京都稲荷台遺跡の発掘において「山内を出し抜いた」ことから「破門を言い渡され」（江坂 1996：113頁），しばらく交流関係が絶たれた結果，型式判定の先の段階の指導を受けられなかったことも一因かもしれない。ちなみに國學院大学学生時代山内と親交のあった故稲生典太郎（元中央大学教授）によると，中学生であった江坂輝彌に対して，山内は難しいことは教えず縄紋の施紋法や土器型式の鑑別について指導していたという（筆者聞き取り）。同世代の芹沢も少年時代，同レベルの指導を受けていた可能性がある。明治大学学部生時代に山内の「私設助手」として近侍した高橋護氏による山内考古学理解の深さ（田中 1992に詳述されている）に比べると，その差が歴然なのはこうした事情があったからであると推定される。

12）　遺物の出土層位を重視すること自体は非常に大事なことである。層位の裏付けを取らずに土器型式を安易に細分する一部の研究者たちの姿勢も批判されなければならない。「型式」と「層位」は車の両輪のようなものであり，両方に目配りすることが肝要なのである。

引用・参考文献

赤星直忠　1935「横須賀市田戸先史時代遺蹟調査」『史前学雑誌』7巻6号　史前学会

伊東信雄　1977「山内博士東北縄文土器編年の成立過程」『考古学研究』24巻3・4号　考古学研究会

江坂輝彌　1942「稲荷台系文化の研究―東京市赤堤町新井遺跡調査報告―」『古代文化』13巻8号　日本古代文化学会→1982『縄文土器文化研究序説』六興出版

江坂輝彌　1970「縄文土器文化の起源」『歴史教育』18巻3号→1982『縄文土器文化研究序説』六興出版

江坂輝彌　1996「山内清男先生の縄文土器文化研究とその周辺をかこむ人々」『画竜点睛』山内清男先生没後25年記念論集刊行会

江坂輝彌　1999「岡本勇君を偲ぶ」『岡本勇先生追悼文集　岡本勇　その人と学問』岡本勇先生追悼文集刊行会

大村　裕　2008『日本先史考古学史の基礎研究―山内清男の学問とその周辺の人びと―』六一書房

大村　裕　2011『縄紋土器の型式と層位―その批判的検討―』六一書房

大村　裕　2014『日本先史考古学史講義―考古学者たちの人と学問―』六一書房

大村　裕　2017「山内清男の『阿玉台式土器』について」『下総考古学』24号　下総考古学研究会

岡本　勇　1957「六．考察　イ　発掘土器について」（赤星直忠・岡本勇　1957「茅山貝塚」『横須賀市博物館研究報告（人文科学）』1号　所載）

岡本　勇　1960「三浦市大浦山遺跡」『横須賀市博物館研究報告（人文科学）』4号

岡本　勇　1961「三浦市鵜ガ島台遺跡」『横須賀市博物館研究報告（人文科学）』5号

角張淳一　2010『旧石器捏造事件の研究』鳥影社

金関丈夫・山内清男・佐藤達夫　1962「大分県丹生遺跡の旧石器」『日本考古学協会第28回総会研究発表要旨』→1969『山内清男・先史考古学論文集・第二集』先史考古学会

鎌木義昌・芹沢長介　1965「長崎県福井岩陰―第一次発掘調査の概要―」『考古学集刊』3巻1号

酒詰仲男　1967『貝塚に学ぶ』学生社

酒詰仲男・芹沢長介　1938a「横浜市鶴見区荒立貝塚に於ける住居阯の発掘」『考古学雑誌』28 巻 1 号　日本考古学会
酒詰仲男・芹沢長介　1938b「横浜市鶴見区東寺尾町荒立（台上）貝塚発見文化遺物に就いて」『考古学雑誌』28 巻 2 号　日本考古学会
下総考古学研究会　2014「千葉県松戸市中峠遺跡第 6 次調査報告」『下総考古学』23 号　下総考古学研究会
下総考古学研究会　2017「千葉県松戸市中峠遺跡第 7 次調査報告」『下総考古学』24 号　下総考古学研究会
杉原荘介・芹沢長介　1957『神奈川県夏島における縄文文化初頭の貝塚』明治大学
鈴木公雄　1963「千葉県山武郡横芝町姥山　山武姥山貝塚の晩期縄文土器に就いて」『史学』36 巻 1 号
鈴木公雄　1995「山内清男と縄文土器編年」『市民の考古学 2　考古学者―その人と学問』名著出版
芹沢長介　1957「神奈川県大丸遺跡の研究」『駿台史学』7 号
芹沢長介　1958『世界陶磁全集』第 1 巻　河出書房新社
芹沢長介　1960『石器時代の日本』築地書館
芹沢長介　1964「書評　日本原始美術　I―縄文式土器―」『文化』28 巻 3 号　東北大学文学部
芹沢長介　1974『古代史発掘　最古の狩人たち』講談社
芹沢長介　1975『縄文　陶磁大系　1』平凡社
芹沢長介　1982『日本旧石器時代』岩波新書
芹沢長介　1999「岡本勇君を憶う」『岡本勇先生追悼文集　岡本勇　その人と学問』岡本勇先生追悼文集刊行会
芹沢長介先生追悼論文集刊行会　2008『芹沢長介先生追悼　考古・民族・歴史学論叢』六一書房
大工原　豊　2014「中峠遺跡第 6 次調査の石器群について」『下総考古学』23 号　下総考古学研究会
大工原　豊　2016「“剛構造”の角張淳一さん」『アルカ　研究論集』5 号　考古学研究所　株式会社アルカ
建石徹・大工原豊・二宮修治　2014「中峠遺跡第 6 次調査出土黒曜石資料の産地分析」『下総考古学』23 号　下総考古学研究会
田中耕作　1992「奈文研専門研修『縄文時代遺跡調査課程』に参加して」『新潟考古学談話会会報』10 号
西村正衛　1972「阿玉台式土器編年的研究の概要―利根川下流域を中心として―」『早稲田大学文学研究科紀要』第 18 輯
西村正衛・芹沢長介ほか　1955「千葉県西之城貝塚―関東縄文式早期文化の研究―」『石器時代』2 号
藤沼邦彦・関根達人　2008「亀ヶ岡式土器（亀ヶ岡式系土器群）」『総覧　縄文土器』『総覧縄文土器』刊行委員会
藤森栄一　1962「日本石器時代研究の諸問題」『考古学研究』9 巻 3 号
松本彦七郎　1919「宮戸島里濱介塚の分層的発掘成績」『人類学雑誌』34 巻 9 号
森本六爾　1934「弥生式土器における二者―様式要素単位決定の問題―」『考古学』5 巻 1 号　東京考古学会
山内清男　1929「繊維土器について　追加第一」『史前学雑誌』1 巻 3 号　史前学会→1967『山内清男・先史考古学論文集』第二冊　先史考古学会
山内清男　1930「繊維土器に就て　追加第三」『史前学雑誌』2 巻 3 号　史前学会→1967『山内清男・先

史考古学論文集』第二冊　先史考古学会
山内清男　1937「武蔵国殿袋出土の早期縄紋式土器」『先史考古学』1巻2号　先史考古学会
山内清男　1939『日本遠古之文化　補註付・新版』先史考古学会→1967 同左・新刷
山内清男　1941『日本先史土器図譜　第XII輯（子母口式）』→1967『日本先史土器図譜　第一部・関東地方・I〜XII集』（再版・合冊刊行）先史考古学会
山内清男　1953「鳥居博士と日本石器時代」『学鐙』50巻2号　丸善→1969『山内清男・先史考古学論文集　旧第十一集』先史考古学会
山内清男　1969「縄紋草創期の諸問題」『MUSEUM』224号　東京国立博物館
山内清男・佐藤達夫　1962「縄文土器の古さ」『科学読売』12巻13号→1969『山内清男・先史考古学論文集』新第二集　先史考古学会
渡辺直経ほか　1977『シンポジウム　日本旧石器時代の考古学』学生社
綿貫俊一　2007「日本考古学における丹生遺跡と早水台遺跡」『大分県地方史』No.200

VI. 山内清男と森本六爾
—「石庖丁」の用途論をめぐって—

1.

弥生式農耕論を組織的に展開し，日本考古学界にその重要性を定着させた森本六爾は，山内清男の当該分野における諸業績のプライオリティを蹂躙していたという評価が最近になってようやく定着しつつある[1)]。具体的には，弥生式農耕論（八幡 1934），扁平片刃石斧の用途論（田村 1988），土器の精粗二様論（大村 1993），壺形土器と蓋のセット論（浜田 2018：260〜261 頁）などである。ちなみに，あまり学界で注目されていないが，弥生式集落の低地進出論（山内 1932a：61 頁）も，森本の所説に先駆けるものであった。しかし，農耕における「鎌」として山内が早くから注目していた，石庖丁の用途に関するプライオリティの所在については，必ずしも明確とはなっていないように思われる。

田村（1988）は，石庖丁に関する山内と森本の研究を対比して，後者が前者の研究を無視し，殊更に自らの研究のプライオリティを強調していると批判しているが，そのプライオリティがいずれにあるのか，はっきりした結論を出してはいないのである。肝心の山内も，未発表草稿（1943→1967）において，貝庖丁の民族例の情報を鹿野忠雄に「失敬された」ことを非難しているが，これと同様の機能を持つ石庖丁に言及しながら，森本の石庖丁研究に関わる不可解な行動については，全く批判していない。これは一体どうしたことであろうか。本稿ではその理由と背景を考えてみたい。

2.

田村晃一によれば，石庖丁の用途に関する研究は，昭和 5（1930）年頃までは活発ではなかったという（田村 1988：117 頁）。本邦において最初にこれに言及したのは，山内清男である。すなわち，「日本遠古之文化　五—四，縄紋式以後（前）—」において，

> 「これと同時に農具と見るべき器具も亦出現して居るのは偶然ではない。片刃石斧は鍬として使用され，石庖丁は鎌の如き用途を持ったであらう。これらの石器は縄紋式には類例がない」（山内 1932：60 頁。傍点は引用者）

と述べている。続いて，『考古学年報　第二輯　昭和七年度』（東京考古学会　1933 年 9 月）所載の「著者抄」において，

「弥生式に於いて鍬として片刃石斧，（本稿には述べなかったが，鎌としての石庖丁が）この新しい経済生活に伴って伝来したものと考へられるのである」（山内 1933：47 頁。傍点は引用者）

と言及している。

しかしこれらの文章では，石庖丁が「穂刈り」に用いられたのか「根刈り」に用いられたのか，具体的使用法の指摘がない。次に山内が当該遺物の用途に言及したのは，「稲の刈り方」（山内 1934：31 頁）である。この短報の中で重要なのは，

「石庖丁（上図）（引用者註：本稿**第 1 図上段左**）が鎌の如きものであることは北支に於ける同形鉄製利器（下図）（引用者註：本稿**第 1 図上段右**）との類似から既に説かれて居る」

として，これが農耕具（収穫具）であることについて言及し，その用途論におけるプライオリティは他者（山内は引用していないがJ. G. アンダーソン）にあることを暗に認めていることである。したがって，これの用途論について自らにプライオリティは存在せず，そのことに執着する気持ちは毫もなかったということを確認できる。山内が特にこだわっていた自らの創見は，

「アイヌは同形の貝に孔を穿け，これを紐で指にかけ粟の穂を切って居る。これらの例から見ると，この種の鎌は穂に近く刈るに適したものであって，弥生式に於ける稲の刈取りもこの方法であったことが類推され得る」

という部分であると思われる（傍点は引用者）。この短報は，わずか 1 頁の埋め草扱いであり，十分なスペースがなかったためか，アイヌの民族例に関わる図の提示は省略されているが，後年の再録作品『山内清男・先史考古学論文集・第四冊』（1967 年）では，「蝦夷産業図説」に掲載されている穂刈りの図が提示されている。山内は石庖丁の用途を 1933 年以来「鎌」と表現しているが，この図を参照すると，それは古墳時代以降に一般化した「根刈り」の収穫具ではなく，「穂刈り」の収穫具を意識していたものであることが理解できるのである。ちなみに上述の「蝦夷産業図説」の存在を山内が知ったのは，「昭和 7，8 年」（1932，1933 年）頃に開催された東北帝大法文学部奥羽史料調査部による展覧会の折で，伊東信雄も一緒であったと証人を立てている（山内 1943 年未公表草稿→1967：203 頁）。なお蛇足ながら，草稿執筆時（1943）から遡って「十余年前」に，フィリッピンの貝庖丁に関わる民族例の存在も確認していたと述懐している。

3.

次に森本六爾による石庖丁研究の動向を見てみよう。

山内が昭和 8（1933）年 9 月に「鎌としての石庖丁」（山内 1933）に再度言及したその翌月，森本は『ドルメン』2 巻 9 号（1933 年 10 月発行）において石庖丁について初めて言及する（森本 1933a）。すなわち，

「吾々にとってより必要な且つ論じなければならないのは，其の農具であらう。比較的に普遍的なものでは，鎌と鍬がある。鎌と言い切って了ふと，一寸異様にも響くが，考古学者の

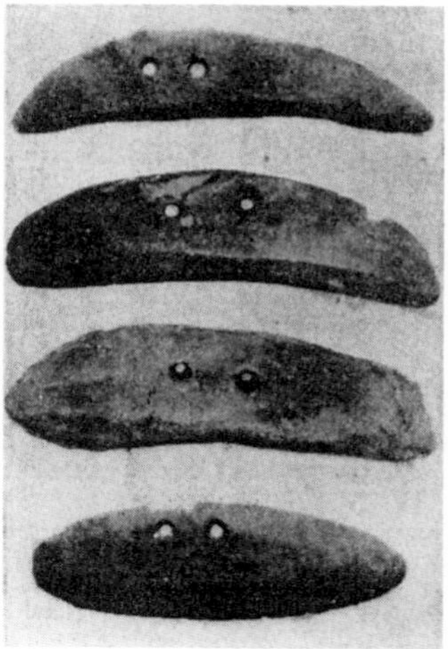

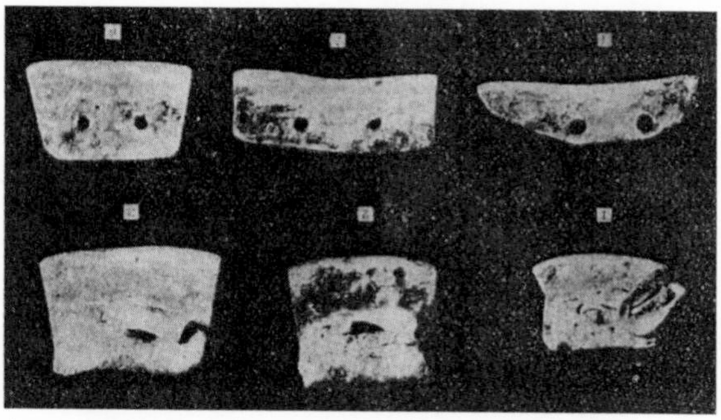

（この写真は「天地」が逆さまになっている。山内 1967 では正しく修正されている：大村）

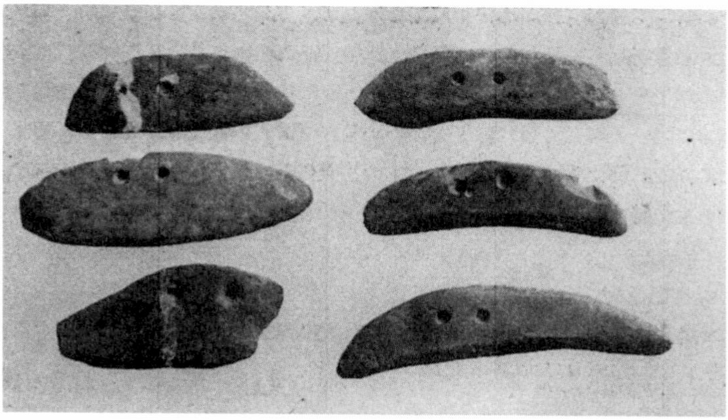

石　庖　丁（大和新沢村発見）

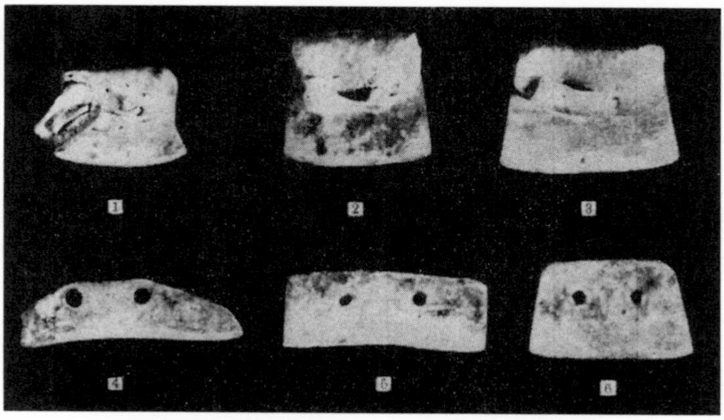

長方式梯方式及半月式鉄鎌（アンダーソン，中華遠古之文化図版2）

第１図　『ドルメン』３巻４号掲載写真（上段）と『山内清男・先史考古学論文集　第四冊』掲載写真（中・下段）

> 石庖丁と呼ぶ磨製の石器が其れで，三日月形乃至長方形をなし，一端に刃があり，普通一孔又は二孔を有してゐる。（中略）現今でも此の形式のものが北支那地方では銍鎌と呼ばれ，高粱を切り取るに用ひられてゐる。石庖丁の一端にある孔に紐を通し手指にあてる外，其の背には革又は布，時には木片をあてて，稲等の穀物を刈り取ったものらしい」（森本 1933a：2頁）

と，かなり具体的な記述を行なっている。これは後述するように，横井（1927）によるアンダーソン報文の紹介記事を参照したものであろう。この時点では，森本も石庖丁が「穂刈り」に用いられたのか，「根刈り」に用いられたのかという具体的使用法に言及していない。

森本が石庖丁の具体的使用法に言及するのは，「稲と石庖丁」という短報（『考古学』5巻3号「昭和9年3月」）の中である。山内が「稲の刈り方」を公表する約半月前のことであった。すなわち，

> 「農具としての石庖丁は，鎌又は鎌の如きものとして使用されたとはいへ，かのエジプトの古代に於けるが如く，稲を穂から摘むだとなすべきである。石庖丁を以って，稲を根元の茎から刈ったと想像し，若しくは其の如き想像から石庖丁農具説を否定するものありとすれば，吾等の立場と甚だ縁遠いものである」（74頁。傍点は原文のママ）

というのである。『考古学』5巻3号が，奥付通り「昭和9年3月」に刊行されていたとすれば，まさに山内の石庖丁用途論の「先駆」をなす所見（たった約半月前ではあるが）というべきであろう。この，相前後して同種の短報が公表された事実は，単なる偶然であろうか？　森本の当時の行状を斟酌すると，どうもそうとばかりは言えないようである。森本の親友の中谷治宇二郎は，考古学入門直前の三森定男（中谷の従弟）に次のような事実を伝えている。

> 「（考古学の世界では）あまり思いつきをしゃべると，論文発表に便宜をもつものに，すぐさきどりされてしも《ママ》うと注意してくれた。ある夜のビールのみの話だが，現在薄倖の天才学者として名前の高い某氏（引用者註：森本六爾）の名前が引き合いにだされていた。山内さんが，原始農耕のことになると，六十をすぎてからも，その天才学者を非難するのと，後になって思えば，揆《ママ》を一にしていたことに，あながち，偶然の一致とのみ云いきれぬものがある」（三森 1971：19頁。括弧中の文言は引用者）

というのである。また森本のもう一人の親友であった直良信夫も，

> 「森本は，自分の主宰した『考古学』などに投稿されてくる原稿を，まだ雑誌が出ないうちに，自分の論文に取り込んでしまったりして，よく問題を起こしました。それで，私も忠告したことがあります」（高橋 1977：61頁）

と証言している[2]。これらの事実を踏まえると，両者による同種の短報が，相前後して公表された「偶然」についても疑ってみる必要性があるように思われる。

その主な具体的理由は，当該の短報が掲載された『考古学』5巻3号の表紙の不思議である（**第2図**参照）。ここには，肝心の森本の短報のタイトルも著者名も載っていないのである。発掘発見記事や新著紹介記事にまで丁寧にタイトルと著者名が記載されているのに，なぜこの学史上

考古學

東京考古學會編輯　月刊考古學雑誌

第五卷　第三號

昭和九年三月

昭和九年三月十日印刷　昭和九年三月十四日發行

第２図　『考古学』五巻三号の表紙（森本の短報のタイトルが記載されていないことに注意）

重要な短報のタイトルと著者名が表紙に載っていないのであろうか？　考えられることは，表紙原稿が印刷所に送られた後，急遽この短報が余白に挿入されたのではないか，ということである。そこで『考古学』巻末の「編輯所日記」に編集上の記録が何か残されていないかと考え，昭和９年３月１日から３月31日までの記事を検索してみた。その結果，『考古学』５巻３号の表紙原稿を送付した日付は残念ながら確認することができなかったが，前号（５巻２号）の表紙原稿は，２月22日に印刷所に発送したとあり（５巻４号所載の「編輯所日記」），印刷日の３日前であることが確認出来た（印刷日は奥付によると「２月25日」）。表紙原稿の発送は，通常印刷する直前であったことがこの事実から推定できるのである。なぜそのような推定が可能かというと，**第２図**を見れば分かる通り，『考古学』の表紙には，掲載論文報告のタイトル・著者名の後に，**頁数が打ってある**からである。表紙に論文・報告の頁数を入れる以上，すべての原稿が出そろい，校正も完了して，タイトルと頁数が確定した段階でなければ，完成した表紙原稿を印刷所に送ることは出来ないのである[3)]。そうすると，森本の短報原稿（５巻３号所載）が印刷所に渡されたのは，表紙原稿発送後，かつ印刷作業にかかる直前，と考えるのが妥当であろう。なお，編輯所日記（５巻５号所載）の「３月28日」の部分には，「辛うじて『考古学』３月号の初校を終る」（傍点は引用者）とある。従って，くだんの「３月号（５巻３号）」の実際の印刷日は，「３月号」奥付にある「昭和９年３月10日」ではなく，３月28日（校了日）以降ということになるのである。

一方，『ドルメン』４月号（山内論文所載号）は，３月31日に森本の手元に届いていることが「編輯所日記」によって確認出来る（５巻５号所載の「編輯所日記」に，「３月31日（中略）『ドルメン』４月号『文化』４月号受贈」とある）。ちなみに『ドルメン』昭和９年４月号（３巻４号：山内の短報所載）の裏表紙の左上には，「昭和９年３月25日印刷・納本　昭和９年４月１日発行」と記載されているので，印刷後，発行日を待たずに森本宅に送られてきたことが分かる。森本が『考古学』５巻３号の発行日を，実際の発行日をはるかに遡って「３月14日」としたのは，山内の短報発表前に，どうしても「アリバイ」を残しておきたいという意思が見え隠れするのである。読者の理解を助けるために，上記の事実関係を表にまとめておく（**第１表**）。

第１表　山内清男と森本六爾の石庖丁の用途論に関わる動向

年月日	人物	動向・論文論題など	掲載機関誌	備考
昭和９年３月５日	山内清男	森本六爾宅訪問	考古学５巻５号	編纂所日記（森本ミツギ）による。次頁参照
昭和９年３月28日	森本六爾	「辛うじて『考古学』３月号（引用者註：５巻３号のこと）の初校を終わる」	考古学５巻５号	編纂所日記（森本ミツギ）による
昭和９年３月31日	森本六爾	「『ドルメン』４月号（引用者註：３巻４号のこと），『文化』４月号受贈」	考古学５巻５号	編纂所日記（森本ミツギ）による
昭和９年４月１日	山内清男	「稲の刈り方」	『ドルメン』３巻４号	印刷は３月25日
昭和９年３月28日以降（４月初頭頃か？）	森本六爾	「稲と石庖丁」	『考古学』５巻３号	奥付の発行日は「３月14日」（印刷は「３月10日」）

4.

では，森本はなぜ山内が石庖丁の用途に関わる文章を近々中に公表する事実を知ることが出来たのであろうか？　そもそも両者の接触がこの頃にあったのであろうか？　その手掛かりは，『考古学』5巻5号の「編輯所日記」の昭和9（1934）年3月5日の記事に求められる。そこには瞠目すべき記事が載っているのである。

「月曜晴『考古学』2月号出来。夜珍しく山内清男氏来宅」

森本ミツギ（編輯所日記記載者）が「珍しく山内清男氏来宅」と記したのは，森本六爾が昭和8（1933）年に公表した「東日本の縄文式時代に於ける弥生式並びに祝部式系文化の要素摘出の問題」（『考古学』4巻1号）において，山内の所論を茶化したり[4]，根拠薄弱な批判[5]をしたりしたため，山内が激怒し，疎遠な間柄となっていたからである。山内の愛弟子の佐原眞は，この論文の公表を受けて，山内は森本を「不倶戴天の敵」と見做したと評価している（佐原 1984：240頁）。その「不倶戴天の敵」の家に乗り込むということは，余程の事情があったと見なければならないだろう。なぜ山内はこの日に森本宅を訪ねたのであろうか？　山内は，この訪問の直後に公表された「稲の刈り方」の文中において，「不遜なる追従者あり」と名指しは避けながらも森本を非難しており，怒りは未だにとけていなかったのである。

そこで山内訪問の理由を探る手掛かりを探してみると，一つだけそれらしき事実が浮かび上がって来る。くだんの短報（「稲の刈り方」）に挿入された石庖丁の写真には，出土遺跡名が記載されていないが，後年再録された『山内清男・先史考古学論文集　第四冊』では，「大和新沢村発見」とキャプションが加えられている（第1図参照）。

「新沢村」のどの遺跡かは不明であるが，仮に石庖丁大量出土遺跡として著名な「新沢一遺跡」ならば，森本は大正8（1919）年9月16日に「発掘」を行なっているのである（奈良県立橿原考古学研究所 2011）。また，「弥生式文化と原始農業問題」（森本 1933b）において提示された4点の石庖丁写真（「第七図版」／次頁第3図左）のキャプションは「大和国高市郡新沢村一発見」となっており，山内（1934）掲載写真（第3図右）の各石庖丁の形態・破損の部位・状態および配列も同じなので，前者の「第七図版」をそのまま転載したものと推定される[6]。山内はこの遺跡出土の石庖丁の写真の転載の許諾を得るために，あるいは写真原版の借用のために，これまでの不愉快な経緯を腹に仕舞いこんで森本宅を訪問したのではなかろうか。筆者の推定の当否はともあれ，この訪問の折に，石庖丁の用途論を近く公表する旨の発言があった可能性は十分にあると思われるのである。

もっとも，この会談で山内が話した内容を，森本（1934a）が丸ごと「失敬」したとは，筆者も考えてはいない。次の森本の「釈明」を読めば，山内と同様の所見を以前から胸に抱いていたことは明白である[7]。

「昨昭和8年9月のことであります。両角守一氏が上京して御訪ね下さいました際，石庖丁

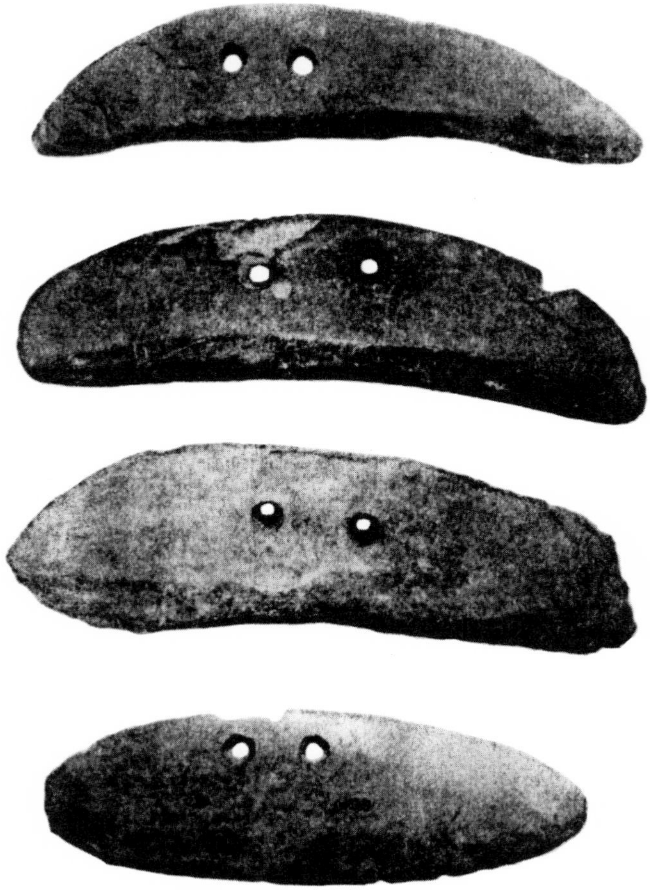

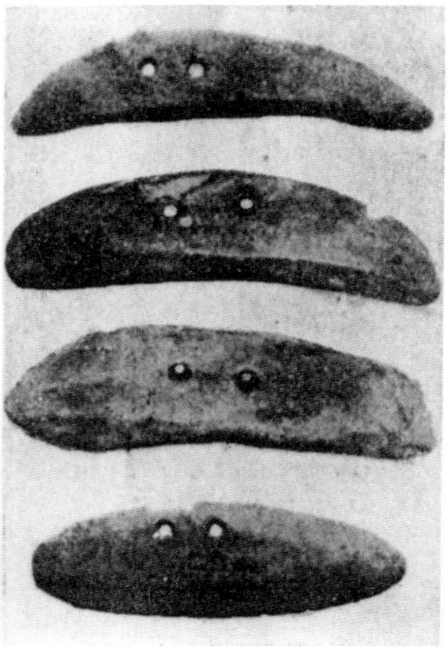

第３図　森本六爾編『日本原始農業』掲載「第七図版」（左）**と山内清男「稲の刈り方」**（『ドルメン』三巻四号）**掲載写真**（右）**の比較**（後者に出典の明示がないことに注意）

は稲を刈るに穂だけ摘むだものであらうと申し上げて置きました。両角さんが「再び上代に於ける鎌に就て」を御執筆下さいました『日本原始農業』93頁中に，其の私の意見を銘記引用下さいましたことは，全く同氏に感謝する次第であります。かの『日本原始農業』を契機として，石庖丁は一層注意を惹くに至りましたが，尚鎌とすることに疑問を抱く人々もあると聞きましたので，私は本昭和９年３月号の『考古学』で，石庖丁は一種の鎌として使はれ得たこと，又その場合穂を摘んだものであることを，簡単に答へて置きました」（森本1934b→1943：172頁。傍点は引用者）

以前から森本はこのような考え（上記引用文の傍点部分）を持っていたので，山内による短報

(「稲の刈り方」) 公表の予定を知って，おおいにあわてたのであろう。発行期日を大幅に繰り上げたのは，山内 (1934) を出し抜くための工作であったとしか考えられないのである。

筆者がこの間の事情に疑問を抱いたくらいであるから，当事者である山内も不信の念を募らせたと推察されるが，『日本遠古之文化』(補註付・新版　1939年) の「補註」(森本の先行研究無視の姿勢に対する批判が多々記載されている) に於いてこのことに触れていないし，上述したように，未発表草稿でも言及していない。冒頭に述べたように，実は石庖丁の用途に関しては既にJ. G. アンダーソンが大正12 (1923) 年に指摘しており〔Andersson 1923→三森定男訳 (1941：8頁)〕，この文献は甲野勇によって早々と日本の考古学・人類学界に紹介されているのである[8] (甲野 1925)。さらに少し時代は下るが，八幡一郎 (1940) も，

「磨製石庖丁ト鉄製同制《ママ》品トノ関係ハ早クあんだ《ママ》ーそん《ママ》博士ガ考証シタ。即チ北支那ノ高粱栽培地帯ニ於テ，現在高粱ノ穂ヲ摘ム為ニ使用サレル鉄製ノ銍鎌ガ，形ノ上デ新石器時代ノ磨製石庖丁ニ似ルコトヲ指摘シ，夫ノ残存シタ器具ト見タノデアル」(八幡 1940→1980：182頁。傍点は引用者)

と石庖丁の用途論におけるアンダーソンのプライオリティを明記しているのである。東京帝国大学人類学教室関係者の間では，上記のアンダーソンによる所見は，既に周知の事実なのであり[9]，山内が石庖丁の機能や具体的な使用法に関する所見に対してプライオリティを主張する余地はなかったのである。これが，山内 (1934) を森本が出し抜いても，露わに怒りを示さなかった理由と筆者は考えている。森本は，アンダーソン (1923) の存在とその内容について横井 (1927：78～80頁) を通して知ってはいたものの，原典 (英文) をつぶさに読んではいなかったのではなかろうか[10]。このため，石庖丁が「穂刈り」に用いられた道具であるという「創見」を自らのものであると信じ，公表を急いでしまったのであろう。

山内が鹿野忠雄の「剽窃」に怒りを露わにしたのは，「貝庖丁」に関わる所見であったからであり，このこと (貝庖丁と石庖丁の用途の共通性) こそ，山内の創見だったのである。

5.

以上，「鉄棒引き」的議論に終始した観が強く，恥じ入る次第であるが，山内清男による研究上のプライオリティに関する問題意識の一端を紹介できたのではないかと思う[11]。かつて山内による「縄紋」の施紋技法の発見について，海外の人類学者による民族レポートをヒントにしたのではないかと疑った先学がいたが，上述した観点からこの問題をもう一度洗い直してみると，新しい解釈が見えてくるかも知れない。今後の課題としておきたい。

最後にもう一言。『ドルメン』昭和9年4月号所載の「稲の刈り方」と『山内清男・先史考古学論文集　第四冊』再録のそれと比べると，いくつもの相違を指摘できる。第一に，掲載写真において，石庖丁の点数が後者の方が2点増えている (本稿第1図中段参照)。また，「鉄鎌」の写真では，後者において「天地逆転」を修正している (同図下段参照)。第二に，前者では石庖丁・

「鉄鎌」写真のキャプションが共に省略されている。第三に，「挿図に関して御配慮を忝ふした甲野氏に深謝する」（引用者註：アンダーソンの著書中の挿図の複写提供のことか？）という謝辞が後者では削除されている。第四に，この短報末尾の「土師器の底に見られる藁製の敷物などは，云々」の部分において，後者では「土師器」の頭に「津軽地方発見の」という文言が挿入されている。第五に，後者に掲載された「蝦夷産業図説」中の２枚の絵は，上述したように，新たに挿入したものである[補注)]。

このように，『山内清男・先史考古学論文集』は，初出の原典と突き合わせると，ところどころ新たに手が加わっていたり，削除したり，修正したりしたところがあるので，論文の内容を厳密に検討する場合は，初出文献に当たる必要があることを痛感する次第である。『山内清男・先史考古学論文集』中から引用しながら，それを明記していない研究者がかなりいるが，厳に慎むべきである。

謝辞

本稿を草するにあたり，下記の方々から頂いた文献や情報を活用致しました。日頃のご厚意に対し深く感謝致します（五十音順　敬称略）。

中村豊・浜田晋介・平田健・守屋幸一

あとがき

池上悟さんがとうとう古稀を迎えられた。まことにおめでとうございます。池上さんは，私にとって中央大学の一年先輩であり，専攻分野が異なるものの目標とする研究者の一人でもあった。昭和45（1970）年４月の上旬，水道橋キャンパスにあった木造の汚いサークル室で初対面の挨拶をしてから丁度50年目となる。当時氏は，もう時代遅れとなっていた学帽を被り，詰襟の学生服を着用していた。足元をみると，何とゲタ履きであった。学園紛争が激しかった時代において，この風貌は異様に映った。「反体制」の姿勢を示す当時の学生一般の風潮に，敢えて異を唱える自己主張のように私には見えた。爾来，池上さんには，研究・仕事両面において種々お世話になってきている。その感謝の意を込めて，ここに謹んで小論を敬愛する池上悟博士に献呈する次第であります。

註

1）　浜田（2018）は，「原始農業をめぐって―プライオリティーの所在―」という章を設け，山内の原始農業に関わる創見を森本が侵害している事実を克明に解説している。

2）　一時森本と親しい間柄であった樋口清之も「あの人（引用者註：森本）は人の論文を窃《ママ》る癖がありました」と漏らしたことがあったという（守屋　2018：70頁）。

3）『考古学』５巻６号巻末の「編輯所日記」によると，３月号の次号４月号は，「４月９日」に「大半校了」とあり，4月14日に「口絵と表紙原稿を送る」とある。やはり表紙原稿の送付は校了後であったことが確認出来る。ちなみに，この号の実際の出来上がりは，奥付にある「4月20日」ではなく，「4月25日」であった。

4）例えば「依然として日本遠古の文化は内地が一様に縄文系から弥生式系に移ったとの『無邪気な慣用語』に籠って，縦横の論を進める人も少なくないやうである」（森本 1933c：7頁）という部分は，山内が『日本遠古之文化』で展開した所説に対する揶揄と言わざるを得ない。

5）縄紋文化が各地方において大差なく終了するという山内の主張に対し，森本（1933c）は，縄紋文化が弥生式の時代や古墳時代まで残存していることを多数の事例から主張している。試みに，森本が挙げた縄紋式・弥生式・祝部式「共伴」遺跡の事例を，原典にあたって検討してみたところ，層位的に共伴関係が示されていなかったり，単なる表採品を証拠として提示したりしていたことが判明している（大村 2014：130頁）。

6）ただし，後述するように，『山内清男・先史考古学論文集・第四冊』に再録された短報では，この第七図版に提示された4点の石庖丁の他に，もう2点追加されている。森本1933bの挿図2（石庖丁実測図）の資料番号4と9の石庖丁がそれである。公平を期すためにあえて付言するが，桝形囲貝塚出土の土器底部に残された稲籾圧痕の写真図版を「多くの著書教科書に無断引用された」（山内 1943→1967：206頁）と憤慨する山内が，森本の資料の転載にあたって，仮に許諾を得てあったとしても，そのソースを文中に明記しないのはいかがなものかと思われる。

7）この森本論文で引用する両角（1933）に記述された森本の教示内容（石庖丁の用途に関わる）は，森本（1933a，1934a）とほぼ同内容である。

8）ただし，石庖丁に関わる記載は紹介されてはいない。

9）山内（1943→1967）において，「石庖丁の用途その他については1923年Andersonが説いて居ることは周知のことである」と明記している（引用者註：山内による「Anderson」のスペルは，原文のまま）。

10）横井によるアンダーソン著『中華遠古之文化』の紹介文には，石庖丁と「同形式の鉄製品が今支那で用いられてゐる」として，後年山内（1934）が転載した写真と同じものが掲載されている。ただし，その用途については「高粱を切り取るに用いられてゐる」としか書いておらず，「穂刈り」なのか「根刈り」なのかは説明されていない（78頁）。

11）また，石庖丁の用途に関する山内の所見が，弥生文化研究者にほとんど等閑視されている現状（小林 1937；酒井 1985）の中で，学史上の偏向をただすことができたのではないかと思っている。近年，NHKテレビにおいて，森本六爾に関わる特集が放映されたが（「反骨の考古学者　ROKUJI」令和元年7月6日），弥生式農耕論が森本によって初めて主張されたかのような印象を与える内容となっていた。申し訳程度に弥生式農耕論の先駆的業績として山内清男の『日本遠古之文化』の一節が紹介されてはいたものの，山内清男が学界に報告した桝形囲貝塚出土の「石器時代」土器底部の籾痕発見の事実（山内 1925→1967）についても，森本はそれよりかなり以前に籾痕圧痕が，弥生土器底部に存在することに気づいていた，という解説があったのである。これは藤森栄一の「小説」（藤森 1967）の記述（森本の弟の証言に基づく：60頁）を参考にしたものと推定される。しかし，これについて浜田晋介は，「藤森がここで述べるような事実を裏付ける文献はなく」，「仮に原始農業の想定を（森本が）懐いていたとしても，その『不思議』を温めていただけであり，学問的なプライオリティはない」と既に指摘していたところである（浜田 2018：265頁。括弧中の語句は引用者）。この特別番組をよく観れば大筋においては間違いないのであるが，山内清男のプライオリティに対する森本の侵害について具体的な紹介がなかった点は遺憾である。人物評価における「光」と「陰」は公平に扱わねばならない。本稿は，この番組の補完をなすものというべきである。

補注

本稿の公表後，もう一点初出文献を修正している事実を確認した。山内（1934）において，「また徳川末期のアイヌは同形の貝に孔を穿け，これを紐で指にかけ粟の穂を切って居る」とあるが，山内（1967）では，「……稗の穂を切って居る」とある（傍点は引用者）。

引用参考文献

Andersson, J. G. 1923 An Early Chinese Culture.（Bulletin of the Geological Survey of China. No. 5）→1941，三森定男訳「支那遠古之文化」『支那の原始文化』四海書房　所載

大村　裕　1993「ある学史の一断面─『日本先史土器の縄紋』の刊行と塚田光─」『下総考古学』13号　下総考古学研究会

大村　裕　2014『日本先史考古学史講義─考古学者たちの人と学問─』六一書房

甲野　勇　1925「J. G. Andersson: An Early Chinese Culture. 1923」『人類学雑誌』40巻11号

小林行雄　1937「石庖丁」『考古学』8巻7号　東京考古学会

酒井龍一　1985「磨製石庖丁」『弥生文化の研究　5巻　道具と技術 I』雄山閣

佐原　眞　1984「山内清男論」『縄文文化の研究　10巻　縄文時代研究史』雄山閣

高橋　徹　1977『明石原人の発見─聞き書き・直良信夫伝』朝日新聞社

田村晃一　1988「山内清男論」『弥生文化の研究　10巻　研究の歩み』雄山閣

奈良県立橿原考古学研究所　2011『森本六爾関係資料集　1』由良大和古代文化研究協会

浜田晋介　2018『弥生文化読本─学史から読む研究の歩み─』六一書房

藤森栄一　1967『二粒の籾』河出書房

三森定男　1971「考古太平記」『古代文化』23巻1号　財団法人古代学協会

森本六爾　1933a「日本に於ける農業起源」『ドルメン』2巻9号　岡書院

森本六爾　1933b「弥生式文化と原始農業問題」『日本原始農業』東京考古学会

森本六爾　1933c「東日本の縄文式時代に於ける弥生式並びに祝部式系文化の要素摘出の問題」『考古学』4巻1号　東京考古学会

森本六爾　1934a「稲と石庖丁」『考古学』5巻3号　東京考古学会

森本六爾　1934b「石庖丁の諸型態と分布」『考古学評論』第一輯→1943『日本考古学研究』桑名文星堂

守屋幸一　2018「鳥居龍蔵と國學院大學と上代文化研究会の学生たち　附：上智大学鳥居人類考古学会」『鳥居龍蔵研究』4号　鳥居龍蔵を語る会

両角守一　1933「再び上代に於ける鎌に就て」『日本原始農業』東京考古学会　所載

山内清男　1925「石器時代にも稲あり」『人類学雑誌』40巻5号→『山内清男・先史考古学論文集・第四冊』再録

山内清男　1932a「日本遠古之文化　五　─四，縄紋式以後（前）─」『ドルメン』1巻8号　岡書院

山内清男　1932b「日本遠古之文化　六　─四，縄紋式以後（中）─」『ドルメン』1巻9号　岡書院

山内清男　1933「山内清男　磨製片刃石斧の意義　著者抄」『考古学年報　第二輯　昭和七年度』東京考古学会

山内清男　1934「稲の刈り方」『ドルメン』3巻4号　岡書院
山内清男　1939『日本遠古之文化』（補註付・新版）→1967『山内清男・先史考古学論文集・第一冊』再録
山内清男　1943「貝庖丁と石庖丁」（未発表草稿）→1967『山内清男・先史考古学論文集・第四冊』収載
山内清男　1967「第十七　稲の刈り方」『山内清男・先史考古学論文集・第四冊』先史考古学会
八幡一郎　1934「日本原始農業問題」『歴史公論』3巻5号→1979『八幡一郎著作集　第3巻　弥生文化研究』雄山閣
八幡一郎　1940『熱河省南部ノ先史時代遺跡及遺物』第一次満蒙学術調査研究団報告第六部　第三編→1980『八幡一郎著作集　第4巻　北アジア考古学』雄山閣
横井　肇　1927「考古見聞記」『考古学研究』第1輯

VII. 和島誠一の精神
—下総考古学研究会創立の学史的背景—

はじめに

千葉県北西部を拠点にして産声を上げた下総考古学研究会は，2013年で創立50年目の節目を迎えた。この会には，創立当初考古学を専業とする者は誰一人いなかった。中学・高等学校の教職員・自営業者・工場の労働者・学生，高校・中学校の生徒等種々雑多な立場の人たちで構成されていたのである。ただ，当時日本考古学の主導的役割を果たしていた明治大学で後藤守一・杉原荘介の指導を受け，しかも学外にあっては原始・古代集落址研究の第一人者の和島誠一に多大な影響を受けて来た高橋良治・塚田光の他，國學院大學に於いて大場磐雄のもとで研鑽をしていた小山勲，貝塚研究の権威・酒詰仲男の指導を受けて来た江森正義などを擁する，在野研究者集団としては相当な実力を持ったグループであり，学界から一定の評価を受けていたことも事実である。

この50年の間に，上記の主要メンバーのうち，高橋以外はすべて物故し，当時彼らを支えていた多くの仲間も種々の事情から会を離れているが，それでもなお会は力強く存続し，数多くの共同研究を世に問いつつ，数十年前行われた中峠遺跡の発掘調査報告も着実に作成して，貴重なデータを学界に提供し続けて来ている。創設50周年の節目を迎えるに当たり，それらの成果を意義付けるのも一つの方向であるが，本会の理論的指導者・塚田光逝去後30余年の成果は，筆者自身が深く関わっており，「自画自賛」に陥る危険性がある。それよりも，下総考古学研究会結成の「産婆役」ともいうべき和島誠一（会の主要創設メンバーである高橋良治や塚田光が強く影響を受けた研究者）の生涯・学問を検討することによって，本会が設立された学史的背景を探り，本会が積み重ねて来た共同研究の意義を日本考古学史の中に位置づけてみたいと思う。

なお，本稿はあくまで和島と下総考古学研究会との関わりに絞った論考であるので，彼の広範囲に及ぶ活動のすべてに言及していない。また彼の詳細な経歴も，学問形成と密接不離の関係にあるが，紙幅の関係で省略した。和島（1973），守屋幸一編（2007）に詳しいので参照されたい。

1. 和島考古学の原点

ここでは，和島誠一の考古学入門の背景をより鮮明にするため，彼の周辺の研究者たちの原始・古代史入門の動機を整理する。

（1） **渡部義通**（1901～1982）

『日本歴史教程』（白揚社）刊行のリーダー的存在であった渡部義通は，1928（昭和3）年3月，「三・一五事件」と呼ばれる一連の共産主義者への弾圧事件で囚われの身となる。勉強家の彼は，市ヶ谷拘置所に於いてマルクス主義に関する古典類やロシア語の学習を始めるのであるが，入所後程なくして左翼関係の本の差し入れが禁止されるようになると，日本史の学習に切り替えることになる。その理由について渡部はこう語っている（渡部ほか 1974：124頁）。

「二七年テーゼが出たとき，ぼくは非常な感動をもってこれを読んだものだが（中略），それ以来，日本の構造的特質を考えるために，明治維新までさかのぼって，それとの関連において，歴史的に研究する必要があることを痛切に感じていたからである。（中略）二七年テーゼを読んで当時のコミュニスト，特にインテリ分子は，自分らがあまりにも史的日本を知らなさすぎていたことに愕然として，日本研究，その史的研究の必要に目を開かせられていたんだ。」

こうした日本史研究への傾斜は渡部に限ったことではなく，当時に於ける日本の共産主義者一般のことであったと石堂清倫も回想している（石堂・五味川編 1974：90頁）。西洋の思想の輸入に急で，足元の日本の現状・成り立ちに関心が薄かったという反省が日本史研究に向かわせたということであろう。それで，岩田義道ら多くのマルクス主義者は我が国の変革（「革命」）の客観的条件を見極めるために明治維新の学習に進むが，渡部は，「日本の原始社会から階級社会の成立，国家の起源，その国家の性格など」を究明し，「圧制者の鼻をあかしてやれ」（渡部ほか 1974：124～125頁）と考え，原始・古代史の勉強を目標に据えることになる。この問題意識が『日本歴史教程』に活かされて行くことになるのである。

次に，渡部の上記回想中に指摘された，「日本の構造的特質」とはどのようなことなのであろうか。このことについて少し考えてみよう。

田中義一内閣の成立以降，マルクス主義者に対する弾圧は苛烈さをまし，三・一五事件（1928年）では，一日で1500人が検挙され（その後の波状的検挙で3400人），四・一六事件（1929年）では一日で700人，その後の波状的検挙で4000人もの人々が逮捕された（立花 1983a：218，315頁）。そして，1933年以降「根こそぎ」的な取締りが展開され，治安当局は完全に彼らを封じ込めることに成功するのである。復刻版『思想月報』15号（文生書院　1973年）によれば，1933年には何と1万4622人の検挙者を数えたという。ところで，こうした一連の弾圧の嵐が吹きすさぶ中，五・一五事件（1932年）を起こした青年将校らに対する国民大衆による助命嘆願書は100万通を超えていたのに，ほぼ同じころ一網打尽にされたマルクス主義者には，大衆の同情がほとんど集まらず，大規模な抗議行動も起こらなかったのである。

なぜ，マルクス主義者たちと大衆との間に連帯が生まれなかったのであろうか。その最大の理由が，戦前の日本国民一般に定着していた「農民体質」に対するマルクス主義者たちの無理解にあったと立花隆は指摘する（立花 1983a：417〜419 頁）[1]。すなわち，当時の彼らが「打倒目標」とした天皇は，「農耕社会における農耕神への土着宗教の祭司」だったのであり，その否定を第一の前提条件とする共産党イデオロギーは大衆の受け入れるところとならなかった，というのである。このことの反省が石田英一郎や大間知篤三ら 20〜30 人のマルクス主義者を柳田國男のもとに走らせ（石堂・五味川編 1974：90 頁），渡部義通を日本古代社会研究に向かわせたのではなかったか。「敵」と認識していた「天皇制」の由来の探究だけではなく，「味方」と信じていた大衆社会の構造の解明こそが当時のマルクス主義者たちの大きな関心事となっていたのである。渡部が『日本古代社会』（三笠書房　1936 年）を発表したのは，日本国家の起源の探究の他に，そうした問題意識があったと思われる。そして，文献では確認出来ない原始・古代の社会（共同体）の実体解明を，まだ若かった和島誠一に託したのではないかと筆者は推定するのである。ちなみに，和島との邂逅後上梓された『日本歴史教程　第一冊』における渡部の「第１章第３節　原始氏族制度」を詳細に検討すると，エンゲルスの『家族，私有財産および国家の起源』をそのまま引き写した部分が随所に認められる。『日本歴史教程　第一冊』に叙述された所説は，エンゲルス等の学説を日本の先史時代に当てはめただけ，という批判の根拠はここにあると思われる。しかし，渡部自身，既出の考古学的データでエンゲルスの学説を検証出来ないもどかしさを一番感じていたからこそ，青年マルクス主義者の和島を考古学に引き込んだのである。

(2)　栗山一夫（赤松啓介　1909〜2000）

三・一五事件以降，治安当局は波状的にマルクス主義者への弾圧を繰り返すが，検挙された人々の多くは「起訴留保」「起訴猶予」で釈放されている。赤松啓介（この名前はペンネームであるが，こちらの方が広く知られているので以後この名前で記述する）もそうした一群の人々の中の一人である。赤松は戦闘的無神論者同盟（「戦無」）で活動していた折，共産党のデモに参加して逮捕された仲間の自供により，芋づる式に検挙される（1934 年）。この時は，「初犯」だったせいか，「誓約書」（二度と左翼的な活動をしないというような内容）を書かされ，「田舎へ帰って百姓をする」ことを条件として半年後に釈放される（赤松 1980：27 頁）。そして，田舎に追放されたことを希貨として，「東播古墳調査委員会」を結成し，加古川流域の古墳の基礎調査を展開したり，「ハリマ・フォークロア・グループ」を結成したりして，労働者・農民を巻き込んだ，考古学・民俗学の「地域研究」（地方の文化運動）を展開することになるのである。その真の狙いは，直接的な左翼運動を展開出来ないので，「それ（引用者註：地方の文化運動）を手段とする政治活動」であったという（赤松 1971：11 頁）。すなわち，「日本共産党の合法的活動を仮冒するための，一つの道具として意義づけていた」のであった（赤松 同上）。「中央集権的な」柳田國男の民俗学（赤松 1980：28 頁）に対し，自ら地域に溶け込み，自ら民間信仰の信者となって，社会の「最底辺」の人々（「非常民」）の「民俗」をも直接取材する赤松の民俗学は，現在極めて評価が高い（アカデミーからも「世間」からも）が，考古学の方面は前者に比べて評価は必ずしも高くない。資金が乏しいため，組織的な発掘調査をすることが出来なかったこと（従って議論が「赤松民俗学」のように具体的でなく，抽象論・観念論に終わっている），および当時目覚ましい勢いで進展していた編年学的成果が取り入れられていなかったことによると思われる。しかしその研究手法や組織論には瞠目すべきものが含まれている。以下に彼の回想（赤松 1971・1980）の中からその手法を摘記する。

①加古川流域の遺跡群の悉皆所在調査（埋蔵文化財の基礎調査）を集団で実施。資料を共同のものとする。

②専攻部門を調整し，お互いがお互いのカードの一枚となるように共同研究と共同調査の機構を建設する〔引用者註：種々の専攻分野の研究者たちが組織の歯車となって，共同調査・研究を推進することが出来るように，専攻を調整・管理する組織をつくるということか。具体的には戦後発展した総合調査のようなものをイメージしていたらしい（赤松 1956→2000：189頁）〕。

③お互いの所蔵図書を公開し，共同利用する。

そして，こうした組織論・方法論を駆使した調査・研究の成果を以下のように意義づけるのである。

〈従来の考古学的研究は，個人的な営為であったので，個々の遺跡・遺物の精密な研究は可能であっても，広汎な地域にわたる統一的な研究は不可能であった。これに対し，自分たちの地域研究（組織的調査研究）は，個々の遺跡の精密な調査は（経済的な理由から）困難であるかわり，人海戦術で地域に於ける悉皆的な調査が可能であるため，一定地域に所在する全遺跡の統一的な研究が可能である。そしてその成果は将来の精密な研究の基礎を築くことが出来る。そこにこそ地域的研究の意義がある〉（赤松 1937→1990：145～146頁を要約。傍点は引用者）。

後年の和島誠一が，『横浜市史　第一巻』を執筆するために市民と取り組んだ基礎調査（遺跡分布調査），およびその延長線上に位置づけられる市民参加の南堀貝塚・三殿台遺跡調査の目的と方法がここにすべて網羅されているといってよいだろう。赤松がこの共同研究を東播磨の地で地元の若い仲間と推進しているまさにそのとき，唯物論研究会に赤松を勧誘すべく，伊豆公夫の使者として和島誠一が訪問して来たのであった（1935年後半ないし1936年前半）（赤松 1971：7頁，1992→2000：448頁）。

(3)　酒詰仲男（土岐仲雄）（1902～1965）

酒詰仲男は，同志社大学在学中，生物学者の山本宣治（衆議院議員として治安維持法の改悪に強く反対し，それが原因で落命）に教えを受け，強い影響を受けたと言われている（鈴木ほか 1997：65頁）。山本は労農党から衆議院議員に当選しているが，実際は日本共産党と強いつながりを持っていたと言われており，その影響で，酒詰もマルクス主義に対して強いシンパシィを感じていたと思われる。開成中学の教壇に立っていたとき，ある偶然の切っ掛けから同僚の石田外茂一等と「オーソドックスな史書には出ていない史実をさぐる」（石田 1965：62頁）目的で共同研究を始めたのであるが，そのスタンスはマルクス主義に基づくものであり（土岐 1932参照），まずその取っ掛かりとして佐野学（当時日本共産党の幹部）の『日本歴史』（南宋書院　1928年）をテキストにして批判的学習をしたという（酒詰 1967：17頁）。この体験が，1933年，「六・一五研究グループ」に関係した疑いで検挙された折，釈放されたら「歴史の勉強を徹底的にやって」，「将来の社会に幾分たりとも役に立ちたい」（酒詰 1967：14 頁。傍点は引用者）という決意につながっていったと思われる。酒詰は詳しくこの決意の意味を説明していないが，日本国家の成り立ちを科学的に解明し（すでに酒詰には，『日本国家成立過程小論』白林社　1932 年という著書がある），ひいては「国体」の虚構を突き崩して社会の民主化に役立ちたい，という狙いがあったと思われる。渡部義通が三・一五事件で検挙された折，「日本の原始社会から階級社会の成立，国家の起源，その国家の性格など」を究明し，「圧制者の鼻をあかしてやれ」（渡部ほか 1974：124～125 頁）と考えたのと同様の決意をもっていたということであろう。さて，酒詰が検挙された「1933 年」とはどのような年であったのであろうか。かの著名なマルクス経済学者の河上肇が 1 月に検挙され，同年 7 月 7 日に「獄中独語」（河上 1933）を主要日刊紙に公表した年なのである。佐野学と鍋山貞親の転向声明があった翌月のことであり，拘留中・獄中の共産主義者の雪崩現象的「転向」を生んだ衝撃的「転向」声明であった。そこには，「実際運動とは（中略）全く関係を絶ち，元の書斎に隠居する」，そして「資本論の翻訳だけは生命のある中にまとめて置き度い」，「私は自由を得て一日も早くこの仕事を完成して安逸をむさぼる罪の幾分を償ひたい」とあるのである（傍点は引用者）。「以後政治運動は絶対にやらないことと，もう一つは歴史の勉強を徹底してやって，何とかそれを生涯の仕事とし」「将来の社会に，幾分たりとも役に立ちたい」（酒詰 1967：14 頁）とした酒詰の思考と何と類似していることか。酒詰が逮捕されたのは河上が声明を出した 1933 年 7 月であり（以後約 1 か月間拘留），河上の「転向」の影響を受けなかったはずはなかったと思われるのである。実践運動から脱落する罪悪感（酒詰は共産党員ではなく，極めて外縁に属する「シンパ」にすぎないが），そしてそれを多少とも緩和する手段としての学問（民主社会の実現に役立つ学問）への精進の決意。酒詰による唐突とも言える先史考古学入門の背景には，こうした事実が横たわっていると推察されるのである。酒詰は釈放後，共同研究者の石田外茂一に会ったとき，うなだれる石田を前にして，「口をかんで（何も）言わなかった」（石田　同上）という。尋問中に官憲から受けた種々の屈辱に対し，怒りのやり場に困っていたことであろう。これは活動を完封された当時のマルクス主義者の多くが体験したものであり，酒詰を始めとする一部の研究者にとって，それが学問への激しいエネルギーとなったのである。ちなみに愛弟子の岡田茂弘は，酒詰が大山史前学研究所の無給所員であった頃，所員たちが 3 時にはお茶を飲み，「昼は皆でテニスをやる」ことに対し，「レクレーションをしながら学問をするのは全く馴染めなかった」と語っていたことを証言している（岡田ほか 2001：8 頁）。酒詰にとっての考古学は，死ぬような思いで取り組まなければならなかったものなのであり（岡田ほか 同上），その脳裡には社会の改良のために命を投げ出した師の山本宣治の姿が常に浮かんでいたことであろう。くだんの和島誠一も，この年の 10 月に検挙されているのであるが，共通の思想を持ち，共通の体験を有する二人が無二の親友になるのは必然の結果であったといえよう。

2. 和島誠一（三澤章）の考古学入門（早稲田大学退学直後：1934年）

(1) 入門の動機

和島は，早稲田大学文学部史学科に入学した直後，共産主義青年同盟と関係を持ち，学内に読書グループ（エンゲルスの『家族，私有財産および国家の起源』）をつくろうとしたかどで杉並警察署に拘留される（1933年10月）（渡部 1973：4頁）。釈放後（この頃早稲田大学を退学），和島は唯物論研究会に出入りするようになるが，そこで永田広志と出会い，彼の紹介状を携えて渡部義通の自宅を訪問する（1934年初夏）。訪問の趣旨は，

〈自分は病弱で実践活動をする自信がないので研究テーマを決めて研究者の道を歩みたい。ついてはその方向性を定める上で相談に乗って欲しい〉

というのであった。酒詰仲男と同じ経緯をたどって学問の道に進もうとしていたことが分かるであろう。その目的もほぼ同じものと推定される。以下長くなるが，ここで渡部が与えた助言を引用しよう。

「“考古学をやってくれるといいがなあ”とぼくは思ったんです。なんども語ったように，ぼくは原始～古代の勉強を手がけてからの数年間，考古学の知識の不足に悩んできたが，考古学上の無知は当時の“マルクス主義史学”の共通の欠陥であった。しかも，われわれの知識不足だけが問題なのではなく，考古学界のあり方と状況そのものにも問題があったし，ぼくの不満があった。遺跡・遺物が歴史の所産である限り，それを専門に研究するひとびとに，やはり歴史についての勘と史観がなけりゃならんはずでしょう。それの有る無しによって，発掘の重点も整理の方式も当然ちがってくる。ところが以前は，歴史学と考古学とはまったく別個の学問で，両者を結びつけるようなやり方は，どちらの側からも，学問的邪道である，といったふうな伝統があって，それがなお根強く残っていた。そうした“学風”をつき破って考古学と歴史学を結びつけることが大切だし，そのために，ちゃんとマルクス主義史観を身につけた考古学者が出なければならない。―そうした問題がいつも頭にあったものだから，そのことを和島にくわしく話して，“だれかが果たさなければならないことだから，生涯の仕事として考古学をやってはどうだろうか”と勧めたわけです。」（渡部ほか 1974：166～167頁。傍点は引用者）

この助言は，以後の和島の考古学研究の重要な指針となるのである。戦前は考古学的知識と技術の習得のため，オーソドックスな発掘報告を自ら手掛けているが，戦後に至ると，俄然様相が異なって来る。和島の主要著作一覧（和島 1973の巻末収載）を分析すると，戦後，本格的な報告書を中心となってまとめたり（分担執筆はあるが，遺物や遺構などに関するまとまった項目の担当は外れている），考古学の専門誌に研究成果を発表したりすることはほんのわずかとなり，歴史関係の専門誌や一般向けの歴史関係書籍での発表が目立つようになって来るのである（116点中36点）。これは，戦後マルクス主義史学が流行となり，文献史学の側からこの史観に立った考古学的成果

の紹介が求められるようになったため，戦前からマルクス主義の方法を採り入れて成果を挙げて来た数少ない研究者として，和島が執筆を要請される機会が増えてきたことが背景にあると考えられる。まさに渡部が期待した役割を和島は見事に演じたと評価することが出来るであろう。

さて，和島が考古学に入門した頃（1930年代後半）に話を戻し，当時の和島の学習状況を探ってみよう。

和島は，渡部の助言を受けた数日後，再度渡部宅を訪問し，「“考古学をやってみます”ときっぱり返事」する。そしてそれからは，「稀にみる慎重さとねばり強さで多量の文献を読み漁り内容を的確にとらえ」，一年ほども経つと渡部にとって，「またと得がたい考古学の教師になっていた」というのである（渡部 1973：7頁）。

1935年春，渡部は，唯物論研究会のメンバーである早川二郎，伊豆公夫，秋沢修二らに呼びかけて，日本通史に関する共同研究を立ち上げるのであるが，そこに若い和島も参加し，「考古学関係資料の主役を演じながら，その共同研究をつうじて資料の歴史的意味をつかみ，考古学における新しい視点を発見し，考古学と歴史学を結びつける新しいタイプの考古学者として成長していく」（渡部ほか 1974：167頁）ことになる。そして戦前に於ける「科学的原始古代史学の金字塔」と称揚される『日本歴史教程』（白揚社）が刊行されるのである。

(2) 『日本歴史教程』刊行の背景

長い間アカデミーに属する知識人たちから敬遠されていたマルクス主義が，「教養主義の上級バージョン」となって，学生・知識人たちの間で急速に流行したのは大正時代半ば以降のことであるという（竹内 2001：36頁）。1928（昭和3）年の「三・一五事件」（全国1道3府27県で共産主義者たちが一斉検挙された事件）において，逮捕者約1600人中，高等教育程度の学歴（帝大，旧制高校）を持つものが全体の28%を占めていたことはこれを裏付けている。当時の高等教育機関在学者は同一年齢人口のなかでたった2%（1925年）であるから，逮捕者に於ける知識人の割合がいかに著しいものであるかが分かるであろう（以上，竹内 同上：18～19頁による）。このような空気の中で，マルクス主義系の著作は，読書人の需要を十分に満たす手堅い商品となって行くのである。ちなみに，マルクス主義関係の出版物を多数扱っていた白揚社の社主は，マルクス主義の普及を志す「進歩的」な経営者ではなく，単なる「商売人」であって，「階級的見地」を求めるのは無理であると野呂栄太郎が渡部義通に助言していたという（渡部ほか 1974：181頁）。マルクス主義に関する書籍を当時出版することは，一定のリスクを覚悟しなければならないが，読書人の間にマルクス主義への関心が高まっている折柄，投資効果が充分に期待出来る事業だったのである。それ故，マルクス主義関係の基礎的文献の多くが岩波文庫に入れられ（立花 2005：37頁），1930年代における当該関係書籍は何百冊とあったのである（石堂 2001：346頁）。日中戦争が始まる1937（昭和12）年までは，学問に限っていえばまだまだ治安当局は大目に見ていた（直接天皇制の禁忌に触れない限り）のであり[2]，その動向を窺いつつ，出版人は「商売になる」マルクス主義系書籍の刊行に熱心であったのである。信じられないことであるが，日中戦争が始まり，当局の思想弾圧が苛烈さを増した1937年段階でも，「右寄り」の日本評論社（上杉愼吉の『憲法読本』，穂積重遠の『民法読本』などを刊行）がマルクスの『資本論』1巻を刊行すると，発禁とはならず，却って「非常な売れ行き」を示し，日本銀行では，職員の間で資本論研究会を組織して，そのテキストにしていたというし，陸軍省経理局の「森大佐」も，「国防経済学の研究上有用な資料である」と評価していたという〔日本評論社の出版部長をしていた石堂清倫の回想による（石堂 2001：236～237頁）〕。渡部義通や三澤章（和島誠一）らによる『日本歴史教程　第一冊』が刊行された1936年は，まだ辛うじてそのような時代であったのである（ただし実践活動には，先述したように，1928年以来厳しい弾圧が展開されていた）。従ってこのシリーズも当初売り上げ上々で，白揚社社主は気を良くして第二冊の巻末に「はやばやと第三冊の“近刊予告”まで出し」ていた（第三冊の執筆陣がまだ固まっていない段階であったのにも拘わらず）のである（渡部ほか 同上）。『日本歴史教程　第一冊～二冊』は，一部の研究者が強調するような，「ファシズムの嵐の中で」敢然と刊行されたものではなく，十分に儲けになる出版物であると出版社が認め，これを容認する風潮がまだ多少残存していたから実現したというのが真相であろう。渡部義通は1940年，『日本歴史教程』を含む一連の著作活動を理由に捕縛されるが，それは日中全面戦争が始まって日本全体の空気が「ガラリと変わった」後のことであり（なお，『日本歴史教程　第二冊』が刊行されたのは盧溝橋事件が勃発する1か月前），1936年～1937年6月の時点では，そうした事態が生まれることを当事者たちは充分に予見できていなかったのである。論より証拠，思想統制が厳しくなった1937年（恐らく第二冊の刊行後）になると，白揚社の経営者は，『日本歴史教程』第三冊の刊行に関して「目に見えて消極的になり」，「推進するという熱意も失い」，渡部たちが「出入りして毎週部屋（引用者註：白揚社社屋の）を使っていることにも不安を感じ」るようになってくるのである（渡部ほか 1974：181～182頁）[3)]。「弾圧を恐れて沈黙を守った実証主義的考古学者」と「ファシズムを恐れず発言を続けた科学的考古学者」という図式的叙述をする研究者が今も少なからず存在する（例えば勅使河原 1995：178頁および189～190頁）が，「レッテル貼り」を急ぐよりも，筆者は研究者個々人の全生涯に亘る研究内容や年譜を丁寧に分析して再評価する必要を感じている。例えば「個別実証主義者」として常に批判の矢面に立たされる山内清男の全業績を俯瞰して見ると，「日本人の起源」を，考古学的手法によって歴史時代→古墳時代→弥生文化→縄紋文化と一系的に遡り，その「原郷土」を探り出そうという問題意識が浮き彫りになってくるのである（大村 2008）。それは「皇国史観」と真っ向から対立する方向性を持っていたのではないか。また，「右翼考古学者」と批判される後藤守一は，戦中刊行した少年・少女向けの著書に於いて，「とにかく縄文式文化の人人は，先住民ではない。そのままその土地に住んで居り，古墳文化の中に加はり，そして私ども日本人となったことが明かであります」（後藤 1943：326頁）等などと語りかけ，皇国史観に抵触しかねない見解を披歴しているのである。一方，『日本歴史教程』の執筆者の和島誠一は，1937年以降の激しい言論弾圧の嵐が吹きすさぶ中で激しく動揺し，赤松啓介と共同執筆しようとしていた『考古学』（唯物論全書）の執筆から降りたい旨の書簡を速達で同氏に送っているのである（赤松 1980：29頁）。政治・社会情勢も研究者の思想・立場も刻々と変化をしているのであり，ある一時点で輪切りにした「政治的思想的」評価は真相を見誤る恐れがある。『日本歴史教程』を「政治的思想的」側面から評価する（田辺 1988：164～165 頁など）よりも，むしろ「日本考古学」と「日本史学」をどうにかして結びつけようとした真摯な渡部・和島等の問題意識こそ，高く評価しなければならないのではないかと愚考する。この「教程」に於ける共同研究で鍛え上げられた「和島考古学の原型」（実践の裏付けはなかったけれども）こそが，過去に於いても現代に於いても，日本考古学に欠けているものなのであり，私どもが改めて真摯に受け止めなければならない精神と考えるのである[4)]。

(3)「和島考古学」が目指したもの（「日本考古学の発達と科学的精神」）（和島 1937）

『日本歴史教程　第一冊』（白揚社 1936 年）刊行の 1 年後に，かの有名な「日本考古学の発達と科学的精神」〔三澤（和島）1937→1973〕が『唯物論研究』誌上に公表されることになる。

この論文の評価は様々なところで既に扱われているので詳細は略し，本稿の主題に関係のある部分を抜粋・要約すると，以下のようになるであろう。

① 大正時代は「科学的発掘」が各地で展開され，土器型式の編年的研究，古墳の総合的研究，鏡の年代考定が行われる一方，研究の組織化・専門分化が図られ，実証的研究が著しく進展と評価。

② しかし，上記の実証的研究態度は，無方法な資料追随主義を生み考古学を歴史学から遠ざける傾向を生んだと批判。

③「最近日本考古学の動向」の章では，「原始時代の全社会機構を，遺物遺跡の研究に基づいて再現することが考古学の中枢任務でなければならない」という主張をするマルクス主義考古学者の禰津正志を高く評価。

④ 様式概念を駆使して弥生文化研究を推進する小林行雄や弥生式の原始農業問題を取り上げた森本六爾に一定の評価を与えつつも，文化史・「技術的生産力」の考究に対象を限定していると批判。

⑤ マルクス主義史学者の渡部義通の研究（歴史学と考古学を「正しく」結びつける）やマルクス主義の立場から考古学・民俗学に切り込んでいる栗山一夫の研究（「集団的組織的調査方法」を駆使して「具体的に古墳様式の発達・古墳立地の変遷を追求」）を高く評価。

マルクス主義の立場に立って（意識するとしないとに拘わらず）日本考古学史を評価する一部の研究者たちの思考の原型をここに見ることが出来よう。和島による 1934 年以来の日本考古学学習の一定の総括であり，自らの進むべき道は，③と⑤に示された禰津正志・渡部義通・赤松啓介の問題意識・方法論である，と高らかに宣言したのがこの論文であったと考えられるのである。

しかし，和島の「日本考古学研究」はまだ机上の学習にすぎなかった。大正期以降の動向を概観する中で，土器の研究に関する具体的言及は極端に少ない。禰津・渡部・赤松の研究に関する饒舌ともいうべき言及に比較して，山内・甲野・八幡による縄紋土器の編年学的研究に関する画期的業績をたった 3 行〔三澤（和島）1937→1973：37 頁〕で済ませてしまうのは，不均衡のそしりを免れないであろう。小林行雄の弥生土器研究に関する言及はあるが，小林の抽象的な概念解説（小林 1933）に対するコメントのみであり，実際的な分析に対するコメントはないのである。和島には，実物に触れる機会がまだあまりにも少なく，土器に対する理解には大きな限界があったのであろう。ちなみに，『日本歴史教程』に於ける考古資料の選定はほとんど和島の手になるものと言われているが，「第一冊」の 41 頁に掲載された図中に，縄紋後期に属する安行式前半の土器を「中期」の土器として提示してしまっているのである（大村 2008：58 頁）。一方，同書所載の「金属文化の輸入と生産経済の発達」〔三澤（和島）1936〕は，同時代の先学たちの学説を正確に消化し，考古資料による「歴史叙述」に成功している点で当時としては出色の作品であり，この方面の研鑽を長年積んだ碩学による解説と見紛うばかりの出来栄えである。この，学問上の跛行状態を解消するために，以後，八幡一郎の導きにより各地の遺跡を巡検したり，発掘調査に加わったりして考古学の実際的知識と技術の吸収に努力することになるのである（守屋編 2007）。和島誠一，30 歳前後のことであった。

3. 戦前に於ける和島の考古学研究（東京帝国大学理学部人類学選科入学前後～同大理学部嘱託時代：1938～1945 年）

『日本歴史教程』などの執筆を終えた和島は，理論的な課題を野外調査による考古学的手続きによって検証するために自らの手による発掘を企てた（武井 2007：80 頁）[5]。そして，その目的を古代社会の基礎である家父長制家族の問題に切り込むために原史時代の竪穴と集落に定めて，発掘地の探索を始め，1937 年 11 月には新潟県中頸城郡斐太雪村で八幡一郎・斎藤秀平立ち会いのもとに原史時代に属する 1～2 の竪穴住居址を発掘し，調査技術の習得に努めている（武井 同上）。

明けて 1938 年には，日本軽金属株式会社工場敷地およびその隣接地（東京市板橋区志村所在）に於いて，表土が除去され関東ローム層がむき出しになった区画内（72 m×102 m）に，多数の竪穴住居址の水平断面が現れている情報が江坂輝弥・白崎高保両氏からもたらされる（和島 1938→1973：471 頁）。和島は，師と仰ぐ八幡一郎の助力を得て工場関係者からここの調査の了解を取り，同年 2 月から 8 月にかけて，日本考古学史上空前の当該期集落の発掘に挑むことになる（しかも私費を投じて）。休日を利用して竪穴住居址を 1～2 軒掘るのが精一杯であった当時に於いて，この調査は恐らく周囲の人々の度肝を抜いたことであろう（結局 25 軒の竪穴を全掘したという）。ちなみに発掘の費用（1000 円）は，和島の実父・郷誠之助から引き出したとされる（守屋編 2007：5 頁）。東京帝国大学理学部人類学教室嘱託の某氏の 1 か月の俸給が 60 円（1940 年時点）という事実（酒詰治編 2009：24 頁）を考慮すると，これは途方もない金額である。それはともかく，今まで誰もなしえなかった学問的挑戦を一個人として試みる和島に，若い学徒たちは激しく胸を揺さぶられたことであろう。この調査には，遺跡発見者の江坂輝弥・白崎高保を始め，國學院大學上代文化研究会・日本大学史学会・駒沢大学地歴学会・および早稲田大学の学生たちが応援に駆け付けているのである（和島 1938→1973：479 頁）。各大学の学生の合同調査方式は戦後も横浜市南堀貝塚・同三殿台遺跡の調査等でも取り入れられることになるのであるが，和島の調査組織の原型は，この志村遺跡の発掘にあったと見ることが出来よう。ところで，考古学に入門して間もない和島を現地で指導した研究者たちはどのような人々であったろうか。報告書の末尾の謝辞に出ている研究者一覧を見ると，まず八幡一郎の名が目につく。彼は，千葉県市川市姥山貝塚に於いて，本邦で初めて多数の竪穴住居址を発掘し，傑出した報告書を作成した経験を持つ。和島の考古学入門時から懇切な指導を与え，「生涯の師」と仰がれた人物である（守屋編 2007：3 頁）。竪穴住居址発掘のノウハウは当然八幡から伝授されたであろう。検出された遺構の実測の指導には，関野克が関わったと推測される。彼は，本邦で初めて遣り方を作って精密な竪穴住居址の実測をした（関野ほか 1995：97〜98 頁）建築学専攻の工学博士である。志村遺跡の報告書（概報）には，個々の竪穴住居址の実測図の提示はないが，『日本考古学講座　1』（河出書房　1955 年）に掲載された第 16 号竪穴の平面・断面図（和島 1955：65 頁）は，現在でも立派に通用する見事な実測図である（次頁**第１図**）。そして各竪穴から出土した多数の土器類に関しては，山内清男が指導したであろう。小金井良精や長谷部言人等がこの遺跡を見学した折，主に解説に当たったのは山内であった（守屋編 2007：6 頁）し，発掘作業にもかなり精力的に関わっていたようである（武井 2007：81 頁）。当然出土した土器に対し，山内は何等かの所見を和島に語っていたであろう。和島の報告書には土器の実測図や詳細な記載はないが，以下のような出土土器の概観があり，山内の影響を汲み取ることが出来る。

「この竪穴群は（中略），殆ど全部が土師器と須恵器とを伴出する原史時代のものである。未だ土器の精査を行っていないが，一般に土師器としては長手の甕と皿とが目立ち，壺が少なく，高坏は例外的にしかない。これに伴う須恵器は皿が普通であり，坏・壺・甕が稀に見出されるに過ぎない。ただ，A―16の土師器は長手の甕もあるが壺が多く，他の多くの竪穴出土のものと異なった類として分けられるようである。C―3からは台附壺を出しているが，これも A―16の類に近いと思われる。」（和島 1938→1973：472 頁。傍点は引用者）

この遺跡が，土師器と須恵器を伴う階段の集落であることをまず確認し（①），土師器には②壺形土器や台附土器を主体とする階段と，③「長手の甕」が目立つ階段があることを暗示している。今まで誰も注意して来なかった事実であるが，土師器の編年がまだ十分に確立されてはいなかった当時にあって，これは極めて重要な所見である。しかしこの所見は，山内清男の著作『日本遠古之文化』（補註付・新版　先史考古学会　1939 年）の記述に酷似しているのである。以下に該当部分を抽出する（文中の丸で囲った数字は引用者が補填）。

「自分はここで三つの区分を暗示して置いた。弥生式を石器伴出のものに限定し，①古墳時代土器を祝部を伴う後半と，伴わない前半とに分けると云う点である。自分は当時僅少であったが東北及び関東の土器によって仮にこの区分を思いついたのであるが，後材料の増加と共に，②古墳時代前半の土器は壺，台付土器を有するが，③後半の土器にはこれらに乏しく，細長い土器が盛行することを知り，祝部の存否に関連して，土師器自身に新旧二大別あることを報告した。**これは原始文化研究会の例会で談《ママ》り**，又この方針で奥田直栄君の土師器研究を指導したのであった。その後又多くの資料に接すると共に壺又は台付土器を伴う，しかも祝部土器を併存する中間型式の存在が明になり，近年自分の腹案では関東地方の土師器に少なくとも五型式の細分を認めて居る。これは文書としては未だ発表して居ないが，**時折請われるままに説明することがあり，一部分は或人々の報告の中に巧みに織り込まれて居るようである。**」(山内 1939→1967：41 頁。傍点およびゴシックは引用者)

以上の引用文の傍点部分を，和島のそれと比較してみれば，ほぼ同じ内容であることが分かるであろう。そして上記引用文末尾にある，ゴシックの部分に注意して欲しい。発表年は山内の著書の方が１年後であるが，山内が土師器の編年試案を口頭で発表した「原始文化研究会」は，1937 年には「先史考古学会」に改称されているので，この試案は 1937 年より以前に報告されたものであると断定出来る。志村遺跡出土土器に関する和島の記載が，山内の教示を踏まえたものであったことは，ほぼ確実であろう。プライオリティーにうるさい山内にしては控えめな警告であるが，考古学に入門して未だ日の浅かった和島に，やんわりと諭したかったのかも知れない。

話が大幅に脱線したが，以上のように，和島は当代一流の指導者に恵まれ，順風満帆の船出をしたと評価出来よう。それ故か，この短編の概報は，土器の問題だけでなく実に種々の方面に於いて創見に満ちたものであった。

第１に，竪穴住居址の壁溝を「排水溝とは考え難く，むしろ土の壁面を覆うために壁体の存在が考えられ，溝は壁体を構築する際に掘込まれて生じたものと想像する」としている。こうした視点は，戦後になっても長い間等閑に付されていたものであったという（石野 1990：115 頁)。

第２に，A 地点１号住と命名された大型住居址の東西両壁下から主柱に続く数条の溝（**第１図**

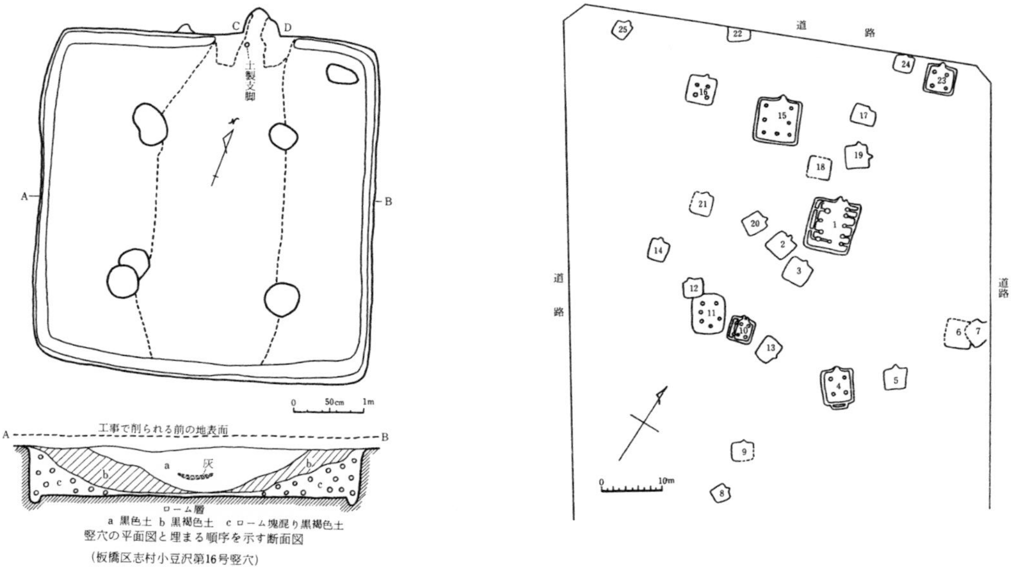

第１図　東京都板橋区志村遺跡で検出された住居址実測図（左）**と遺跡全測図**（右）

図の初出は和島 1955（左)・1938（右）であるが，著作集（1973）から転載。初出文献掲載の図と各々異なる部分（左図は柱穴の落ち込みを示す「ケバ」を省略，右図は住居址内の柱穴や床上の溝を補記，工場の施設平面図を省略）がある。

右参照）を，「竪穴内部を区画する壁体の存在を考えさせる」（和島 1938→1973：474 頁）とし，「間仕切り」の存在を想定している。竪穴住居内の居住人数と構成員を知ろうという切実な問題意識がなければ，このような付帯施設の検出は困難なことであったろう。先述した渡部義通の発言（「それ（引用者註：「史観」）の有る無しによって，発掘の重点も整理の方式も当然ちがってくる」）を改めて噛みしめたい。

第 3 に，竪穴住居址の一角に設けられた竈の構造を組織的に明らかにしている。すなわち，「焚口は竪穴の壁から約 50 センチ前方にあり，その幅は約 40 センチ，両側は厚く粘土で築かれ，内壁はアーチ形をなしていたようである。火床は焚口から徐々に高まり，約 70 センチにして急傾斜をなして煙出しの孔に続いている。従って煙出しの孔は勿論，火床の一部も壁面を掘り込んで造られているわけである。またこの竈には，焚口の奥約 35 センチ，左側粘土壁に近く，尖端を切られた円錐状の土製品が立てられている。これは竈にかけた炊具としての土器の底を支えるものである。（中略）長手の甕はかかる使用法に最も適合する形であり，竈中からしばしば見出されるのである」（和島 1938→1973：474～475 頁）と解説しているのである。報文には図が添えられていないので分かりにくいが，敗戦直後に公表された「原始聚落の構成」（和島 1948→1973：498 頁）に図示された復元図（**第 2 図**）を参照すれば，いかに優れた観察であったかが理解出来る。武井則道によれば，こうした事実も和島が初めて指摘したことであったという（武井 2007：80 頁）。

第 4 に，竪穴住居の「主軸」を確定し，住居配置の法則性を探り出そうと試みている。すなわち，「竈の前方の床面は踏み固められている。そして，その部分が南壁にまで達する場合が多い。（中略）焚火址もこの部分にあり，恐らくこれは当時の土間であったろうと想像される。自分は竪穴の主軸として，この土間から正面の竈に向かう方向をとった」としているのである（和島 1938→1973：475 頁）。この視点は学界に於いて長らく忘れ去られ，静岡県登呂遺跡の調査にも活かされず，戦後しばらくしてからようやく「常識」となったという（石野 1990：115 頁）。和島の先見の明に感服せざるを得ない。

以上，後年（1960 年代以降）注目を集めることとなった重要な視点が，ほとんど和島によって既に指摘されていたことを知るのである。和島の研究は理論面での評価が高いが，遺構の精密な観察と解釈に関する業績も見逃してはならないと痛感した次第である[6]。

以後，和島の竪穴住居址に対する関心は一貫したものとなる。東京考古学会縄文式部会が実施した埼玉県水子・大応寺前貝塚の調査でも，竪穴住居址の記載と研究を担当している（和島 1940）し，近隣に所在する打越貝塚の報告（酒詰・和島 1941）でも竪穴住居

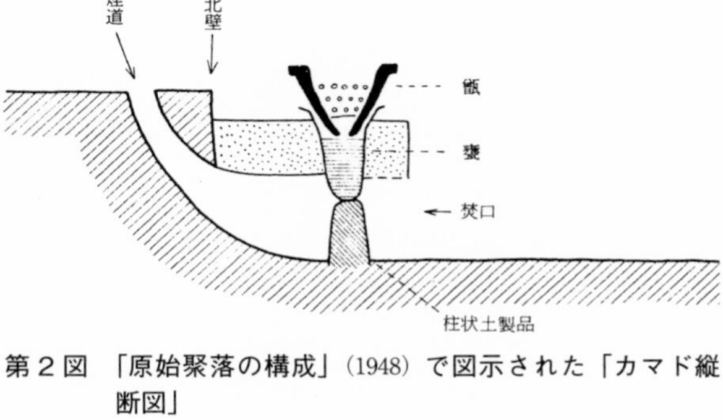

第 2 図　「原始聚落の構成」（1948）で図示された「カマド縦断図」

址の記載を担当している。床面出土の土器を住居址の時期決定の指標としたり（和島 1940：102頁），柱穴の検出の遺漏を避けるために調査終了後床面を全部掘り返して更に6本の柱穴を確認したりする（和島 1940：99頁）など，非常に手堅い報告が行われている。平面プランと上屋の関係についても常に注意が払われているが，これは戦後の「原始聚落の構成」（和島 1948）で活かされることになる。

一方，土器の記載や分析が十分でない点は，遺構の詳細な分析と比較して顕著であり，奇異な印象を受ける。戦前和島が関わった遺跡調査報告・略報類は国内外合わせて16点あるが（1点未見），先述した山内の指導を受けたと思われる志村遺跡出土土器の的確な記載と，「会津盆地に於ける土師の遺跡」『貝塚』12号（1939年）で提示された土師器の実測図および簡略な記載を除けば，土器の実測図・拓本の提示および具体的な観察記載は全くないのである。氏の研究に於いて土器の整理・研究が十分でない傾向は晩年まで一貫しており，このことが「和島集落論」の桎梏となってゆくのである。

それはともかく，個人として敢行した志村遺跡の大規模発掘，東京帝国大学人類学教室選科生・嘱託として従事した国内の縄紋式竪穴住居址および小貝塚の発掘，大陸での広域にわたる遺跡分布調査と小発掘を経験する中で，マルクス史観を備えたユニークな考古学研究者として成長して行ったのであった。しかも，「池のミジンコが浮いた」夕食のスイトンを平然と食べ，単騎で蒙古高原の砂丘地帯を疾駆する（彩色土器の散布に目を奪われて調査団の本隊からはぐれた結果），たくましいフィールド・ワーカーとして（和島 1941→1973：788～789頁）。

4. 敗戦と，その後10年間の和島誠一（東京帝国大学理学部嘱託～東洋大学教授～資源科学研究所所員の時代：1945～1955年）

（1） 民科（民主主義科学者協会）の設立

15年に及ぶ戦争と敗戦は，日本の社会を大きく変えた。個別日本の歴史学界に於いては，平泉澄グループ（皇国史観の中枢）に主導権を握られていた史学会（日本史学界で最高の権威を確保していた）が一時沈滞し，石母田正などマルクス主義歴史学者の活動が活発となる（永原 2003：142頁）。1946年1月には「民主主義科学者協会」（略称「民科」）が設立され，その中に戦前からのマルクス主義歴史学者の渡部義通・石母田正・藤間生大〔幻の『日本歴史教程　中世篇』の共同研究メンバー（松本 2001：3頁）〕等が中心となって「歴史部会」が設置されるのである（永原 同上：143頁）。この「民科」は，「戦後の数年間」，「旧来の学界指導者たちがその名を聞いただけで，脅威を感じたといわれるほどの権威をもって」おり（廣重 1960：134頁），しかも哲学・社会科学・自然科学のほとんどあらゆる学問分野の専門家を会員に加え，一時は会員数1万1000人を数えたといわれている（廣重 同上）。この団体の主力は戦前のプロレタリア科学研究所，唯物論研究会で活躍していたマルクス主義者に属する人々であるが，湯川秀樹や朝永振一郎等，ノーベル賞を受賞するような世界的に著名な科学者が会員として名を連ね，名誉会員には津田左右吉の名もあり，広範な思想・立場の研究者を結集したものであった（廣重 同上：135頁）。その活動の目的は，

「民科」規約に，11 項目に亘って列挙されている[7]が，最も重要視されたのは「啓蒙活動」であった。この規約作成に深く関わった渡部義通によれば，「進歩的科学者の当面の任務は……一言でいへば，民主主義革命のために科学運動をなすにある」（渡部 1946：17 頁。傍点は引用者）のであり，「啓蒙活動」はその目的を達成するための最重要課題であったのである[8]。民科が編集刊行した「学生叢書」は戦争のあいだ発言を抑圧されて来た進歩的科学者の啓蒙への情熱があふれており，学問的にも高い内容のものが少なくなかったという（廣重 1960：137 頁）。和島がいつ民科に加入したのか正確な記録は見出せないが，「教程グループ」のリーダーの渡部義通が民科歴史部会の中心であったから，当然活動開始早々そのメンバーに誘われたであろう[9]。ちなみに和島は，民科歴史部会発行の『歴史評論』の創刊早々（2 巻 4 号　1947 年）に，「登呂遺跡発掘の意義」を投稿している。学術的な記述に終始するものの，最末尾に唐突な感じで民科の精神（上記参照）を挿入しており（「今回の発掘調査は……資金のつるを握るもののボス化を排し，調査員の夫々の能力を充分に発揮し得る様な組織方針が採られ，総合調査が形だけのものでなく真にその実を挙げるべき機会である」云々と），かなり民科に入れ込んでいたことを窺わせる（和島 1947→1973：316 頁）。敗戦直後から 1950 年代まで，本格的な考古学関係論文が少なく，啓蒙的なエッセイや歴史教育関係の文章が目立つ（和島，1973 の巻末著作目録参照）のは，先述したマルクス主義歴史学者の要請（本稿 2 章参照）の他に，民科の運動方針（啓蒙活動の実践）に沿った行動の結果でもあった，と評価出来よう。1957 年，後述する「国民的科学運動」を牽引していた民科が，一般研究者・科学者の支持を失って瓦解したのとほぼ歩調を合わせ，和島が本格的な研究に回帰して行くのは，上記の推定を傍証する事実である（1960 年代には，古代製鉄技術関係の研究，火山灰土壌の研究，戦前に於ける中国大陸での調査成果の纏め，海進海退の研究など目覚ましい共同研究の成果を公表している）。

(2)　「国民的科学運動」（国民的歴史学運動）と和島誠一

民科本部書記局員の石母田正（日本古代・中世史）は，1952 年 1 月，「民科の当面の任務についての一つの意見」を民科の『本部通信』7 号（1952 年）に公表し，「国民的科学の創造」を高らかに宣言する（石母田 1952b→1990：49 頁）。石母田は，戦中に藤間生大の紹介で渡部義通と昵懇の間柄となり，『日本歴史教程』中世篇を刊行すべく藤間・松本新八郎および和島を加えて（渡部ほか 1974：183 頁。ただし上述の松本新八郎の回想には，和島の名は入っていない。専門分野に大きな開きがあり，和島が中世史の共同研究者に名を連ねているのは奇異な感じもするが，ここでは渡部の記憶に従っておく。時折顔を出すようなことはあったのかも知れない）共同研究を続けていた。史料の読み下しは中世史専門の石母田や松本が主導権を握ったが，マルクス主義者の眼によってその内容を読み取って行くという作業は参加者全員で展開し，かなり激しい議論の応酬があったという。共通のテーマ以外にも，石母田や松本らの個別研究の中間報告がなされ，討論の俎上に載せられたという（渡部ほか 同上：186～187 頁）。石母田の古典的名著『中世的世界の形成』（石母田 1946→1957）の基礎は，この共同研究によって育まれたものであろう。同書初版の「跋」には，渡部義通・松本新八郎・藤間生大等の「変わらない指導と友情はかの厳しい時代における私の勉学のただ一つの力であった」とある。この著書の原稿は戦火にあって戦中に刊行することはかなわなかったが，敗戦直後公表されるとその反響は極めて大きく，1946年6月に行われた東大「山上会議所」で開かれた合評会には川島武宜《たけよし》・丸山真男のような歴史学者以外の社会科学・人文科学者も多く集まったという（永原 2003：142頁)。また海外においても，スタンフォード大学のロバート・ブラゥワーが詳細な紹介と批評をしてくれたと石母田自身が記している（石母田 1946→1957：2頁)。当時の日本では「大日本帝国」が崩壊し，新しい国家建設が始まった矢先のことであり，石母田の主張（誤解を恐れずに要約するなら，「天皇制国家」が崩壊する歴史の必然，および日本人民が外部勢力への恐怖を払拭し，権威にすがる習性を改めない限り，天皇制は何度でも復活するという必然を，「東大寺」・「守護」および「悪党」・「黒田庄民」等の動向に仮託して展開）は同時代的共感を広く集めたものであろう。筆者の手許にある同書奥付（1957年刊行版）には，何と「13刷」（1979年段階）と表記されている。極めて晦渋なこの種の学術書としては大変なベストセラーといってよいだろう。

日本考古学史を叙述しているはずの本稿で，なぜこの本について触れたのかというと，石母田の戦後歴史学界に於ける圧倒的権威と影響力を強調したかったからである。その石母田が，「教程グループ」の仲間であったということが，日本歴史学界に於ける和島の地位を著しく高める要因をなしたと筆者には思われるのである[10]。さらに付け加えるならば，『中世的世界の形成』の著者が発信した「国民的科学（歴史学）運動」の呼びかけだったからこそ，当時の学界や社会に甚大な影響力を及ぼしたのではないかと指摘したいのである。彼の著した『歴史と民族の発見―歴史学の課題と方法―』（東京大学出版会　1952年）は，「国民的歴史学運動」の「バイブル的存在」と称され，取分けこの本に収録された「村の歴史・工場の歴史」というエッセイは多くの若者を農村へ向かわせる原動力となったとされているが，率直に言って今現在の筆者が読んでも心を打つものがない。当時の社会・経済状況を考慮に入れても，内容に深みを感じられないのである。『中世的世界の形成』の読後感とは大変な違いである。それは，自ら農村や工場に深く入り込み，実践した体験をもとにしたものではなく，単に石母田の弟が採取した民話にもとづく歴史物語や労働学校で知り合った労働者の体験談を紹介したものにすぎないからである[11]。このエッセイは，『中世的世界の形成』の「裏書き」があったからこそ知識人にも一般大衆にも説得力を持っていたのではないだろうか。本稿は現代史を主題とするものではないのでこれ以上踏み込めないが，歴史家が民衆の中に入り込み，民衆の歴史学習の手助けをしようという石母田の提起は，当時の一部党派主導の党勢拡張の手段に組み込まれたこともあって一般の歴史研究者の支持を失い，無残な失敗に終わる。そしてこの運動の中心となった民科も急速に瓦解して行くのである。その後石母田は，この運動の中堅的指導者として活動した（そしてひどく傷つき，学界とも一時疎遠となってしまった）中世史家の網野善彦に対し，「網野君，悪かった」と謝罪したという（網野・小熊 2002：165頁)。

この，多くの人々を傷つけ，歴史学界においてはいわば封印された傷痕となった「国民的歴史学運動」（小熊 2002：307頁）の，数少ない成功事例として称賛されているのが，近藤義郎や和島誠一らによって行われた「月の輪古墳」の発掘であったのである。

(3) 月の輪古墳の発掘

岡山県久米郡棚原町飯岡の背後にそびえる大平山の頂に築かれている月の輪古墳が発掘されたのは1953年のことであった。この調査は延べ約1万人の大衆が調査に関わり，しかもその調査報告書（近藤ほか 1960）は今日に至るも傑出した労作として評価されるものである。更に特筆すべきは，未だにこの古墳の調査が関係者によって語り継がれ，顕彰運動も地元自治体や住民によって組織的に行われている（月の輪古墳50周年記念祭実行委員会 2003）ことで，日本の考古学史上例を見ない「発掘運動」といえる。まさに「国民的歴史学運動の輝かしい成果」と称揚される所以である。この時期の多くの「国民的歴史学運動」に関わった人々が惨めな失敗を繰り返した中で，なぜこの発掘が成功したのかについては，上記の二つの文献に余すことなく解説されている[12]が，学術報告書の質を保証したのは以下の理由による。第1は近藤義郎という優れた歴史観を持ち，実務能力と忍耐力に秀でた若い指導者が終始調査の指揮を執っていたことである。この発掘は和島誠一の業績の一つとして挙げられることが多いが，和島は，組織者としての能力（多くの若者を引き付ける求心力は傑出している）と教育者としての能力に於いて秀でているものの，発掘を支える「実務能力」と報告書を完成させる「忍耐力」と構成力という点では，近藤のそれに遠く及ばないように見える。横浜市南堀貝塚の報告書は遂に彼の手で刊行することが出来なかったし〔しかも現在そこからの出土遺物や記録は四散しているという（武井 2008：131頁）〕，横浜市三殿台遺跡の報告書（和島ほか 1965→1968）も彼の教えを受けた後進たち（田中義昭等）の頑張りによってようやく刊行されたものである（しかし一部の土器を除き，殆どの遺物の実測図提示と観察記載は未完に終わっている）。このような状況と報告書『月の輪古墳』の出来栄えの見事さを比較すれば，両者の差は歴然であろう。第2は，発掘の対象が「古墳」であったことである。この発掘では，墳丘の外面全部をあらわす計画が立てられたが，竹や草を除去し，木の根を鋏で切り取り，表土を剝いで顔を出した葺石や埴輪片をあらわす作業は，それほど熟練を必要としない作業であり，連日100人を超す専門外の参加者の協力を仰ぐにはもってこいの対象であったと思われる。近藤の回想によれば，常駐の研究者はたった数名であり，他の参加者（一般の地域住民・生徒等）は毎日入れ替わることが多く，毎朝20～30分の発掘の心構えと当日の作業予定の説明を行うだけ（近藤 2003：3頁）で，直ちに作業に関わってもらったというから，延べ約1万人の協力を仰ぐにはこの程度の作業内容しか提供出来なかったであろう。さすがに主体部の発掘は，「作業の性質上，直接参加の人々は制限を余儀なくされた」（近藤ほか 1960：413頁）というのは当然のことであった。これが遺物の出土が膨大で，出土層位とその位置を厳密に見極める必要がある貝塚や竪穴住居址の発掘であれば，このような態勢はとても組めなかったと思われる（例え実施出来たとしても，その学術的成果はあまり期待出来ないものとなるであろう）。まさに「出たとこ勝負」（近藤 2003：3頁）で何とかなったのは，一般参加の作業員に提供する仕事内容が習熟を必要としないものであったからである。第3に，報告書の執筆陣を専門研究者で固めたことである。国民的歴史学運動の精神からすれば，国民自らが歴史を書く作業を歴史家がサポートするのが筋であるから，これはかなり異質な事実と言わなければならない。その結果，「住民にとっては取っ付きやすい内容であるとは到底言え」ず，このことを「何人もの村人・先輩・友人に指摘され」た，と近藤は反省している（近藤 2003：5頁）。しかし，専門研究者から「月の輪古墳」の発掘に対する高い評価を得る上では，これで良かったのではないかと思われる。国民的歴史学運動での他の多くの実践は，「学問的にみれば稚拙な自由研究の域を出ないものが大部分であり」（小熊 2002：346頁），それが民科から専門学者を遠ざける大きな要因となっていたからである（渡部 1974：238頁）。政治運動（「文化工作」）と学問を混同せず，これらをうまく使い分けた〔学問上の成果は発掘報告書に，地域住民・学生・生徒等の意見・感想は『月の輪教室』（美備郷土文化の会・理論社編集部 1954）に集約〕からこそ，学界からも地域住民等からも高い評価を獲得し，「月の輪古墳」は永遠の命を得ることになったのである。

さて，月の輪古墳の調査に於いて，和島はどのような役割を演じていたのであろうか。和島が上記の月の輪古墳の発掘に参加したのは1953年9月5日のことであり（近藤 2003：4頁），調査がかなり進行していた時点であった（調査開始は8月15日）。この前年からの調査の下準備，すなわち地域住民との勉強会や研究会，講演会，幻燈説明会，村内の遺跡分布調査などを通じて意識の向上と組織づくりを推進していたのは近藤義郎であったのである。同じ頃，「ろくに金も食糧ももたず，何のつてもなしで数人の集団を組んで農村へ入って」行った（廣重 1960：159頁），多くの「国民的歴史学運動」関係者と何と異なることか。近藤の実務能力の高さに改めて敬服の念を抱かざるを得ない。しかし当時わずか28歳の，岡山大学医学部助手にすぎない近藤が，月の輪古墳の大衆的発掘運動を推進するのは，あまりにも荷が重く〔「手兵」として最後の最後まで当てに出来る学生は，岡大教育学部生の岡本昭郎と神原英朗しかいなかったと思われる。何とこの時の岡大生の発掘参加者はたった3名だったのである！（近藤 2003：3頁）〕，多くの調査指導者や支援者を募って回ることとなった。かくて調査に先立つ1953年7月25日に近藤は上京し，和島や久永春男等に発掘への参加を要請したのであった。和島の存在感はまことに大きく，色々な場面で参加者たちに深い感銘を与えている。腰の重い行政や地域の経済界の協力を引き出す力となったのは三笠宮崇仁殿下の発掘参加が大きいと思われるが，その機縁を作ったのも和島であった（和島 1954→1973：678～679頁）。このように，若かった近藤にとって，和島の存在は「世間」との折衝面に於いて計り知れない力となったはずである。そして，月の輪古墳の発掘に於いて取り組まれた，

①多くの生徒・学生・地域住民が積極的に参加する調査態勢の組織
②生徒・学生・地域住民をも交えた夜の討論会
③見学者への丁寧な説明
④「（月の輪）ニュース」の発行
⑤映画製作
⑥調査参加者の文集（『月の輪教室』）の発行

などを柱とする調査方式（吉田 1984：46～47頁）は，和島によって横浜市南堀貝塚の発掘に積極的に導入され，普及が図られることになるのである（近藤ほか 1960：420頁）。

(4)　横浜市南堀貝塚の発掘—前史—

この発掘調査の意義に検討を加える前に，その前史を確認する。

「国体」の尊厳を脅かす思想や研究に厳しい抑圧が加えられていた戦前に於いては，「日本原始・古代社会の系統的研究を進めることができなかったし，許されなかったし，またそれを究明する方法すらもちえなかった」(渡部ほか 1974：129 頁) 状況であったと一般に言われているが，十把一絡げにはそう単純にまとめてしまうことが出来ない。実情は，「アカデミー」の世界で当該分野の研究がしにくかったのであり，上述したように，渡部義通や赤松啓介等の在野研究者にはそれを究明する自由は，まだ多少は残されていたのである。ただし，手持ちの資料も資金もない在野研究者の仕事には限界があり，このため財界の大物としての実父 (郷誠之助) を持つ和島に渡部等の期待が集まったのであった。そして和島はその期待に応え，東京都志村遺跡に於いて広域的な集落址発掘を敢行し，古代集落・社会の考古学研究に先鞭をつけたのである。その後も和島は集落址研究に関心を持ち続け，埼玉県水子貝塚 (小貝塚がほぼ環状に点在) や打越貝塚 (「環状集落」) に於ける竪穴住居址の発掘，長野県尖石集落遺跡 (南北二群に住居址群が展開)[13]および千葉市草刈場貝塚 (環状貝塚) に於ける中央窪地の発掘等に取り組み，縄紋集落の構造を類推するデータの蓄積に努力することになる。そしてこれらのデータを踏まえて，集落址研究の古典的名著・「原始聚落の構成」(和島 1948→1973) が公表されたのであった。

この論文は，原始聚落の実態とその変遷を，竪穴住居址を中心にマルクス主義史観に基づいて叙述することを試みたものである。ここでは紙幅の関係で縄紋式のそれを概観することにとどめる。

まず「早期」から「後期」に時期を分けて，集落の規模・構成を論じている。すなわち，「早期」には竪穴内に炉がなく，竪穴の軒数も数個にとどまるのに対し，前期以降，環状ないしは馬蹄形に竪穴が配置された集落が出現し，時期が下るに従ってその規模が大きくなる傾向があるとする。そして環状ないしは馬蹄形の集落の「中央の部分は住居も作られず，貝も捨てられずに残され」ていると指摘し，中央広場の存在を暗示する。このように竪穴住居が「勝手次第な場所に掘られるのではなく，聚落が (中略) 或る規制の下に営まれていた」背景には，自然物採取経済下での人口増大 (集落規模の拡大) により，「濫獲を防ぐような統制力の存在が必要」となったため，集落が「強固な統一体として機能せざるを得」なくなったことがあるという。このような状況下では，竪穴の構成員は「纏まって持つ一応の独自性すら失うこと」があり，後世に認められるような生産・消費の単位としての「家族」と同一視することは出来ないと主張する。そして，集落を構成する一竪穴住居内の収容人数は一部の例外を除き「3 人以上 10 人程度を容れる大きさ」であって各世帯間に優劣は認められないし，「聚落の附近に発見される人骨が，(中略) 階級分化を示すような副葬品を持たず，列をなして群在し，共同墓地を形成している事実」から，「聚落の社会的性格」は「氏族共同体的な関係」であろう，とする。なお，上記の「氏族」は，「土偶が例外なく女性」であり，日本の「古代の初頭にかなり強く見られる母系制的な婚姻形態の残存」と合わせ，「母系的な氏族」を想定させる，と付言している。一部にエンゲルス等の学説に考古学的事象を付会する部分があるものの，和島自らの調査成果（ないしは体験）に基づく主張は説得力があり，個々の遺物の解説や土器の編年，文化や生業のあり方の解説にとどまっていた当時の日本考古学の中にあって，新鮮な印象を与えたことであろう。実に，渡部義通が和島との邂逅時に抱いた期待は，ここに見事に結実したといえるかも知れない。縄紋式の社会を「日本史」の舞台に初めて本格的に載せたという点で，この論文は記念碑的な存在と評価出来よう。読者は驚くかもしれないが，これらの主張の一部は未だに中等教育の教科書の中に生き続けているのである[14)]。

しかし，「原始聚落の構成」では，極めて限定された資料（部分発掘）によって縄紋式の集落の形態とその意味するものや家族・社会にまで言及しているにすぎないのであり，その実像に，より具体的に迫るためには「各時代に亘る標式的な遺跡が，少なくともその性質と構成を明らかにし得る程度の規模に於いて発掘されていることが必要」（和島 1948→1973：482頁）と考えていたのは当然のことであったろう。その目的を達成する第一歩として「月の輪方式」による南堀貝塚の発掘が俎上に載せられて来たのであった。

(5)　南堀貝塚の発掘の意義

1958年の開港百年を迎えるのに先立って，横浜市は市史の編纂を企画した。そこで1954年8月に横浜市史編集室が設置され，編集委員に和島誠一，鈴木良一，古島敏雄が委嘱されることとなる（石井 1958：1～2頁）。和島は，横浜市域内およびその周辺地域を研究者・学生・市民とともにくまなく踏査し，その成果を踏まえて南堀貝塚の発掘を企画することになる。ここが選ばれた理由は，第1に自然的な条件によって一つの原始集落がなるべく小さく区切られた所，第2になるべく単純な時期の集落であることによるという（今井 1955：原典未見。武井2008より引用)。

発掘現場の状況は，塚田が『私たちの考古学』6号（1955年）に速報しているのでその概要を知ることが出来る。その詳細は次章に譲るとして，まず，南堀貝塚の発掘に参加した中村嘉男の生の証言を紹介してから和島の優れた側面をまとめてみよう。

> 「南堀貝塚の発掘は当時の考古学ではすばらしい壮挙であり，考古学を学ぶ学生にとってはまさに衝撃の発掘であった。その頃の発掘といえば10米のトレンチや竪穴数軒調査するのが普通の発掘であった。南堀貝塚では大規模に発掘し全竪穴住居址を明らかにし，集落の構造を追求することであった。現在ではどこの考古学調査でも行っているが，1950年代には唯一の例であった。」（中村 1982：99頁）

中村だけでなく，参加した多くの学生たちは，今まで誰も経験しなかった，学史に残る発掘に関わることが出来る喜びに胸を躍らせたことであろう。やや理想倒れに終わった部分もあったが，当時の考古学研究者が考えもしなかった縄紋集落址の全掘を，乏しい資金と人員をかき集めながら独自に敢行しようとした和島の情熱的行動に共感した若者たちは多かったに違いない。原始・古代の集落・共同体に対する明確な目標と理論を持ち，そこで推定した縄紋集落の全貌を自らの手で確かめるために，絶好の条件をそろえた南堀遺跡（ほぼ独立した小台地上に所在し，集落形成の年代幅も小さい）を発掘対象に選び（遺跡分布調査の成果を踏まえて），徒手空拳でこの大事業を成し遂げようとした和島の学者精神と研究プロセスは，現代の我々も深く学び顕彰しつづけなければならないと思う[15)]。

和島は，土器・石器への関心からこの道に入った他の多くの本邦先史考古学研究者と異なり，社会の改良と進歩を念願して活動をしていた一群の人々（マルクス主義者）の一人であり，種々の事情により実践活動に代えて学術研究の面から社会に貢献しようと決意し，考古学に入門した数少ない研究者の一人である（それ故か土器や石器の実測や記載に自ら携わることが少なく，遺構の時期決定に最も必要な土器型式の細別に関する研究も熱心ではなかった）。先にも記したように，和島にとっての考古学とは，単に興味の対象ではなく，強い使命感を持って取り組んだものであったのである。そして和島をさらに学問に追い込んでいったのは，渡部義通や赤松啓介の命懸けの厚意に対する強い恩義であったと思われる。渡部や赤松が2度目に逮捕されたとき（赤松は1939年，渡部は1940年），彼等は最後まで和島との関係を自供しなかったのである。1940年前後になると，実践活動をしている者はいうに及ばず，思想・学問の範囲にとどまっている者にも弾圧の網が拡げられて行った。渡部は再検挙された折，「きみの歴史研究や著述はみんな共産主義のプロパガンダのためにやったもので，その研究自体が国体の冒瀆になる」と言って責められているのである（渡部ほか 1974：288頁）。そして逮捕されたら最後，自らの思想と行動を自己批判し「転向」を表明するだけでは最早済まされず，関係者の名を自供しなければ罪の軽減や釈放は認められなかったというのである（赤松 1980：29～30頁）。しかし彼等は最後まで「三澤章＝和島誠一」との関係を明かさず下獄し，刑期の軽減も認められないままに満期出所を迎えるのである。赤松は，「和島や玉岡（松一郎）との関係を（官憲に）追求されたが，僕の責任にしてかわしてしもた」とさりげなく述懐している（赤松 1980：29頁。括弧内の語句は引用者）が，取り調べ中に赤松が受けた拷問は，指の爪と肉の間に太い木綿針を次々に刺し込むという残虐なものであった（赤松 1967b：43頁）。渡部も，「やっと緒についたばかりのマルクス主義史学というものを，その灯火を保存する方法を考えなくてはと思われた。共同研究の若い秀才たち，松本・石母田・藤間・和島らは，たしかにその仕事をにないつづけるにふさわしい。なんとか検挙を免れて（中略），研究を続行させたいものだ」と常々念じていた（渡部ほか 1974：190頁。傍点は引用者）から，官憲の追及を受けた際，当然彼等の名前は出さなかったであろう。この結果，和島は東京帝国大学理学部人類学科選科生・嘱託の地位を失わずに終戦を迎えることが出来たのであった。しかも彼等は和島を批判したり恩に着せたりした形跡はない。和島は，そうした「同志」たちの厚恩を心に深く銘ずるところがあったであろう。渡部が課した宿題（日本の共同体の歴史のミッシングリンクともいうべき原始・古代の共同体の実態復元）に応え，赤松が東播磨の地域研究で目指した理想を実現すること[16)]は，あの苛酷な時代を生きた和島の精神的負債を贖うための一手段でもあったのである。何のために考古学を研究するのか，何のために集落址調査をするのか，動機は人それぞれで良いのであるが，和島のそれはあまりにも凄まじいものであった。こうした和島の過去を理解しない限り，あの「無謀」とも言える南堀貝塚や三殿台遺跡の全面発掘[17)]に見せた執念は理解出来ないであろう。この執念が一見実現不可能とも見えた大発掘を推進させたのである。ただし，上述したように，和島には近藤義郎のような優れた実務能力や驚異的な粘り強さがやや欠けていたことも事実であり，発掘時もその後の整理作業に於いても種々の問題点を残している。南堀貝塚の発掘に学んだ高橋良治や塚田光は，そのような問題点をも見据えた上で[18]，千葉県松戸市中峠遺跡（小舌状台地上に小貝塚がほぼ環状に点在した，南堀貝塚を彷彿とさせる良好な遺跡）の自主発掘に取り組むことになるのである。まさに中峠貝塚の発掘は南堀貝塚の発掘の延長線上にあったのである。

5. 和島誠一と下総考古学研究会

1955年当時，下総考古学研究会（以下「下総」と略す）の主要創設メンバーの一人，塚田光は，明治大学文学部の卒業論文のテーマに『縄文時代竪穴住居の研究』と定め，既存の発掘資料の悉皆的収集を展開していた。そこへ，同年6月，耳よりの情報が塚田の元に飛び込む。何と横浜市南堀遺跡で縄紋集落を丸ごと発掘するので，応援・協力をお願いしたいと，明治大学教授の杉原荘介のもとに和島誠一が要請しに来たのである。その場に居合わせた塚田は，卒業論文に縄紋時代竪穴住居址をやることになっているので，是非参加させてほしいと願い出て，この学史的発掘に参加することになる（武井 1982：316頁）。そして，塚田の盟友高橋良治も塚田に誘われて行動を共にすることになったという（高橋良治教示）。ここでの発掘調査は先にも示唆したように，極めて苦渋に満ちたものであったが，学問的にも，また種々の大学に所属する考古学徒たちとの交流の輪を広げた点でも，後年の塚田の研究活動に於いて大きな糧になったことは疑いがない。ここでは，塚田自身が調査直後に『私たちの考古学』6号（1955年）に投稿した速報を引きながら，塚田や高橋がこの発掘で何を学び，その成果をどのように中峠遺跡発掘に発展させて行ったのかを以下に検討してみたい（遺憾ながら塚田1955は極めて誤植が多いので，引用に当たっては筆者の責任において，適宜括弧中に正しい字句を挿入して行くことにする）。

塚田（1955）はまず南堀遺跡の地理的特徴について以下のように記述する（第3図参照）。

「ここは南北150米東西70米の細長い台地で，その北端はさらに細くすぼまって北側の台地に連続しているが，一見して孤立丘と思はれる地形である。集落址の論査《ママ》（調査）は全掘しなければ意味のないことは云うまでもない，《ママ》（中略）この点，孤立丘に近い状態の南堀遺跡は，恵まれた条件にあったのである。」（15頁）

一方，塚田は後年中峠遺跡の発掘の意義について以下のような指摘を行なっている（第4図参照）。

「すでにこの小台地は地形的にみて集落址として調査するには最適であるということが2・3の仲間の間で話合われていた。それはこの台地が西方にわずかに橋のように隣接する台地とつながる部分があるが，他は谷にかこまれ，全長100余mの台地は一つのムラとしての単位で把握出来そうに思えたからである。」（塚田 1969a：3頁）

南堀での経験が中峠に注目することになった背景であることは明白であろう。

次に南堀遺跡に於ける遺構調査の手法を検討してみよう。

「3000 坪に及ぶ広い地域の綿密な調査が要求されるので，その調査には，物理探査，ボーリング，ボーリングピット及びトレンチの発掘がなされた。まず南北にに《ママ》長い台地の全面に，東西に台地を横断する線が３米間隔に設定され，この線に沿って，物探班，ボーリング班がそれぞれローム尽《ママ》（層）上面の変化を探査し，結果は棒線グラフによって表はされた。そして物探，ボーリングの結果は整理統合されて，遺跡地全面にわたるローム面での変化を知る手掛かりとなった。」（塚田 1955：15 頁）

短期間の発掘調査であるから，遺跡全面の表土を剥いで遺構の確認をすることは困難なので，電気探査とボーリング探査を併用して効率的に地下に隠れた遺構の所在を突き止めようとしていたことが分かる。中峠遺跡の発掘でもこの手法（ボーリング探査）によって竪穴住居址の所在を確認し，効率的な遺構調査を目指している。以下は「中峠遺跡発掘調査概要」（下総考古学研究会 1976a）からの摘記である。

・「まず地表面に散乱する貝殻を中心に，くまなくボーリングステッキでテストを行ない，あらかじめ竪穴住居址の範囲を推定し，その中央に東西にのびる幅

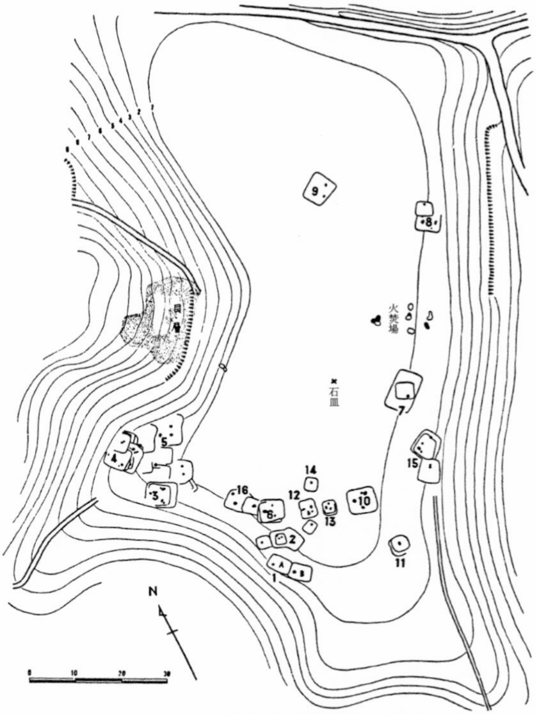

第３図　横浜市南堀遺跡全測図（和島 1958 による）

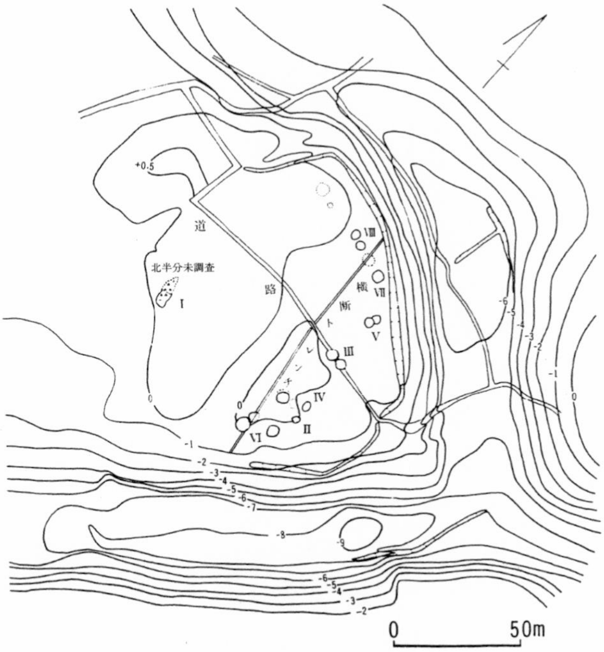

第４図　松戸市中峠遺跡全測図（下総考古学研究会 1976a による）

1.5 m，長さ4 mのトレンチを設定した。」（第2次調査　7頁）

・「まず前年までの試掘結果にもとづいて，ボーリングテストを重ね，あらたに3地点を選び，これを通るトレンチ（1 m×15 m）を設けた。」（第4次調査　10頁）

この手法（ボーリングステッキでローム面の凹凸を確認して遺構の所在を把握し，その地点に合わせてトレンチを設定）の実践は，一度に調査出来る範囲が限定されているため，台地全面に対して一斉に試みられたものではないが，南堀遺跡調査での経験に基づくものであることを，高橋良治自身も証言している（筆者聞き取り）。

さて，南堀遺跡での発掘に於ける各住居址の検出作業は，夏休み中のことでもあり，一定期間常駐出来る大学生に任されていたことは既に紹介した（註15参照）。和島自身は常時現場に居た訳ではないらしいので（高橋もこのことについて証言している），学生たちは自らの工夫と努力で遺構検出のノウハウを磨き上げ，強烈な問題意識を高めて行くことになる。夜のミーティングでは，住居址の時期決定に関して以下のような討議がなされている。

「①床に土器が埋設されている場合。②完形土器が床面に接している場合。③床面に接し，壁の近くにあった土器破片でしかもその上に住居址廃棄後最初に堆積した土層がある場合。④住居址の上に皿状に堆積した貝層又は土層から出土した土器。

これらのうち，①，②はそのまま住居址の使用時期が決められるが③の場合は（中略）時期決定に適さないとする考えと，（中略）時期決定に賛成する2つがあった。又④は床面から土器の出ない場合の相対的な先後関係を決定する為に考慮された。」（塚田 1955：16頁）

このように厳密な遺構の時期決定の指標は，当時としては画期的なことであったろう。覆土中から出た完形土器の位置づけについて，〈霜柱で床から浮いたのだろう〉というような解釈で処理されること（例えば吉田 1952→1973：211頁）が多かった時代なのである。遺憾ながら現在でもこのように厳密な等級付けを意識して遺構の時期を検討している報告事例はそれほど多くはないと思われる。この指標は，後年「下総」による住居址の時期決定の基準となり（「中峠遺跡発掘調査概要」に於ける住居址の時期決定の根拠は，ほとんど上記①であり，まれに②と③を用いている），遺構出土土器の資料価値の等級化にも応用されて行くのである（下総考古学研究会 1985：38頁）。ちなみに，住居址の時期認定の根拠を明示するのは，他者の追認を仰ぐ上で極めて重要なことであるが，現今の大部な集落址の報告書を検討すると，意外にこのことがないがしろにされている場合が目立つ。例えば，代表的環状集落址の報告書として名高い『高根木戸』（岡崎ほか 1971）では，75軒の住居址中，出土土器の明示がなかったり，土器の出土状況が不明なため，所属時期の追認を保留せざるを得なかったものが実に36軒にも上っているのである（大村 1995：40頁）。「南堀」の画期的問題意識はその後長い間忘れ去られ，ごく最近になって，所謂「新地平グループ」によって見直されることとなるのである（例えば黒尾 2004参照）。

さて，塚田（1955）では，その後半に極めて重要なことが指摘されている。

「今回調査した中で，住居址相互は切り合って，その先後関係が明確にもかかわらず出土した土器は同一型式に属するものであった例が二，三あった，《ママ》これは土器一型式の存続時期の長さを示すものであろう，《ママ》そこで住居址の先後関係にもとず《ママ》いた土器の細分が不態《ママ》（可能）であれば幸いだが，それが出来ない場合土器によって時期ず《ママ》けられた住居址の中から同時期住居址を抽出することが，どこまで可能か今後の問題として残されたわけである。」（16頁）

すなわち，集落址研究者ならば誰もが痛感する，〈一時点に於ける竪穴住居址の軒数を割り出すには，既存の土器型式は余りにも無力である〉という点である。後年塚田は別の論文に於いてこう語っている。

「同一型式の時期の住居址が重複し，一型式の存続期間中に三～四回も集落が営まれたということがある。このような住居址群の分析には土器型式が役立たなくなり，例えば三〇戸の住居址を調べ，三回の重複があれば，極端な表現をつかえば30÷3＝10という推定をする。（中略）土器編年が時間の尺度として，使用しうる限界を示してしまうことになる。」（塚田1969b：19～20頁）

まさにこの問題を解決する絶好のツールとして塚田が注目したのが，高橋良治等によって提唱された「Pre1式」（後「中峠式」と改称）だったのである。

「中峠式」についてここで詳述するゆとりはないので，『下総考古学』6号および15号を参照して頂きたいが，一言でまとめれば，南関東の縄紋中期中葉の勝坂式・阿玉台式と中期後半の加曾利E式の中間に位置し，三者の特徴を併せ持つ極めて存続期間の短い土器型式として提唱されたものである。1967年（塚田が山内清男と親密な交流を開始する年）以前の塚田にとって，縄紋土器型式研究に対する関心は，集落・共同体の研究ほど熱烈なものではなかった。土器研究に関しては多分に高橋良治に影響された側面が強いのである（ちなみに高橋は，既存の土器型式の細別や型式概念の再検討が未だ熱心ではなかった時代に，阿玉台式を三細分したり，Pre1式の存在をいち早く見抜くなど，縄紋中期土器型式研究では卓抜した実績を残していた[19]）。それがなぜ「中峠式」に，熱烈に関心を持ち始めたのかというと，「ある一時点に於ける集落景観を自らの手で復元したい」（このことは常々下総考古学研究会の研究集会や月例会で語っていた）という「南堀」以来の願望が，「中峠式」の設定で果たせる可能性が大きくなったからであると思われる。すなわち「中峠式」が，先行する勝坂式や阿玉台式の特徴を持ち，後続の加曾利E式の特徴を併せ持つ土器型式ならば，既存型式よりも極めて短い存続期間に行われた型式のはずである。それが，単なる移行期の折衷型式ではなく，層位的に前後型式と区分出来，分布の面に於いても独自の空間を占め，しかもそれを用いたヒトの遺骸が検出されている（中峠遺跡第4次調査1号住居址）以上，遺構の時期決定に有効な，確固とした時間的尺度になりうるはずである。恐らく塚田はこう確信したのであろう。塚田にとって「中峠式」研究は，既存の土器型式群には属さない「新発見の型式」，というような，単なる土器編年上の興味に限ったものではなかったのである。「中峠式」設定をめぐる若い会員との間の『研究メモ』（下総考古学研究会の連絡誌）誌上に於ける厳しい論争の折，

「勝坂・阿玉台・加曾利EIからPre1を分離し，中峠式を成立させるために長い時間をかけて来たことには，深い意味があった。このことについては語るべき時を得たうえで明かす

つもりである。」(塚田 1974：10 頁。傍点は引用者)

と記述した背景には，上記のような塚田個人の研究史上の問題意識があったと見てほぼ間違いあるまい。和島集落論の「桎梏」となっていた遺構に伴う土器の型式学的分析を，塚田は高橋良治の示唆のもとに，精緻に展開したと評価出来よう。そして 1967 年以降，山内考古学に学んだ後は，「中峠式」成立の理論的根拠も整備し，極めて学術的香りの高い研究へと昇華させて行くのである[20]。

さて，「下総」の共同研究の内容に筆が進みすぎたが，この短文（塚田 1955）の最後に，塚田は以下のような総括をする。これこそが，高橋や塚田が和島誠一／南堀発掘から学んだ最大のものであったと思われる。

「以上述べたことは，はじめに記したすべての人々の手で行はれ，討論されて来たのである。今回の調査に参加された人々が発掘を通して皆，共に学ぶ喜びを味わい，新しい考古学の方向を見極め，学問的な，また人間的な成長の糧となる多くの経験をされたことと思う。それは具体的には，研究テーマを同じくする人々の共同研究の必要や，大規模な発掘の結果，集落址をはじめ今までに知り得なかった新しい事実の発見，又，今後の調査に生かされるべき貴重な経験の数々であった。」(16 頁)

すなわち，明治大学考古学研究会が，月の輪古墳の発掘や井尻正二等「地団研」（地学団体研究会）の活動（井尻 1982 参照）に刺激を受けて模索してきた「団体研究」（塚田 1951・TOM 1951）のノウハウの獲得とそこから得られる喜びの体験を，南堀遺跡発掘で実現したことこそが，下総考古学研究会創設の指針と原動力となったのである。

おわりに

縄紋式の社会を和島は「氏族共同体」と裁断した。その最大の根拠を，竪穴住居址が環状ないしは馬蹄形に配置されているところに求め，強い共同体規制の現れと見做したのである。しかし今，その認識が根底から崩れようとしている。何と一時点に於ける竪穴の軒数はせいぜい数軒であり，馬蹄形や環状の集落は存在しなかった，というのである（土井・黒尾ほか 2004）。半世紀以上前に提起された学説が根本的に見直されるのは，学問にとって好ましいことである。電子機器の駆使による新たな調査法の開発（小林ほか 2008 などを参照）により，ますます集落址研究は精緻になり，和島の存在は忘れられて行くかも知れない。しかし，自らの力で「金と人」をかき集め，自己の学説の妥当性を検証するために，台地全体を掘り尽くそうとした和島の学問に掛ける執念は，日本考古学史に特筆すべきである。「下総」は，和島が目指した集落址調査を，より長い年月をかけて粘り強く取り組み，故湯浅喜代治会員が私財を投じて設立した下総史料館（湯浅会員が収集した資料を展示・研究する施設）を活動拠点にして「市民講座」やスライド映写会などを実施し，中峠遺跡調査の成果を地域社会に還元する努力をして来た。そして更には，下総史料館友の会を組織してここの会員たちと共に松戸市内の遺跡分布調査を実施し，中峠遺跡を取り巻く遺跡群の実態を明らかにすると共に，埋蔵文化財保護の啓発にも努力して来たのであった（下総史料館 2001：2頁の年表参照）。「下総」の古参会員たちの多くは「和島ファン」であり，こうした活動に取り組むこと自体極めて自然なことなのであったろう。

「下総」が創設されて本年で50年。社会と経済の激変の中で，和島や本会の古参会員たちの掲げた理想を，われわれ新しい世代の現役会員は十分に支えきれなくなっていることも事実である。しかし，「ひも付き」でない，自由な共同研究を纏め上げる喜びを現役会員たちは今もなお存分に享受している。この，「下総」による共同研究の種を蒔いたのが和島誠一であったことを確認し，そして和島が継承した在野研究者（渡部義通や赤松啓介等）による共同研究のルーツは，戦前にまで遡るものであり，日本考古学史は言うに及ばず日本の科学史の中で燦然と輝く伝統に支えられていることを確認して本稿を閉じる。

2012年9月15日脱稿　　2013年3月4日改稿

謝辞

本稿をまとめるにあたり，以下の方がたのご教示ならびに資料提供を頂きました。芳名を記して感謝のしるしと致します（敬称略・五十音順）。

池上悟・石川日出志・大内千年・岡田茂弘・小林謙一・佐々木憲一・笹森健一・鈴木重治・高橋良治・建石徹・千葉毅・三門準・守屋幸一・山田俊弘

追記

脱稿後，小林謙一会員より小林謙一・黒尾和久編『縄文研究の新地平（続々）』六一書房（2012年）を頂戴した。そこには同氏著「戦後集落調査の系譜」という論文が収載されており，三殿台遺跡調査参加者の調査日誌の検討結果の概要が紹介されている。ちなみに小林会員はこの調査に参加した塚田等が，「三殿台遺跡調査の限界性を反面教師として」「中峠貝塚での住居址調査を実践」していったと指摘しているが，正鵠を射た評価と思う。

註

1)　立花（1983）は，厳密に言えば学術書の範疇には入らず，また政治的側面からの毀誉褒貶の著しい著作であることは承知しているが，当時生存していた戦前からのマルキストに直接多数取材している点で貴重な資料である。

2)　当時の首相田中義一は，三・一五事件後次のような声明を出している。「世態の複雑に伴ひ諸種の思想が現はれるのは止むを得ないが私はその点について能ふだけ理解ある態度を以て臨みたいと思って居る，然し事いやしくも皇室国体に関しては断ことして，仮借するを許さない」（東京朝日新聞　1928年4月12日付。傍点は引用者）

3)　なお1937年以降，特高の思想弾圧はますます苛烈さを増し，1939年には，「マルクス主義の長所は取り入れるが実践運動はやらない」という者にも治安維持法が適用出来るよう法改正の要望が特高主任会議で出されている（荻野 2012：119頁）。

4) ただし，東京帝国大学理学部人類学教室関係者たちは「人類学」の立場から先史学研究を推進していたわけであり，彼らに「歴史学的視点」を強要して，「皇国史観に抵触することを回避していた」と批判するのは筋違いである。

5) このエッセイには，既存の和島関係資料には認められない重要な情報が沢山含まれているが，引用文献や註が全くないので，原典に当たって事実関係を確認することが困難であり，この点が非常に惜しまれる。

6) ただし，もちろんそれらがすべて和島個人による創見とは思われない。現地に於ける諸先学の教示（上述）や，発掘調査を共にした各大学の学生たちの所見も取り込まれていたことは想像に難くない。守屋幸一が作成した和島の年譜（守屋編 2007：37 頁）を検討すると，志村遺跡調査期間中（1938 年 2 月～8 月），和島は千葉県木更津市菅生低湿地遺跡の調査に断続的に関わっている。彼の留守中，志村遺跡調査の主力をなしたのは，概報に個々の名前が記されていない，各大学の学生諸氏の可能性が高いのである（守屋幸一教示）。

7) 人民大衆の科学的欲求の昂揚と結集，科学研究・発表並びに活動の完全な自由の獲得及び擁護，反民主主義的教化制度及び政策との闘争，民主主義日本の建設を担当すべき新進科学者の養成，社会的職能としての科学者及び技術者の地位の擁護，など（民主主義科学者協会 1946：92 頁）。

8) もっとも幹事長の渡部はそういう意気込みであったが，上述したようにマルクス主義とは無縁の研究者も当初は多数包みこまれており，かの山内清男も渡部の勧誘で民科に加入していたのはあまりにも有名である（春成 2003：118 頁）。

9) 「民主主義科学者協会創立総会議事録」（『民主主義科学』創刊号　1946 年）に掲載された役員一覧や議事録には和島の名を見出せないが，椚国男は和島が「民主主義科学者協会歴史部会の歴史教育のリーダー」であったと証言している（椚 1996：23 頁）。

10) ちなみに，和島逝去後まもなく岩波ホールで開催された「和島誠一先生をしのぶ会」の「呼びかけ人」には，著名な考古学研究者のほか，石母田正，井上光貞，遠山茂樹，西嶋定生，松本新八郎，和歌森太郎等錚々たる歴史学者たちが名を連ねている（同会式次第参照。なおこの式次第は中峠遺跡関係のネガ保存箱の中から偶然筆者が発見）。

11) ただし同書には，「なぜ歴史を研究するのか」，そしてそれが「何の役に立つのか」，といった根源的な問いに対し，誠実に向き合った労作が多数収載されており，「無目的・無方法」な「実証主義史学」に飽き足らない学生たちの支持を獲得したことは充分に想像出来る。

12) 筆者なりにそれらの内容を一言でまとめれば，自主的学習運動を受け入れる素地が，この地域の住民の中にあったということである。勝田郡飯岡村（現久米郡美咲町）の 1953 年に於ける衆議院選挙の政党別得票結果は，保守系諸政党の総得票数が 659 票であるのに対し，「革新」諸政党が圧倒的に多数の票を獲得する（991 票）地域であり，種々の住民運動も極めて活発なのである（近藤ほか 1960：399 頁）。

13) 和島は 1940 年に東京考古学会の一員として参加している（宮坂 1998：40～41 頁）。

14) 例えば山川出版社『詳説　日本史　改訂版』（2010 年）9 頁の「貝の花貝塚」全体図のキャプションには，「台地上に馬蹄形に広がる貝塚の下から，約 33 軒の住居跡が発見された。住居跡のない中央広場は，祭りや会議の場所であったのだろう。このような集落構成をみると，共同体としての規律の存在がうかがわれる」とある（傍点は引用者）。その他にも，和島の概説書の記載は，今日の中等教科書にそのまま生きている事例を多々見出せる（大村 1995：36～38 頁）。「和島集落論」は色々な角度から見直しの機運が強まっているが，和島の学説の優れた点は，今日でも通用するような鋭い歴史的観点からの切り込みであることである。佐々木藤雄が指摘するように，「和島集落論」を批判する場合は，日本原始・古代社会を見通した代替案を用意することが必要であるように思われる（佐々木 1993：93 頁）。

15）和島の業績の礼賛に終始するのは本意ではないので，調査中に於ける和島の不可解な行動について少し触れておきたい。調査は 7 月 15 日から実質的に 8 月末まで行なわれているのであるが，和島は 8 月 12 日には「月の輪」に行くために現場を離れ（斉藤 1996：14 頁），8 月 22 日から 25 日には静岡県小笠郡菊川町堀内遺跡の発掘調査に従事しているのである（日本考古学協会 1959：164 頁）。南堀遺跡の発掘に参加した塚田光は，速報で，各竪穴住居址の発掘は「参加した大学生が 1 地点ずつ担当し高校生がこれを助けて調査した」，とさりげなく記しているが（塚田 1955：15 頁），指導者のいない期間，彼等は重い責任を一身に背負いながらさぞ苦悩したことと推察される。

16）赤松啓介は，近藤・和島等による月の輪古墳の発掘に対し，「ああ，私の夢が実現された」というタイトルのエッセイを寄稿している（『月の輪教室』184～192 頁）。

17）和島の弟子であった田中義昭によれば，和島が三殿台遺跡の全面発掘を提起した時，大方の意見は「止めた方がいい」というものであったという（田中 1996：15 頁）。また別の記事で田中は，三殿台遺跡の全面発掘は，「正気の沙汰か」と言われかねない問題であった，とも書き残している（田中 2007：76 頁）。アメリカ合衆国で考古学研究の研鑽を積んで来られた佐々木憲一の教示によれば，北米で集落址を全掘した事例はなく，世界的にも稀有なことであるという。和島の野望がいかに途方もないものであったかが理解出来る。

18）塚田光は，南堀貝塚発掘時の和島の言動に対する批判と，彼の長所を列挙した長文のメモを残している（故小山勲の遺品より発見）。本稿の和島への目線はこれが参考になっている。ちなみにここに於ける塚田の和島批判は，若者による父親への反発のようなもので，完全に突き放したものではない。生前塚田が和島を語るときには，敬愛の念をにじませていた。

19）高橋 1962；高橋 1965；高橋・江森・湯浅 1964 等を参照のこと。

20）「中峠式」については，近年，筆者ら「下総」の新しい世代の会員が再検討した結果，独自の時間と空間を持つ土器型式ではなく，勝坂式・阿玉台式の終末期から加曾利 E 式初頭にかけて存在する類型群であることが分かっている（下総考古学研究会 1998・2000）。ただし，その問題意識や研究の組み立て方などには，今日も学ぶべき点が多々存在する。

引用・参考文献

赤松啓介　1937「古代聚落の形成と発展過程―播磨加古川流域の研究―」『経済評論』4 巻 2 号→1990『古代聚落の形成と発展過程』明石書店

赤松啓介　1956「国民的科学への考古学の歩み」『講座　歴史』4 巻→2000『赤松啓介民俗学選集』第 5 巻　明石書店

赤松啓介　1967a「はてしなき泥濘の道」『考古学研究』13 巻 4 号　考古学研究会

赤松啓介　1967b「はてしなき泥濘の道（2）」『考古学研究』14 巻 1 号　考古学研究会

赤松啓介　1971「和島誠一氏との四十年」『考古学研究』18 巻 3 号　考古学研究会

赤松啓介　1980「地域研究・批判」『どるめん』23・24 号　JICC 出版局

赤松啓介　1986『非常民の民俗文化―生活民俗と差別昔話―』明石書店

赤松啓介　1992「唯物論研究会の思い出」『季報　唯物論研究』43・44 合併号→2000『赤松啓介民俗学選

集』第5巻　明石書店

網野善彦・小熊英二　2002「人類史的転換期における歴史学と日本」『網野善彦対談集「日本」をめぐって』講談社

石井　孝　1958「あとがき」『横浜市史』1巻　横浜市

石田外茂一　1965「『史論』時代」『古代文化』15巻3号　古代学協会

石堂清倫　2001『わが異端の昭和史』（上）平凡社

石堂清倫・五味川純平　1974『思想と人間』角川書店

石野博信　1990『日本原始・古代住居の研究』吉川弘文館

石母田正　1946『中世的世界の形成』東京大学出版会→1957東京大学出版会

石母田正　1952a『歴史と民族の発見』東京大学出版会

石母田正　1952b「民科の当面の任務についての一つの意見」『本部通信』7号　民主主義科学者協会→1990『石母田正著作集』16巻　岩波書店

井尻正二　1982『井尻正二選集　第3巻　科学運動I』大月書店

市原壽文　1984「和島誠一論」『縄文文化の研究』10巻　雄山閣出版

今井　尭　1955「横浜市の歴史をきずく第一歩—横浜市港北区南山田町遺跡発掘調査概報『歴史評論』69号　民主主義科学者協会（未見）

エンゲルス，F.（村井康男・村田陽一訳）　1954『家族，私有財産および国家の起源』大月書店

大村　裕　1995「『縄文時代像の転換』と歴史教育」『歴史評論』No.548　歴史科学協議会

大村　裕　2008『日本先史考古学史の基礎研究—山内清男の学問とその周辺の人々—』六一書房

岡崎文喜ほか　1971『高根木戸—縄文時代中期集落址調査報告書—』船橋市教育委員会

岡田茂弘ほか　2001「酒詰仲男博士の貝塚研究の方法と残された課題」『貝塚研究』6号　園生貝塚研究会

荻野富士夫　2012『特高警察』岩波新書

小熊英二　2002『〈民主〉と〈愛国〉—戦後日本のナショナリズムと公共性—』新曜社

金森　修　編　2011『昭和前期の科学思想史』勁草書房

河上　肇　1933「獄中独語」『東京朝日新聞』昭和8年7月7日付

椚　國男　1996「和島先生と多摩の考古学」『利根川』17　利根川同人会

黒尾和久　2004「住居一括出土土器群の同時代性について考える」『シンポジウム　縄文集落研究の新地平3—勝坂から曽利へ—発表要旨』縄文集落研究グループ・セツルメント研究会

後藤守一　1943『先史時代の考古学』績文堂

小林謙一ほか　2008『縄文研究の新地平（続）～竪穴住居・集落調査のリサーチ・デザイン～』六一書房

小林謙一　2012「戦後集落調査の系譜」『縄文研究の新地平（続々）』六一書房　所載

小林行雄　1933「先史考古学に於ける様式問題」『考古学』4巻8号　東京考古学会

近藤義郎　2003「月の輪古墳発掘50周年に想う」『月の輪古墳発掘に学ぶ』月の輪古墳発掘50周年記念祭実行委員会

近藤義郎ほか　1960『月の輪古墳』月の輪古墳刊行会

斉藤秀夫　1996「南堀発掘の思い出」『利根川』17　利根川同人会

酒詰仲男（土岐仲雄）　1932『日本国家成立過程小論』白林社

酒詰仲男　1967『貝塚に学ぶ』学生社

酒詰仲男・和島誠一　1941「武蔵国打越貝塚に於ける一住居趾について」『人類学雑誌』56巻7号　日本人類学会

酒詰治男編　2009『東京大学総合研究博物館　標本資料報告　第77号　酒詰仲男　調査・日録　第2集』東京大学総合研究博物館

佐々木藤雄　1993「和島集落論と考古学の新しい流れ―漂流する縄文時代集落論―」『異貌』13号　共同体研究会

佐野　学　1928『日本歴史』南宋書院

司法省刑事局　1935「治安維持法違反事件の統計比較観察」『思想月報』15号→1973『昭和前期　思想資料　第1期』文生書院

下総考古学研究会　1976a「中峠遺跡発掘調査概要」『下総考古学』6号　下総考古学研究会

下総考古学研究会　1976b「中峠式土器の研究」『下総考古学』6号　下総考古学研究会

下総考古学研究会　1985「勝坂式土器の研究」『下総考古学』8号　下総考古学研究会

下総考古学研究会　1998「中峠式土器の再検討」『下総考古学』15号　下総考古学研究会

下総考古学研究会　2000「千葉県松戸市中峠遺跡第4次調査報告」『下総考古学』16号　下総考古学研究会

下総史料館　2001「小山勲氏追悼特集」『かみしき　下総史料館だより』35　下総史料館

鈴木重治ほか　1997「酒詰仲男の人と学問」『貝塚研究』2号　園生貝塚研究会

関野克・川名広文・笹森健一　1995「この人と語る　●関野　克博士　上福岡貝塚調査の頃」『きんもくせい』創刊号　上福岡市教育委員会

高橋良治　1962「阿玉台式土器の研究史と問題の提起」『考古学手帖』16　塚田　光

高橋良治　1965「阿玉台式土器の研究の現状と問題点」『考古学手帖』25　塚田　光

高橋良治・江森正義・湯浅喜代治　1964「千葉県・中峠第1地点貝塚の土器とその類例について」『考古学手帖』23　塚田　光

武井則道　1982「塚田氏の縄紋時代の集落と共同体研究について」『縄文時代の基礎研究』縄文時代の基礎研究刊行会

武井則道　2007「和島誠一の志村遺跡の発掘」『時代を拓いた男と女―考古学者・和島誠一と高群逸枝・平塚らいてう・市川房枝―』板橋区立郷土資料館

武井則道ほか　2008『南堀貝塚　港北ニュータウン地域内埋蔵文化財調査報告　40』財）横浜市ふるさと歴史財団埋蔵文化財センター

竹内　洋　2001『大学という病―東大紛擾と教授群像』中央公論新社

立花　隆　1983a『日本共産党の研究（一）』講談社

立花　隆　1983b『日本共産党の研究（二）』講談社

立花　隆　2005『天皇と東大』（下）文藝春秋

田中義昭　1996「志村から三殿台へ―和島誠一先生の集落研究の軌跡―」『利根川』17　利根川同人会

田中義昭　2007「『家族』と『むら』の歴史を求めて―和島誠一の集落論から―」『時代を拓いた男と女―考古学者・和島誠一と高群逸枝・平塚らいてう・市川房枝―』板橋区立郷土資料館

田辺昭三　1988「和島誠一論」『弥生文化の研究』10巻　雄山閣出版

塚田　光　1951「学習の経過」『ミクロリス』10号　明治大学考古学研究会

塚田　光　1955「横浜市南堀遺跡の発掘」『私たちの考古学』6号　考古学研究会

塚田　光　1966「縄文時代の共同体」『歴史教育』14巻3号　日本書院
塚田　光　1969a「集落址研究のために」『研究メモ』74　下総考古学研究会
塚田　光　1969b「下総考古学研究会のあゆみ」『考古学研究』16巻2号　考古学研究会
塚田　光　1974「研究メモ編集者は公正であれ―117号熊谷氏の文章を読んで―」『研究メモ』118　下総考古学研究会
月の輪古墳発掘50周年記念祭実行委員会　2003『月の輪古墳発掘に学ぶ』
勅使河原　彰　1995『日本考古学の歩み』名著出版
土井義夫・黒尾和久ほか　2004「特集　縄文中期の集落と居住形態」『多摩のあゆみ』116　財）たましん地域文化財団
TOM（編集部）　1951「"団体研究" ということ」『ミクロリス』10号　明治大学考古学研究会
鳥居龍蔵　1925『有史以前の日本』磯部甲陽堂→1975『鳥居龍蔵全集』1巻　朝日新聞社
永原慶二　2003『20世紀日本の歴史学』吉川弘文館
中村嘉男　1982「武蔵地方研究会と塚田光君」『研究メモ』184　下総考古学研究会
日本考古学協会　1959『日本考古学年報　昭和30年度』8　日本考古学協会
羽生淳子　1990「縄文時代の集落研究と狩猟・採集民の接点」『物質文化』53号　物質文化研究会
春成秀爾　2003『考古学者はどう生きたか―考古学と社会―』学生社
廣重　徹　1960『戦後日本の科学運動』中央公論新社
松本新八郎　2001「戦時下のことなど」『石母田正著作集　月報』16　岩波書店
宮坂英弌　1998『尖石』学生社
民主主義科学者協会　1946「規約」『民主主義科学』創刊号　彰考書院
美備郷土文化の会・理論社編集部　1954『月の輪教室』理論社
守屋幸一編　2007『時代を拓いた男と女―考古学者・和島誠一と高群逸枝・平塚らいてう・市川房枝―』板橋区立郷土資料館
山内清男　1939『日本遠古之文化（補註付・新版）』先史考古学会→1967『山内清男・先史考古学論文集・第一冊』先史考古学会
横浜市歴史博物館　2011『大昔のムラを掘る　三殿台遺跡発掘50年』
吉田　晶　1984「月の輪古墳と現代歴史学」『考古学研究』30巻4号　考古学研究会
吉田　格　1952「東京都滝久保遺跡」『武蔵野』32巻3・4号→1973『関東の石器時代』雄山閣
和島誠一（三澤　章）　1937「日本考古学の発達と科学的精神」『唯物論研究』60号，62号→1973『日本考古学の発達と科学的精神―和島誠一主要著作集』（以下『主要著作集』と省略）同書刊行会
和島誠一　1938「東京市内志村に於ける原史時代竪穴の調査予報」『考古学雑誌』28巻9号　日本考古学会→1973『主要著作集』
和島誠一　1940「竪穴に就いて」『考古学』11巻2号　東京考古学会
和島誠一　1941「蒙古高原に古代の跡を探る」『旅』18-2→1973『主要著作集』
和島誠一　1947「登呂遺跡発掘の意義」『歴史評論』2巻4号　民主主義科学者協会→1973『主要著作集』
和島誠一　1948「原始聚落の構成」『日本歴史学講座』学生書房→1973『主要著作集』
和島誠一　1954「月の輪古墳発掘の学問的意義を中心に」『月の輪教室』理論社→1973『主要著作集』
和島誠一　1955「集落址」『日本考古学講座』1　河出書房
和島誠一　1958「第一章　縄文時代」『横浜市史』第1巻　横浜市

和島誠一ほか　1965『三殿台遺跡発掘調査報告書』横浜市教育委員会→1968 三殿台遺跡発掘調査報告書刊行会

渡部義通　1936『日本古代社会』三笠書房

渡部義通　1946「日本科学の歴史的環境と民主主義科学者の当面の任務」『民主主義科学』創刊号　彰考書院

渡部義通　1973「『日本歴史教程』前後の和島誠一」『考古学研究』19 巻 4 号　考古学研究会

渡部義通ほか　1974『思想と学問の自伝』河出書房新社

渡部義通・三澤　章ほか　1936『日本歴史教程　第一冊』白揚社

渡部義通・三澤　章ほか　1937『日本歴史教程　第二冊』白揚社

VIII. 塚田光の縄紋集落・共同体研究
—在野考古学研究者による研究戦略—

1.

塚田光《こう》は生涯在野を貫いた縄紋集落・共同体の研究者である。今から34年（2015年現在）も前に亡くなっているので，現在，彼の名前を知っている若い研究者は多くはないかも知れない。しかし生前は，印刷業者という職業柄，全国の考古学研究者や関係機関と交流を持っており[1]，その学界への影響力は並々ならぬものがあった。鋭い眼光をはなち，不正をにくみ，信義を大切にするその誠実な人柄は，多くの研究者に畏敬されていた。その圧倒的存在感は到底表現が出来ないほどである。筆者と同世代の研究者にも，同様の印象を持った人は多いと思われる。

塚田は，1956年に明治大学を卒業し，同大学院に進学するも，翌1957年6月に中途退学している。退学の理由は今以て不明である（塚田の親友・故渡辺兼庸は，1982年に行われた「塚田光氏を偲ぶ会」において「人間味豊かな塚田君は，明治大学大学院を中途でやめ……」というような証言をしているが，詳細は語らなかった）。以後，家業の柏屋印刷所の経営に携わることになった。しかし考古学への情熱やみ難く，明治大学の同窓生などを糾合して同人誌『考古学手帖』を創刊（1958年）。編集・刊行の実務を担って日本考古学界に新風を送り込んだ。1962年には千葉県松戸市子和清水貝塚を盟友高橋良治等と自主発掘。これを契機に縄紋中期文化の共同研究を始める（「中期縄文文化研究グループ」)。翌年には同市紙敷所在の中峠貝塚の第1次調査に取り組むが，この折，中峠貝塚の発掘・研究を継続するための組織確立を展望し，名称を「下総考古学研究会」と改める。そして，共同研究の基盤が確立するに伴い，活動の軸足を『考古学手帖』から同研究会に移す。以後1977年の第9次調査に至るまで，ここの自主発掘を主導。同遺跡の発掘中断後も，1981年に急逝する直前まで同会の理論的指導者として活躍した。

個人的には，代表的論文「縄文時代の共同体」（塚田 1966）を公表した直後の頃から，「縄紋学の父」・山内清男との交流が始まり，同氏の論文集の刊行を引き受けることになる。この仕事を通じて，それまで敵視していた「山内考古学」[2]への理解が急速に深まり，塚田の考古学研究は劇的な転回を見せることになる（縄紋土器研究への本格的参入）。

山内没後，9年を経て，ご遺族の依頼を受け，同博士の学位請求論文である『日本先史土器の縄紋』（先史考古学会 1979年）を編集・刊行。それまで，一部の研究者の間にしか知られていなかった山内の「縄紋」研究の成果を学界共有の財産にすることに成功した[3]。この塚田の業績の意義について，学界では筆者以外言及する者がほとんど皆無であるが，この論文刊行は，塚田以外にはなしえないものであった。山内の学位論文をめぐって，山内の「直弟子」および山内と古くから親交のあった斯界の権威，それに，山内と特に強いつながりを持っていた大学の関係者が三すくみの状況にあった上，写真図版が膨大で莫大な費用がかかるため，1970年代当時，その刊行を実現することは絶望的な状況であったのである。実際ある時，山内に少年の頃から可愛がられていた有力な研究者が刊行に向けて尽力していたというが，結局これを実現することは出来なかったのであった（塚田光，下総考古学研究会1980年7月例会発表）。そういう中で，学界とは一定の距離を置く在野研究者にして「印刷業者」という有利な立場にあった塚田だからこそ，刊行にこぎ着けることが出来たのである（大村 1993）。塚田によるこの刊行に向けた決断がなかったら，「縄紋」研究は現在よりも大きく立ち遅れることとなったであろう。

なお塚田は，この大事業を成し遂げた直後の1981年3月，心疾患にて急逝する。わずか46歳と11カ月という短い生涯であった。

塚田は論文を起草するに当たって，平凡な結論を嫌い，常に人の意表をつく斬新な所見を提示することを心掛けていた。従って，公表する論文はその学識に比して非常に少なく，外部の者が彼の考古学研究の実際を知る手掛かりは乏しい。しかし，「生身」の塚田は，複雑な情勢をいとも単純に解きほぐす，たぐい稀な洞察力を持ち，そして汲めども尽きぬアイデアを胸に秘めていた（芝崎 1982：326頁）。筆者がこれまでに公表した研究のいくつかには，塚田が提示したアイデアにヒントを得たものがあり[4]，方法論もまた彼のそれに負う所が大きい（大村 2008・2011）。その点でまぎれもなく塚田は筆者の「恩師」である。この度，本誌[補註1]の編集者である佐々木藤雄氏から標記のようなテーマで一文を草することを慫慂されたので，筆者の手元にある資料を再検討して塚田による「集落・共同体論」の一端を紹介してみたい[5]。なお，塚田の集落・共同体論については，武井則道氏による極めて優れた解説（武井 1982）があるので，併せて参照されることを希望する。本稿もこの労作を参照した部分が少なくない（以下文中敬称はすべて省略する）。

2.

塚田の考古学研究の特徴を確認するために，改めてその生誕から明治大学卒業論文作成時までの動向を以下に略述する。

塚田光は，1934（昭和9）年3月に東京都牛込区（現新宿区）に塚田家の長男として生まれる。10歳の時，戦火を避けるために群馬県荒砥村に家族ぐるみで疎開するが，ここでは，「東京者」として地元の子どもたちに迫害を受けたという。ある日の学校の帰り，3人程度の土地の子どもたちに待ち伏せされ，散々に殴られたことがあった。こういうことは以前から度々あったので，とうとう覚悟を固め，その中で一番強いと思われる者に目標を置いて，「腕を叩き折ってやる思い」で闘った。周囲からはもちろん「殴る」・「蹴る」の暴行を加えられたが，構わず頭目と思われるものと闘い続けた。塚田は，顔を腫れあがらせて家に帰ったが，母親にはすべって転んだと伝えたという。以後塚田に手を出す者はいなくなった（1980年9月13日，小山勲が塚田から聴取したメモによる）。後年の，何をも恐れない塚田の強い性格は，この頃に出来上がっていたのかもしれない。それはともかく，こうした原体験が日本の共同体に対する問題意識を育んだのではないか，と塚田の側近の一人であった武井則道は指摘している（武井 1982：314頁）。この推定はまことに正鵠を射ており，塚田自身，「共同体の研究は，単に歴史学や考古学の問題ではなく，最も今日の生活に密着した問題でもある」（塚田 1967→1982：9頁）として，先史時代の共同体研究を通して現代日本の農村に残る共同体の諸問題を考察しようという問題意識を提示しているのである。

小学校を卒業後，紆余曲折があり，詳細に塚田の歩みをたどれない部分があるが[6)]，1949年には地元の名門前橋高校に進学する。この進学前後，「よそ者」故の差別や教育環境の混乱などが原因で，随分不愉快なことがあったというが，その都度「コンチクショー」と心の中で叫びながら一生懸命勉強して来たと自ら語っている（小山，同上メモ）。この「屈辱」をバネにした激しい精進が，学問へのひたむきな姿勢の根底にあるように思える。前橋高校在学中は，歴史郷土部に所属し，3年時には部長となっている。尾崎喜左雄や岩宿遺跡発見者の相沢忠洋と面識が出来たのもこの頃である。ちなみに尾崎の手堅い学風や人柄には終生心服していたようで，尾崎の学位受領・還暦祝賀会に当たっては，事務方を一手に引き受けていた。祝賀会の細かな計算書や祝賀会の運営覚書ならびに尾崎から塚田宛の，毛筆による丁寧な感謝状の写しが残っている。

尾崎からは群馬大学への進学を勧められたが，相沢に従って岩宿遺跡の発掘の手伝いをしたことが契機となり，明治大学に進学することになる。明治大学考古学講座の清新な雰囲気と，後藤守一の人柄に魅せられたことが主な原因らしい。進学者の大半が国公立の大学進学を志望するなかで，塚田のこの進路選択は奇異に映ったようである。友人が「なぜ明治大学へ？」と質問すると，「明治の考古学は一番良いのだ。オレは大学の名前につられて進学するのとは違うのだ」と答えたという[7)]。終生，周囲の動向に右顧左眄せず，「権威」に媚びなかった塚田の面目躍如といったところである。

明治大学進学後，1年次は遺跡発掘の機会がなかったようで，千葉県市川市の遺跡巡検や東京都国分寺市方面の遺跡巡検に参加するだけであったが，2年生（1953年）になると，考古学研究室の発掘に参加を許されるようになり，東北・関東・東海に所在する各時期（縄紋晩期の雨滝遺跡・弥生式の西志賀貝塚および稲荷山古墳）の遺跡調査に参加し，発掘技術の習得に努めることになる（塚田 1982の「略年譜」参照）。この中で，愛知県西志賀貝塚（弥生前期）の発掘は，塚田の研究生活の画期となるものであった。西志賀貝塚の調査中，その主力部隊（杉原荘介・神村透・戸沢充則等）が，これと並行して行われていた長野県上ノ平遺跡調査に出掛けていったことがあった。その留守中，塚田や渡辺兼庸は，「湧水で地下足袋がぐしょぐしょ」になる悪条件の中で，独力で「西志賀層下に住居址を発見」したという。それは「貝層下にみどりがかった灰色ぽい，水垢が凝縮されたような薄い膜が住居址の床面を覆っていた」もので，「いかにも低湿地に長時間埋もれていた様相がうかがわれる」ものであった。塚田は，「この時の住居址の検出が自信となり，以後，住居址研究をライフワークとする」ことになったという（高橋 2006：2頁）。翌，1954年には，神奈川県横浜市下末吉上台遺跡の発掘に鵜木晶，神村透等と共に参加し，重複する縄紋・弥生・古墳時代の竪穴住居址群の検出に関わっている（武井 1982：315頁）。こうしたいくつかの経験を重ねる過程でますます竪穴住居址への関心が深まり，卒業論文のテーマに「縄文時代竪穴住居の研究」を選ぶことになったのであろう。

さて，この卒論を執筆するに当たって，どのような学習をしていたのであろうか。もちろん内外の多数にわたる文献を渉猟していたことは想像に難くないが，その詳細は不明である。ただ，「縄文時代の共同体」（1966年）公表後，下総考古学研究会の小山勲との「共同体」勉強会において，以下の「基本文献」に目を通しておくよう指示しており，参考になると思われる（小山勲「塚田さんの集落・共同体の研究について」下総考古学研究会 1982年8月例会発表）。

① 住谷一彦『共同体の史的構造論』有斐閣　1963年

② 石川　学「歴史家の錯覚　大塚博士の『共同体の基礎理論』に就いて」『古代文化』1巻3号　1957年

③ 大塚久雄『共同体の基礎理論』岩波書店　1955年

④ マッキーバー（原　実訳）『共同社会・結社・国家』社会評論社　1928年

⑤ マルクス『資本主義的生産に先行する諸形態』大月書店　1959年

⑥ エンゲルス『猿が人間になるについての労働の役割』大月書店　1965年

⑦ L. H. モルガン『古代社会』岩波文庫　1958年

⑧ 早川二郎『日本古代史の研究』白揚社　1949年

⑨ 中根千枝「親族」『現代文化人類学』3巻所収　中山書店　1960年

⑩ テンニェス『ゲマインシャフトとゲゼルシャフト』岩波文庫　1957年

⑪ 藤原浩「「ゲルマン的共同体」とは何か」『思想』391号　1957年　岩波書店

⑫ 清水盛光『家族』岩波書店　1953年

⑬ 和島誠一「原始聚落の構成」『日本歴史講座』学生書房　所収　1948年

ちなみに小山の発表では，文献の刊行年や出版社が明示されなかったので，筆者の手元にある文献等を参照して文献一覧の欠を補ったが，何度も翻訳本が出ている⑤～⑦や⑩は，もっと古いバージョンを参照していた可能性がある。

「縄文時代の共同体」（1966年）は，「卒論の一部としてまとめたもの」であるというので（1980年8月7日，小山勲が塚田から聴取したメモによる），上記の諸文献の多くは学部学生時代にも参照したものであろう。これらを通観すると，史的唯物論・社会学・民族学（文化人類学）に関わる諸研究が主体を占めていることが理解出来る。肝心の考古学の分野では，和島の「原始聚落の構成」が挙げられているだけであるのは興味深い。1950年代前半～1960年代後半の時点では，この分野において未だ参考に値する業績は少なかったようである。ちなみに，くだんの和島論文が収載されている『日本歴史講座』は，塚田が大学3年の頃，同窓の渡辺兼庸に紹介され，「これはいい」ということで，早速購入したものであった。なお和島本人とは，岡本勇の誘いで東洋大学における研究会に出席したとき知遇を得ている（以上は1982年6月10日，小山が渡辺から聴取したメモによる）。和島の東洋大学在職期間は1948年から1954年であるから，和島と初めて出会ったのは，塚田が大学2年から3年生の間ということになるだろう。この研究会では，塚田は和島から直接教示を受ける機会は少なかったらしいが，1955年の夏に実施された横浜市南堀遺跡の発掘を通して親密な交流を持つことになり，和島が没するまでそれは維持されることになる。史的唯物論に関わる文献に親炙したのは，マルクス主義史学全盛という時代性もさることながら，マルクス主義考古学者である和島の影響も少なくないであろう。

さて，塚田の「縄文時代の共同体」を読んで強く感じるのは，社会学の影響である。塚田等は明治大学においてマッキーバーの『社会学講義』に関わる科目を受講し，かなりの影響を受けていたと渡辺は証言している（小山，同上メモ）。マッキーバーの『社会学講義』（菊池綾子訳）が日本で出版されたのは，塚田の大学卒業後，1957年である（現代教養文庫　社会思想研究会出版部刊）から，あるいは原書（1949年刊）を用いての講義であったのかも知れない。筆者は同書翻訳本を通読したが，未だ塚田が卒論作成時に影響を受けた部分を確認出来ていない。清水盛光の『家族』は，卒論の下地として積極的に活用しているようにみえる。「家族」に関わる欧米研究者たちの研究を網羅的に紹介したこの著書は，決して読みやすいものではないが，「家族」の定義に関して塚田に決定的な影響を与えたものである。卒論の「第3章　竪穴住居の変遷とその意義」の中にも，清水の概念定義〔「家族は家に限定せられた親族の日常的生活共同体である」（18頁・25頁・97頁）〕を念頭に置いた部分〔「同じ炉を囲み同じ軒の下に生活する血縁集団」（塚田 1956→1982：132頁）〕を垣間見ることが出来る。

最後に民族学（文化人類学）の学習についてふれる。明治大学在学中，塚田・渡辺等が民族学に関して教えられ，読んだのは，「戦後の文化人類学としての民族学ではなく，古い民族学であった」という。これらの書籍を「かなり皆読んだし，影響を受けていた」と渡辺兼庸は語っている（小山 同上）。ちなみに1970年，高橋良治が「文献資料センター」という施設[8)]を自邸内に創設し，下総考古学研究会の仲間たちに共同利用を呼び掛けると，塚田はこれにいち早く応じ，自分の所蔵文献の大部分を寄託した。それらの中には，中根千枝，レヴィ・ブリュル，岡田謙，松本信廣などの社会人類学・文化人類学関係書籍が多数入っているのを筆者は目にしたことがある。特に印象に残っているのは，イギリス王立人類学会の月刊誌『マン』のバックナンバーが相当数揃っていたことである。このバックナンバーに，塚田がかなり目を通していたらしいと推測されるエピソードを紹介しよう。1980年，東北大学教授（当時）の芹沢長介が，同誌所載のニコルソンの民族調査事例（『マン』1928年3月号所載）を引き合いに出して，「縄紋」施紋法の先取権が山内清男（1931年発見）にはなく，ニコルソンにあると主張したことに対し（芹沢 1980），塚田がいち早く反論したことがあった（塚田 1980）。この折，「文献資料センター」に寄託してあった『マン』を早速借り出しているのである。塚田は，芹沢が言及していない，ニコルソン報告に関連する他の諸論文（1963年8月号所載 Stanton & Willet 論文，同年12月所載 Jeffreys 論文，1964年5―6月所載 Catter 論文）をたちどころにその場で探し出し（筆者立ち会い），自宅に持ち帰ってコピーを取ったのであった。こうした素早い対応は，以前からこの雑誌のバックナンバーによく目を通し，記憶していたことを物語っているといえよう。

学部の卒業論文を「縄文時代竪穴住居の研究」と定めた塚田は，精力的に既存の発掘資料の集成に取り掛かる。単に文献上の図を集成するのではなく，発掘関係者のもとを訪ね，原図をトレーシング・ペーパーに写し，遺物の出土状況を克明に発掘関係者に質し，記録して行くのである。その間の活動の一部について塚田は後年，こう回顧している。

> 「『尖石』が出たのは昭和 32 年 12 月であったが，それに先立って昭和 30 年の 6 月，9 月に，私は卒論の資料を得るために宮坂先生（引用者註：宮坂英弌）をたずねたことがある。この折には報告書刊行のはなしは知らなかったが，すでに長い間書きためられた原稿，整理された写真，実測図等をことごとく拝借し，10 日余りをかけて記録してきた。またこの際に，疑問とするところは直接うかがい，土器等は実測・拓本・写真等の記録にした。」（塚田 1969a→1982：12～13 頁）

宮坂英弌の資料のうち，長野県与助尾根遺跡関係の塚田複写資料は筆者の手元に存在しないが，この折トレースされた長野県尖石遺跡および徳久利遺跡・立沢遺跡・無法塚遺跡（「宮坂英弌氏資料うつし」と表書きされている）の複写資料は見つかっている。トレーシング・ペーパーに鉛筆で原図を直接写したものである。尖石・与助尾根だけではなく，宮坂が関係した資料すべてを借覧したようである。ここで重要なことは，後年刊行された報告書『尖石』が，塚田の「手元の記録とかなりくいちがっている」ということである（塚田　同上 13 頁）。与助尾根遺跡（報告書『尖石』に併載）検出住居址のうち第 7 号住，8 号住，および 11 号住・12 号住等が卒論に取り上げられているが，宮坂 1957 掲載図版と対照すると（**第 1・2 図参照**），両者に著しい違いがあることが歴然である。7 号住では，宮坂報告（**第 1 図・左下**）の平面形態は略隅丸六角形であるが，塚田論文（**第 1 図・左上**）のそれは略楕円形である。宮坂報告には住居址南端に円形の小竪穴が重複しているが塚田論文には存在しない。塚田論文に見える住居址西北隅の柱穴は宮坂報告には存在しない。第 8 号住では，宮坂報告（**第 1 図・右下**）の平面形態が「菱形」を為しているのに対し，塚田論文（**第 1 図・右上**）では住居址南端の鋭角な突出部が存在しない。一方，塚田論文掲載の実測図に示されたピット 3（周溝にかかっている）は，宮坂報告には存在しない。第 11 号・第 12 号住（重複する住居址）は，宮坂報告（**第 2 図・下段**）では分離して掲載しているが，塚田論文（**第 2 図・上段**）では重複したままの状態で平面図が提示されている。宮坂報告で掲載された 2 軒の住居址を，重複したままの状況に直すと，北の方位を示す矢印にズレが生じるが，それはそれとして，塚田論文に示された第 12 号住（塚田没後に刊行された著作集には住居址平面図中に，「10」と注記されているが，誤植で，同書第 75 図のキャプション通り，「12」が正しい。本稿挿図では誤記訂正）の実測図中，北東部に所在する二つの隣接した壁柱穴は，宮坂報告では重複した形で描かれている（p1・p2）。また，塚田論文では，同住居址南西部に存在する周溝が蛇行して描かれているが，宮坂報告ではほぼ直線的となっている。もっと細かく見ると多数の齟齬が認められるのであるが，

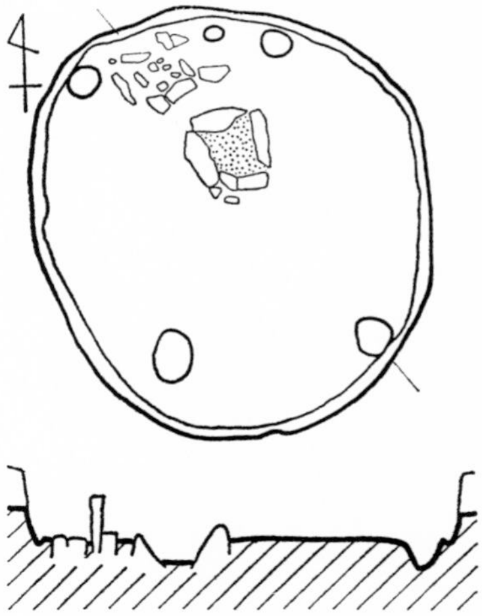

第 73 図　与助尾根遺跡第 7 号住居址

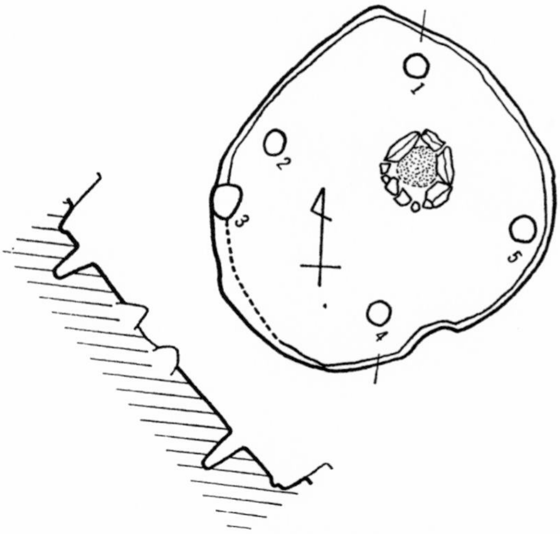

第 74 図　与助尾根遺跡第 8 号住居址

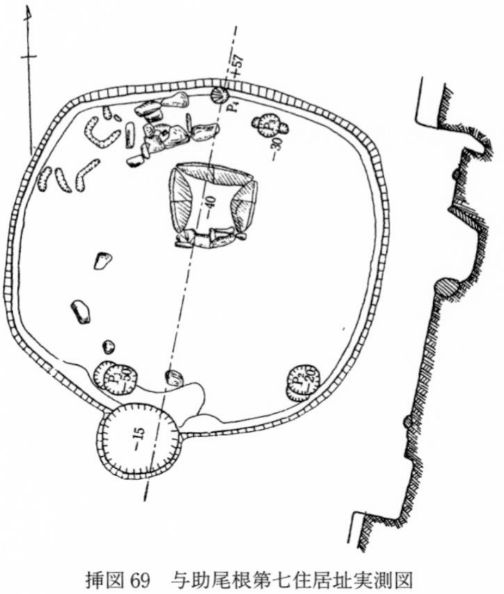

挿図 69　与助尾根第七住居址実測図

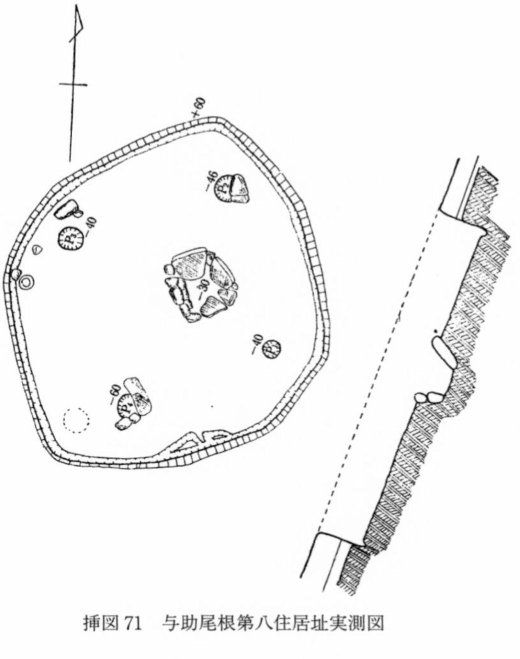

挿図 71　与助尾根第八住居址実測図

第 1 図　塚田 1956 掲載実測図（与助尾根 7～8 住）（上段）**と宮坂 1957 掲載実測図**（同左）（下段）**の比較**

(1) 塚田がトレースした住居址の上端はすべて省略されている（第 2 図も同様）

(2) 比較しやすいように，方位を統一してレイアウトしなおしてある（第 2 図も同様）

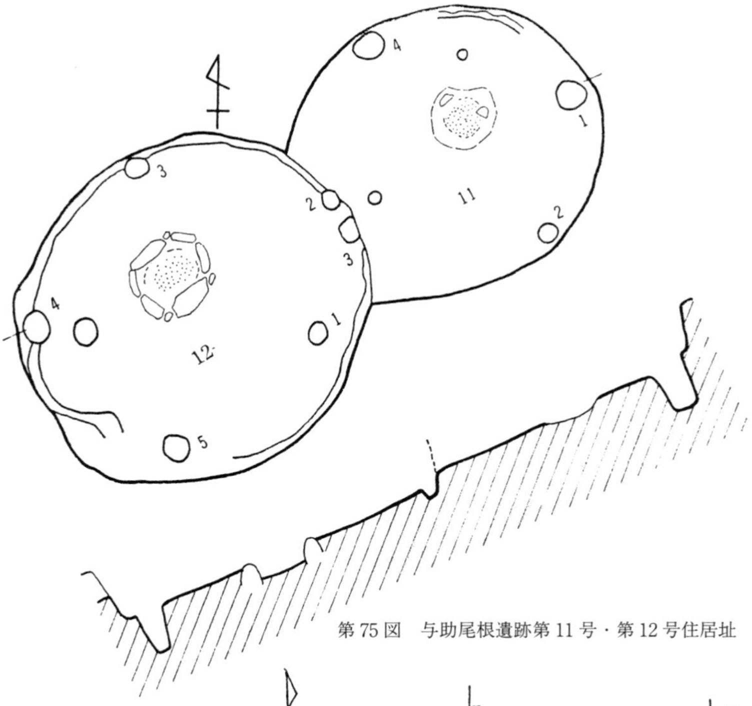

第 75 図　与助尾根遺跡第 11 号・第 12 号住居址

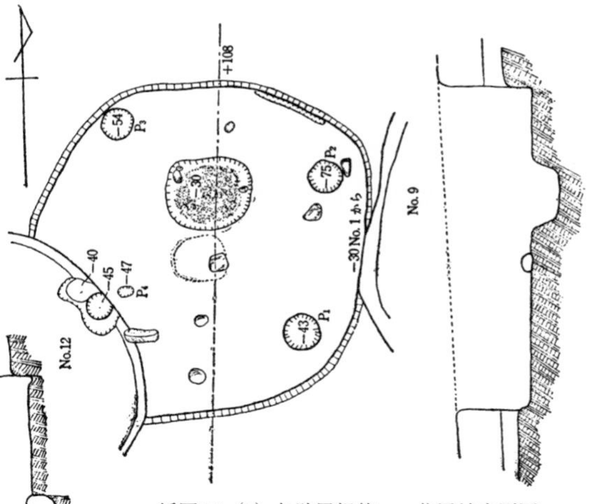

挿図 74（1）与助尾根第一一住居址実測図

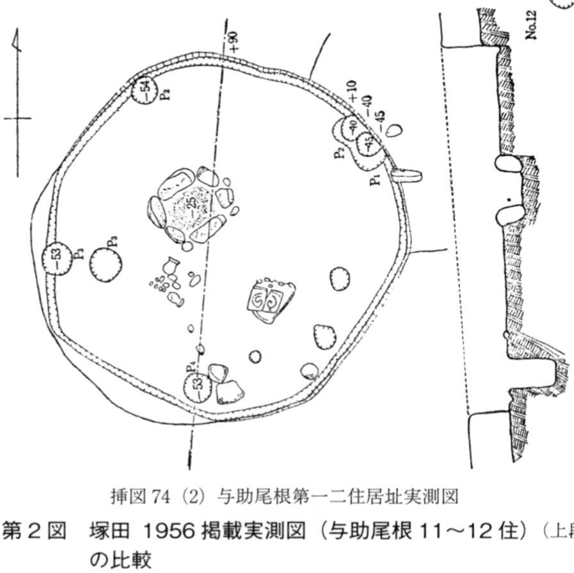

挿図 74（2）与助尾根第一二住居址実測図

第２図　塚田 1956 掲載実測図（与助尾根 11〜12 住）（上段）と宮坂 1957 掲載実測図（同左）（中・下段）の比較

こうした現実を前にして，塚田は，「一般には，活字になって公刊された方を信じたがるし，実際にこれを使って二・三の論考をされた人もある。が，それらをとりあげ，問題とし，一部批判するまえに，基礎資料の史料化をはかるように努めるのが順序だと考える」（塚田 同上）と注意を喚起している。

文献史学では，紙質・筆跡・字体・文書様式・墨色・印章・花押・記載事項，等などを分析・比較対照し，誤りのない「史料」とするための基礎作業をする（「史料批判」）のであるが，考古学分野では，報告者のレポートをほぼ正しいものとしてそのまま活用する傾向がある。報告者の記載や提示図版に種々の問題点を指摘するのは，感情的なしこりを残す場合もあるからである。塚田は，上記の体験に照らし，そうした安易な資料操作は実に危険であり，自ら既出資料に当たり，「基礎資料の史料化をはかるように努める」べきであることを主張しているのである。塚田は，「このあと一貫して，いかなる論文でも直接資料にあたり，検討するという姿勢をとった」と武井も指摘している（武井 1982：316 頁）。従って，塚田の卒業論文（「縄文時代竪穴住居の研究」）における 70 頁（B5 判）にも及ぶ住居址記載を，単なる報告書の「転載」と見てはならない。その多くは塚田自らが発掘資料に当たってデータ化したもの[9]なのであり，貴重な「一次資料」の補完資料として活用すべきものなのである。一例を茨城県花輪台貝塚（吉田格・江坂輝弥・芹沢長介・白崎高保・野口義磨等で 1946 年発掘）にとろう。

この貝塚の概報では，遺物の図は提示されているが，5 軒発掘されたはずの住居址実測図や遺跡の全測図は示されていない（吉田 1948）。甲野勇・吉田格が作成した『縄文式文化編年図集 第 1 回配本』（1949 年）では，5 軒の住居址の実測図（縮尺 250 分の 1）と遺跡全測図が A5 判一枚に圧縮されて提示されている（次頁**第 3 図上**）が，個々の実測図には，住居址番号も柱穴の径や深さなどの注記もなく，観察記録も 5 号住を除き，概括的な記載にとどまっている。遺跡全測図には，柱穴の記入も漏れている。江坂輝弥が掲載した同貝塚の全測図（江坂 1959：**第 3 図最下段**）には，住居址内の柱穴の記入はあるが，住居址番号の記入はない。また，甲野・吉田（1949）と対照すると，2 号住と 3 号住の間隔がやや空き過ぎているように見える。全体に，住居址の平面規模も一回り小さめである。それはともかく，塚田（1956→1982）には，5 軒の住居址すべての実測図が 100 分の 1 の縮尺で提示されており，遺物の出土状況も含めた個々の住居址の記載も詳細である。資料価値は塚田のそれが断然あるといえよう。ちなみに塚田が原図にあたってトレースした図面には，柱穴の口径が 1 号住を除いてすべて記入がなされてある。また，未報告のままとなっている横浜市南堀貝塚発見の住居址群のうち，1 号 a 住，3 号 a・b 住，6 号 a・b 住，7 号 a・b 住，9 号住，15 号 a・b 住の実測図と詳細な観察記載が認められる（住居址の時期決定の手掛かりとなる土器の出土状況の記載も詳細である）。活字化される可能性が低い学部卒業論文ゆえ未公表の調査資料の活用を許されたものと思われるが，結果的に和島の手によって本報告書は作成されなかったわけであるから，直接調査に関わった塚田の記載は極めて重要である。ちなみに和島等が手がけた『横浜市史』（第 1 巻　1958 年）で掲載されている住居址実測図は，上記住居址群のうち 9 号住だけである。

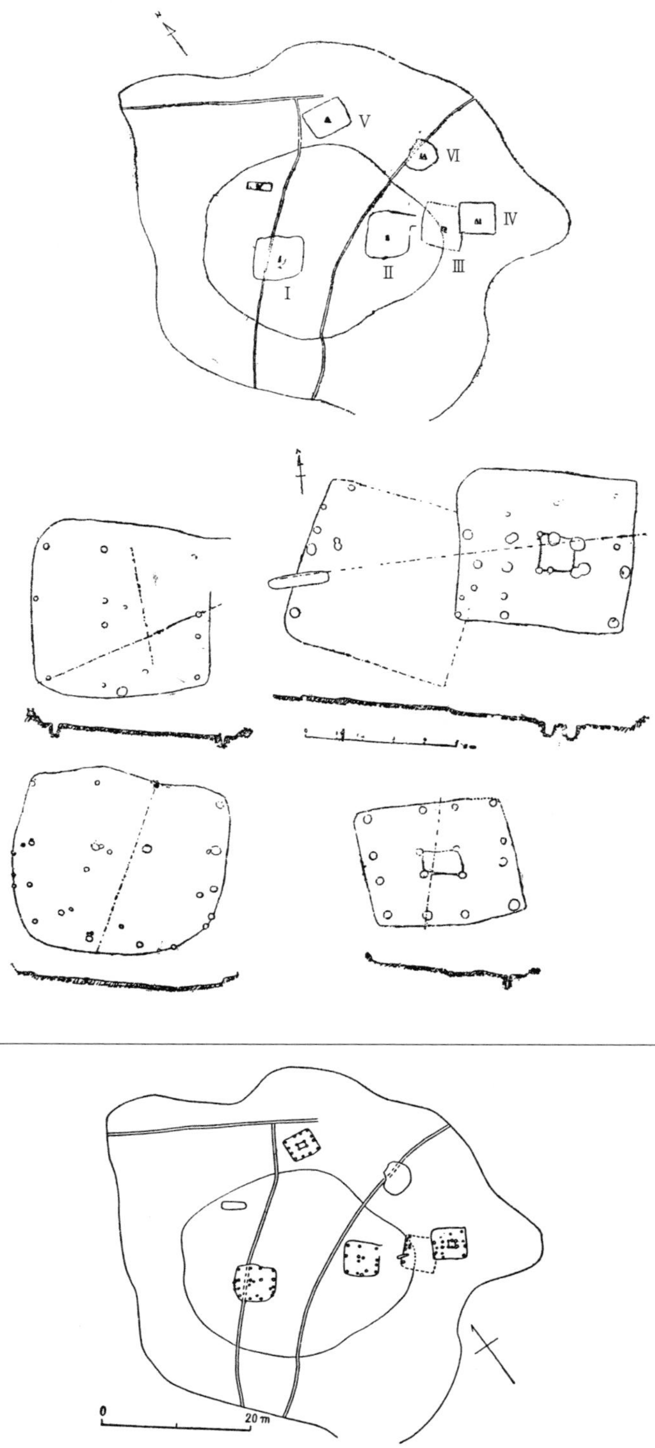

第３図　花輪台遺跡遺構実測図（上は甲野・吉田 1949，下は江坂 1959）

次に塚田による「史料批判」の実際について触れる。活字化された塚田の「史料批判」の実践例としては，「〔時評〕真福寺の巨大な住居址の再検討」(『考古学手帖』8　1959年）が有名であるが，これは卒論において既に言及していたものである（塚田 1956→1982：123〜124頁)。すなわち，酒詰仲男が調査した真福寺遺跡発見の一辺10メートルの「巨大な住居址」(酒詰 1950：32〜34頁）が，実は一辺7メートル程度の同形の住居址が微妙にずれて重複している事実を実測図の克明な検討から導き出しているのである。ちなみに塚田（1959）では，単なる事例紹介に終わることを避け，小林行雄（1951)，吉田格（1959)，水野清一・小林行雄（1959）など斯界の権威や第一線の研究者がこの事例を無批判に引用していることを俎上に上げ，彼等の研究姿勢を問題視している。すなわち彼等が，「自著の叙述に先立つ資料の取り扱いにおいて，客観性の豊かな記録を軽んじ，記述者（引用者註：酒詰仲男）の主観の入りやすい記録を重視するというような，資料批判の本末をとりちがえた態度で歴史を語っている」(塚田 同上）として，方法論上の問題として読者の関心を引き寄せているのである。調査者が提示したデータ（実測図など）を軽視し，そこから導き出された「解釈」を重視するのは危険である，ということである。ちなみに後年，この批判は塚田にそのまま返ってくることになる[10)]。

大学4年時に話を戻すと，こうした問題意識に立つ以上，既出資料の集成だけではなく，自らの発掘調査により，納得のゆくデータを集めなければならなくなってくる。そうした折も折，塚田の耳に飛び込んできたのが，和島誠一主導による横浜市南堀貝塚の発掘調査（1955年）なのであった[11)]。

この発掘は，参加した学生たちにとって極めて苦渋に満ちたものであり（調査主任のリーダーシップの欠如が原因のようである)，塚田も調査中，発掘現場から一時リタイアしてしまっている（塚田の1955年7月28日付メモによる)。しかし，「縄紋集落の全掘」という目標のもとに，胸を膨らませて全国から集まった仲間たちとのディスカッションでは，得るものが極めて多かったようである。調査団の宿舎で行なわれた夜のミーティングにおいて，住居址の時期決定の規準について議論したり（①住居址の床面に土器が埋設された場合，②床面に完形土器が遺存した場合，③床面に土器破片が遺存しその上を第一次埋没土が被覆している場合，④住居址の上に皿状に堆積した貝層ないしは土層から土器が出土した場合，の評価について議論)，「先史地表」(住居址以外の生活使用面）を復元するための方法を議論したりしている。また，かなりの時間幅が想定される「土器型式」によって所属時期が決められた住居址群の中から，ある一時点における住居址をどのように抽出すればよいのか，という今日的課題についても議論されている（塚田 1955：15〜16頁)。これらの問題意識は，後年の塚田の集落研究に大きな影響を及ぼしている。

さて，このように波瀾に富みながらも充実した1年を経て，1956年1月10日に卒論を書き上げたのであった（武井 1982：316頁)。

3.

塚田が明治大学に提出した卒業論文は，塚田逝去後，友人・知人の手により，著作集『縄文時代の基礎研究』（縄文時代の基礎研究刊行会刊　1982年）に収録されたが，塚田が生存していれば，そのままで公刊することは絶対にしなかったと思われる。武井則道も指摘している通り，この論文は，土器型式の把握（主に中期縄紋土器について）に少なからぬ問題を有しており（武井 1982：316頁），1980年代にそのままで公表するのはためらわれるものであったのである。

塚田が卒論を作成した1950年代は，縄紋草創期や晩期の土器研究は活況を呈していたものの，特に中期の土器型式群研究については低迷を続けていた（下総考古学研究会 1976b：21頁）。しかも，縄紋土器型式の多くを設定した山内清男の先史土器型式解説（『日本先史土器図譜』）は，戦中に200部程刊行されたものの，それらのうち100部は戦災で焼失しており，一般の研究者・学生の目に触れることはほとんどなかったのであった（下総考古学研究会 1976b：23頁）。乾式コピー機が普及したのはやっと1960年代後半のことであり，塚田の学生時代においては，山内の文献は筆写したり回し読みしたり，写真を撮ったりしてようやく学習することが出来たものだったのである（下総考古学研究会 同上）。塚田が卒業論文作成に邁進していた時代は，そのような種々の障害があったことを知る必要がある[12)]。従って，塚田の卒論のうち，土器型式の認定に問題を残しているのはある程度仕方がなかったことであるといえよう。

しかし，住居址の観察やその問題意識はさすがであり，先述したように第一次資料ともいうべき報告書にあらわれていない情報を満載している点で，この論文は今でも輝きを失ってはいない。

塚田は，当時検出されていた関東・中部地方の竪穴住居址の実測図を可能な限り集成し，これらを自室の壁に貼りつけ，毎日「じいっと眺めていた」という。そして，「初めは分からなかったけれど，毎日見ているうちにあれこれと（アイデアが）浮かんで来た」と坂本彰に語っている（坂本 1995：15頁。括弧中の語句は引用者）。同じようなことを下総考古学研究会の例会の席上でも時折語っていた。そして竪穴住居址に関する新しい「発見」をした時の喜びを，昨日のことのように懐かしそうに語っていたことを覚えている。

さて，この論文では以下のような指摘が特に注目されるべき部分である。

① 縄紋「早期」（山内編年による草創期後半を含む）は竪穴住居内には炉がない。この時期の家屋は，雨露をしのぐためまたは「ねぐら」としての意味しか持たない共同家屋と考えられる。この時期にはまだ家族構成の観念が存在しないと思われる。

② 前期には家屋内に炉が出現する。住居は日常の生活を営む場として日常生活の中心となる。すなわち単独家族の家屋として存在する。竪穴住居の平面形は円形と方形がある。前者は中部山岳地方に分布，後者は関東平野地方に多く分布する。

③ 中期には，海岸線の後退とともに関東平野部の漁撈民が関東の北東部霞ヶ浦縁辺におしやられ，その後，生活様式を異にする山岳地方の円形住居をもつ勝坂式土器文化が流入する。

方形住居の伝統は，わずかに阿玉台式土器文化の中に残存。勝坂式の伝統である円形住居は関東地方の大部分を覆うようになる。

縄紋前期以降の竪穴住居（住居内に炉を構築）に居住していた人々を「家族」[13]と規定したのは，塚田が最初であるといわれている（武井 1982：321頁）。この視点を初めて活字にした塚田（1966）に対し，「家族」の概念が明確ではない（後藤 1981：5頁）という批判や，「採集経済社会においては（中略），集落を構成する各戸が，各々独立した存在，従って独立して生計を営む存在としてあることはまずありえない」という批判（堀越 1972：10頁）などが提示されているが，とりあえず考古学的に「家族」を仮定義し，議論を進める方向は決して誤ってはいないと思われる。佐々木藤雄も，留保事項を付しつつも「その基本的問題意識は正しい」（佐々木 1973：54頁）と認めているところである。なお塚田のこの視点（一家屋内の居住構成員を「家族」と規定する）は，他の研究者たちに「形をかえてうけいれられ」，縄紋社会の親族論のベースとなっていることを指摘しておきたい（武井 1982：321頁）。

また八幡一郎による，

〈前期および中期勝坂式期は方形の竪穴住居址が行なわれ，中期加曾利Ｅ式に至って円形の竪穴住居址となる〉

という古くからの指摘（八幡 1920→1979：231～232頁）に対し，

〈前期にも中期にも円形と方形の竪穴住居があり，それらの相違は地域あるいは文化の系統の違いから来ている〉

という指摘も塚田が初めて提起した新しいものである。土器の出土状況を細かく検討して住居址の時期を推定している点も，従来の住居址研究にはないものといえよう。この塚田論文（卒論）には，その他，推測の域を出ないような多少不用意な記述が少なからずあるのであるが，それらは1966年の「縄文時代の共同体」において見事に削ぎ落とされ，より精緻で具体的な事例を提示しつつ展開されることになるのである。いずれにしてもこの時点（卒論完成時点）において，塚田ほど多くの縄紋式の竪穴住居址のデータ（主に中部・関東の）を保有していた研究者はほとんど存在しなかったのであり，それが強い自信となっていたことであろう。

4.

大学院中退後，「縄文時代の共同体」発表（1966年1月）までに塚田が関わった発掘調査には，以下のようなものがある。

1958年3月　千葉県船橋市金堀台遺跡（縄紋後期中葉～後葉）

1961年1月・8月　東京都大田区上池上遺跡（縄紋前期後半）

1961年7月～8月　神奈川県横浜市三殿台遺跡（縄紋・弥生・古墳）

1962年1月～3月　千葉県松戸市子和清水遺跡（縄紋中期中葉～後半）

1962年8月　東京都練馬区中村橋遺跡（縄紋中期中葉～後半，古代）

1963年1月～1964年　千葉県松戸市中峠遺跡第1次～2次調査（縄紋中期中葉～後半）

1964年3月　神奈川県横浜市大口坂遺跡（縄紋中期後半，弥生）

1965年5月　千葉県白井市海老内台遺跡（縄紋早期末葉，弥生，古墳）

1965年5月　神奈川県横浜市大口坂遺跡

上記の遺跡の時期を整理してみると，縄紋式に限って言えば，①草創期，②前期前半，③中期初頭，④後期前半，⑤晩期の遺跡調査が欠落しているが，①・②・④は学生時代の夏島貝塚・南堀貝塚・堀之内貝塚の調査に参加して既に体験済みであるし，⑤は1970年8月に群馬県新治村役場遺跡の調査で補完しようと試みている。すなわち，自分の体験していない時期の竪穴住居址を求めて計画的に調査に参加していることが分かるのである。中期の遺跡発掘が目立つが，子和清水遺跡や中峠遺跡の発掘は，当時類例が少なかった阿玉台式の住居址を狙ったものであったと高橋良治から聞いている。一方，中村橋遺跡の発掘は，同じ中期中葉でも勝坂式の住居址が主体であった。大口坂遺跡は，当時種々議論のあった「加曾利EIII式土器」（岡本 1963）の型式内容の把握が目的であった（塚田 1965→1982：39頁）が，個人的には当然この時期の住居址の検出も狙っていただろう。「縄文時代の共同体」が重厚な印象を与えるのは，こうした自身の体験の裏打ちがあった立論であったからである。ちなみに同論文に掲載された図版は，7例中5例は自分が関わった各時期の遺跡関連実測図・写真を提示している。他者の調査報告は，いくら厳密に「史料批判」しても限界があるのであって，自らの手と目で確認した「確実な」資料を執拗に求めたのであった。

さて，塚田はどのような問題意識を持って発掘作業に臨んでいたのであろうか。塚田が関わった発掘の調査日誌が筆者の手元にいくつか存在する。内訳は中峠遺跡，子和清水遺跡，中村橋遺跡，上池上遺跡，大口坂遺跡関連のものである。全体的に発掘の指揮者として各地点・各発掘区（一住居址ならば四つに区切ったグリッド）の調査状況を俯瞰するような記載が多く，発掘必要経費や必要器材のメモ，参加者の出欠簿・見学者の名簿が主たるものであった。筆者が期待していた細やかな遺構の観察や土層の観察に関わる記載は意外に少ない。経験が決して十分ではない調査員たちに常に目配りする必要があったから，自分で移植ゴテを振るう機会はそれほど多くはなかったのであろう。しかし幸いなことに，下総考古学研究会は，塚田の逝去後，同氏の言行をまとめてその学問を会の共有財産とするために，「塚田さんを偲ぶ会」を1982年に2回にわたって開催している。その折，江森正義の貴重な証言があったので以下に抜粋して紹介する。

①　発掘調査は，読み終わった頁をひっぱがしながら読み進んで行く読書のようなものである。掘り上げてしまったら二度と観察が出来ないので，納得行くまで観察することを人に勧めていた。

②　徹底的に遺構や層位を観察するためには，まずその調査で何を明らかにするのか，事前に目的意識を持っておかなければ見落としてしまう恐れがある。仲間に対し，どんなことでもよいから明確な目的意識を常に持って臨むよう要求していた。

③　瞬時における判断力に優れていた。例えば，中峠遺跡第4次調査地点2号住居址の床面に

落ち込みがあることが分かると，その作業に当たっていた者に作業を中止させ，「極めて重要な遺構だから自分で掘る」と宣言し，落ち込みの覆土最上層が「加曾利EI式土器」を出す２号住居址の貼床であることを突き止め，落ち込み（引用者註：フラスコ状ピット）の中から中峠式土器の完形品を検出して，初めて中峠式土器の層位データを得ることに成功した。２号住の貼床を削り過ぎたら２号住とその下のフラスコ状ピットとの先後関係は不明になるところであった[14]。

④「科学的調査というのは立派な器材をふんだんに使うことではなく，例えば遺構の切り合いを正確に押さえたり，遺物の出土状況を正確に押さえこむことをいう。正確な実測図を作成してみたところで，これらのことがないがしろにされていたなら，何の意味も持たない」と常々言っていた。ちなみに，中峠遺跡の全測図はロープとハンドレベル[15]だけで仕上げてしまった。（大村 1982：3～4頁。一部字句修正）

次に，こうした経験とデータの蓄積を踏まえ，満を持して発表した「縄文時代の共同体」（『歴史教育』14巻3号　1966年）の意義について考えてみよう。重要な所見を抜粋・要約し，筆者のコメントを加えて以下に列挙する。

①　論文冒頭に，「共同体の研究をさらに推しすすめるためには，まず考古学研究の成果の中から共同体を理解する上で，その第一義的な資料を提示することが先決であり，その後に民族学，社会学など，関連する学問の助力を得ることが出来るであろう」（12頁）と宣言し，あくまで考古学上の資料に拠って慎重に議論を進める立場を鮮明にしているが，これは和島（1948→1973）や水野（1963）によるマルクス主義史観や民俗（族）学からの演繹的な論理と分析手法に対する批判とみることが出来る（佐々木 1996：65頁）。

②「早期」（山内編年草創期後半を含む：引用者）には，竪穴住居址内に炉がなく，屋外に独立した炉穴があることから，「家族を欠《マ》除《マ》する血縁共同体である」（15頁）と推論する。

③　住居内に炉が構築され始めた前期の竪穴住居の居住者たちを「共同体内の最小の一単位」（引用者註：「家族」）と考える。縄紋式の「家族」に言及した嚆矢である。それまでは「家族」の有無，または内容について触れた論文はほとんど皆無であった（塚田 1966：12頁）。この見解は，清水盛光の「炉や竈が家族の象徴」とする記事（清水 1953：16・51・101頁）がヒントとなったと思われる。

④「家族」構成を推測するために，千葉県市川市姥山貝塚発見（1926年）の人骨群（一竪穴内で，一度に横死したと推定された5体の人骨）に初めて注目し，その家族構成について「婚姻関係にある一世代と，未婚の子女と云う」結論（17頁）を導きだした。それまで姥山例は，竪穴住居の居住人員を推定する根拠とされていたが，居住者たちの家族構成を知るための資料として活用したのは塚田が初めてである（渡辺新 2006：13頁）。

⑤　姥山例を傍証するために，自ら調査した千葉県松戸市子和清水貝塚例（縄紋中期。熟年の男女各一体が床面から数センチメートルの厚さの褐色土をはさんで出土。一世代の同居が考えられる），神奈川県横浜市大口坂遺跡例（縄紋中期。埋葬の痕跡のない成人二体と小児の歯が床に接して出土。

二世代の同居が考えられる）を提示し，「一竪穴住居に住んだ“家族”は一世代または二世代の同居から成る小家族であり，前・中期の一集落はこうした家にもとづく小家族数戸からなる共同体がその基本的内容であろう」（17 頁）と結論する。

⑥　前期の竪穴住居址の平面形が，方形（主に関東地方に分布）と円形（主に中部地方に分布）がある，と学史上初めて方形住居址と円形住居址の分布に言及する（15 頁）。また住居内の炉址の構造についてさりげなく触れているが，これらは単なる思い付きや推定ではなく，卒論作成の折に集成した膨大な資料の裏付けがあったことを確認する必要がある。

⑦　「27 軒」の住居址が検出された長野県与助尾根遺跡について，「土器型式，住居址の重複および配置からみて，四時期の集落が営まれ，最終段階の一時期は最大にみても 7～8 戸」であることを示し，「前期以後に発見される多数の竪穴住居址群はしばしば大集落址として誤解されるが，これは，幾多の重複による最終の結果にほかならない」（16 頁。傍点引用者）と強調している。これは青森県三内丸山遺跡の「500 人居住説」を批判する立場（大村 1995：45～46 頁。なお本誌主宰者の佐々木藤雄は繰り返し本誌上でこの問題を論じているところである）の先駆と見做すことが出来る。

和島誠一や水野正好等の先行研究を強く意識しながらも，それらを乗り越え，あくまでも考古学的手続きで縄紋式の共同体の実態に接近することを志向している点，自らが関わったデータを駆使して独自の見解を披歴（縄紋式における「家族構成」に言及）している点，「just moment」における集落景観の復元を志向している点は，それまでの縄紋集落研究にはない新鮮な視点であったと評価出来る。実を言うと，塚田は，『日本の考古学　II　縄文時代』（河出書房新社　1965）において，「住居と集落」を執筆することにほぼ内定していたのであるが，諸般の事情でそれが取りやめになったという経緯がある（塚田光談）。この論文は，本来ならば同書に掲載されるはずであったと思われるが，それを果たせず，商業ベースに乗って学界や世間に大きなインパクトを与えることが出来なかったことはまことに遺憾であった。しかし，この論文以降，「縄文時代の家族」が斯学において多く語られることになったことは確かであろう。

試みに，塚田（1966）の影響が認められる（あるいは批判・評価した）主要な文献名および引用状況を以下に列挙してみる（紙数の関係ですべてを網羅していない。傍点は引用者）。

①　**水野正好「縄文時代集落復元の基礎的操作」**『古代文化』21 巻 3・4 号（1969 年）

「ふつう，一つの住まいには一家族が住むものと考えられているが（中略）むしろ二棟でもって一家族とすることがふさわしいのであって，時に一棟に一家族が住まう場合もあったのではなかろうか。」（12 頁）

②　**後藤和民「原始集落研究の方法論序説―とくに縄文時代早・前・中期を中心として―」**『駿台史学』27 号（1970→1975 年）

「一戸の家屋のうちに収容すべき家族形態から，人口の増加がすなわち家屋の増加となってあらわれるべき集落形態への変化にこそ，より基本的な原因があった」（390 頁）

③ **戸沢充則・杉原荘介「貝塚文化―縄文時代―」**『市川市史』(1971年)

「たとえば，縄文時代の共同体を論じた塚田光氏は姥山遺跡の事例をとりあげ『成人男女と子供という組合せは，婚姻関係にある一世代と未婚の子女という推論が成り立つのではあるまいか。即ち二世代の同居が考えられる』として『一竪穴住居に住んだ“家族”は一世代または二世代の同居からなる小家族であり，前・中期の一集落はこうした家にもとづく小家族数戸からなる共同体がその基本的内容である』と問題を展開させている（塚田1966)。(中略）ただし水野正好氏はこうした事例を無批判に重要視するのではなく，他の住居址群や集落全体のなかで正しく位置づける必要のあることを説いている（水野1969)。」(268～269頁)

④ **大林太良「縄文時代の社会組織」**『季刊　人類学』2巻2号（1971年)

「ところで，一竪穴住居のなかの居住人員は，いかなる人びとであったろうか？　この問題については，すでに塚田光氏がすぐれた見解を発表しており，私もそれに賛成である。塚田氏によれば，上記の千葉県姥山貝塚の5体の人骨は，男2人，女2人，子供1人と推定されている。(中略）核家族が一家屋を占めるのは，カリフォルニア・インディアンにおいても一般的傾向である。」(46～47頁)

⑤ **堀越正行「縄文時代の集落と共同組織―東京湾沿岸地域を例として―」**『駿台史学』31号(1972年→1975年)

「このような住居に遺存した人骨から当時の『共同体』を解明しようとした人に塚田光氏がいる」。塚田氏は，「考古学資料から小家族を推定し，社会学理解にその基準を求めている」。しかし，「小家族成立の歴史的意義について，とりわけその必然性について何も述べていない」。「家族・血統が歴史上重要な問題となるのは，私有財産や身分地位の相続という保身行為を必要とした，可能にした社会になってからであって，それより前の社会では，少なくとも採集経済社会では，そのようなことが問題にならない。」「それ故，縄文時代に単婚家族・小家族があったとて一向差し支えないのであるが，それが独立した消費単位として一つの独立した家を持ち，それが縄文時代前期以降の集落の姿であるという塚田氏の考えは，論理的にも史料操作の上からもまだ説得力に欠けているのである。」(404～405頁)

⑥ **佐々木藤雄「原始共同体論の陥穽」**『異貌』壱号（1974年)

「現在までに確認された考古学的資料の在り方は，しかし少なくとも縄文社会における『(単婚）小家族』存在の可能性（しかも直接的には1棟の住居―世帯に関連した）を浮き彫りにしている。例えば『同時に何らかの原因で横死したと考えられる5体の人骨』(成人男女各2人，小児1人）が発見された千葉県市川市姥山遺跡B地点第9号住居址（中期・原加曾利E式期）例を基礎に塚田光は次のような結論を導いている。(中略）勿論それは，縄文時代での家族形態が単一形態へと限定され，あるいは家族と住居との関係が単一住居に限定されることを意味しない。」しかし，「姥山例のみを無原則的に普遍化することを避け，それを他の住居址群及び集落全体との相互的な関連において把《ママ》えるべきとする問題指摘は，十二分に説得的である」（4〜5 頁）

⑦ **大塚和義「縄文社会とその“家族”」**『埼玉新聞』（1975 年 6 月 11 日）

「それでは縄文時代の社会はどのような社会であったろうか。これを研究するには当時の集落，つまり住居址群とその構成のあり方，そしてまた，一住居址内の居住人員とそこにおける人間関係を追求してゆかねばならない。（中略）それではいったい一つの竪穴住居に何人くらいの人間が住み，そしてそれらの人々はどのような関係で結ばれていたのだろうか。この問題を論ずるのにしばしばひきあいに出される，千葉県市川市姥山貝塚の縄文時代中期末につくられた，一竪穴住居址内から出土した 5 遺体の遺骸がある。（中略）この姥山の事例をもって縄文時代の家族の典型であるという意見さえも出されている。」（5 頁）

⑧ **岡本勇「原始社会の生産と呪術」**『岩波講座日本歴史』1（1975 年）

「一竪穴住居内の居住人員は，どのような関係で結ばれたグループであろうか。与えられた資料からでは具体的な考えはみちびきだせない。ここでは，ある血縁集団の中でもっとも近親的な関係にある小集団，すなわち『自然家族』とみなしておくにとどめたい。」（93 頁）

⑨ **春成秀爾「縄文時代の複婚制について」**『考古学雑誌』67 巻 2 号（1981 年）

「塚田光氏（1966：16〜17）は，『成人男女と子供の組合せは，婚姻関係にある一世代と，未婚の子女と云う推論が成り立つのではあるまいか。即ち二世代の同居が考えられる』とし，さらに神奈川県大口坂・千葉県子和清水遺跡で氏が関係して発掘された同様の例を追加して，『一竪穴住居に住んだ“家族”は一世代または二世代の同居から成る小家族であり，前・中期の一集落はこうした家にもとづく小家族数戸からなる共同体がその基本的な内容であろう』と述べている。（中略）しかし，『成人』を 20 歳以上とする規定にしたがうかぎり，20 歳をすぎた男女が 2 人とも未婚で両親と同居というのも不自然ではなかろうか。」（2 頁）

⑩ **後藤和民「縄文集落の概念」**『縄文文化の研究　8　社会・文化』（雄山閣　1982 年）

「（塚田 1966 年論文は）この共同体の問題に真正面から立ち向かい，そのうちの『家族』を中心に，考古学的な成果にもとづく具体的な実証を試みたものとした注目すべき論文であるが，これは大きな冒険であった。（中略）『家族』の概念が偏っており，和島誠一のいうように，『一世帯』と『一家族』との混同がみられ，当時の『共同体』の本質を見逃してしまう危険性をはらんでいることはいうまでもなかろう。」（37 頁。括弧中の語句は引用者）

⑪ **鈴木公雄「日本の新石器時代」**『講座日本歴史　1　原始・古代 1』（東京大学出版会　1984 年）

「集落の基本単位は竪穴住居で，平均の広さは 20〜30 平方メートル内外あり，おそらく今日の核家族型に近い人員構成であったとみられる。」（100 頁）

⑫ **土井義夫「同人言」**『物質文化』44号（1985年）

「とりわけ，問題（姥山貝塚：引用者）のB地点接続溝第1号住居址（中略）の床面から，折り重なるようにして発見された5体の人骨群は，一竪穴住居の居住人員のモデルと考えられ，縄文時代の家族を考える好例とされてきたことは周知のとおりである。そしてその場合，人骨の出土状況からみて5人はこの住居で同時に死亡したものとされ，ひいてはこの住居で同時に生活していたまま一まとまりのグループと想定する考えが常識となっている（塚田光「縄文時代の共同体」『歴史教育14—3』1966年，（中略））。そして，その死因をめぐっては，いくつかの憶説もあったし，さらには血縁関係までが問題にされるようにもなっている。しかし，果たしてこうした解釈は常識として成立し得るのであろうか，というのがここでの問題である」（以下略）（70頁）

⑬ **佐々木藤雄「縄文時代の家族構成とその性格—姥山遺跡B9号住居址内遺棄人骨資料の再評価を中心として—」**『異貌』12号（1986年）

「1966年，塚田光は『縄文時代の共同体』をあらわし，縄文時代各期の共同体に対する考察を竪穴住居址を基礎資料とした上で試みたが，ここで示された『一竪穴住居に住んだ“家族”は一世代または二世代の同居からなる小家族であり，前・中期の一集落はこうした家にもとづく小家族数戸からなる共同体がその基本的な内容であろう』という言葉は，姥山例の評価を軸としたその後の家族論の行方を決定づける重要な意義をもちうるものとなった。」（中略）「もちろん，塚田の提起そのものも，その見通しの正さとは別に，いくつかの面において看過しがたい問題点を含んでいたことは事実である。」（中略）「実際の分析作業の面でも，塚田が想定する家族の内容については詳しい説明は省略されたままであり，資料的にも屋内炉の存在が過大ともいえるほど評価されるなど，残された課題は決して小さくはなかったといわなければならない。（中略）以後，縄文時代の家族をめぐる論議は，曲がりなりにもこうした塚田と和島の二人の対照的な考え方を軸として展開していくのである。」（88～91頁）

⑭ **小林達雄「原始集落」**『岩波講座　日本考古学　4　集落と祭祀』（岩波書店　1986年）

「かつて，和島誠一は，竪穴住居の一棟は，一家族の単位には対応しないのではないか，と発言した。とくに早期の竪穴住居に炉がない事実を根拠としていた。塚田光はまた，核家族の独立性は竪穴住居の炉の出現する前期以降であると推定した。」（54頁）

⑮ **佐原眞『大系　日本の歴史　1　日本人の誕生』**（小学館　1987年）

「縄紋時代の竪穴住居のなかに，家族が不慮の出来事で死んだまま埋まったとみなされる状態で見いだされることがある。フグなどで中毒死し，村人も祟りをおそれて変死者をそのままにした，という解釈にふさわしい。

さて，その死者たちの年齢・性別を調べると，いずれも大人の男二人と女一人か，男一人と女二人か，男女二人ずつの場合が目につき，偶然とは思えない。この事実から出発した春成秀爾氏は，縄紋時代に一夫多妻や一妻多夫があり，弥生時代以降，一夫多妻のみが

のこったのではないか，と考えを進めている。」（216～217 頁）

⑯　**高橋龍三郎「第二節　縄文時代の葬制」『原始・古代日本の墓制』**（同成社　1991 年）

「家と埋葬との強い結びつきから，住居址に埋葬されるのはもとそこに住んでいた家族であると推測する立場がある（後藤 1977，山本 1985）。」（55 頁）

⑰　**土井義夫「再審請求したいのは姥山人だけではない」『論集　宇津木台　第一集』**宇津木台地区考古学研究会（1995 年）

（⑫文献の全文を第一章に再掲）（1～3 頁）

⑱　**佐々木藤雄「水野集落論と弥生時代集落論（下）―浸食される縄文時代集落論―」『異貌』**15 号　共同体研究会（1996 年）

「1　塚田光の一棟一家族論

（中略）

屋内炉が普遍的になる前期以降については『家にもとづく共同体を，共同体内の最小の一単位と考えることができる』こと。かつて和島が自然家族を示すものとした，『何等カノ事情ノ為，同時ニ横死』をとげたと考えられる姥山遺跡の『成人男女と子供という組合わせは，婚姻関係にある一世代と，未婚の子女という推論が成り立つ』可能性が高いこと。『一竪穴住居に住んだ“家族”は一世代または二世代の同居から成る小家族であり，前・中期の一集落はこうした家にもとづく小家族数戸からなる共同体がその基本的内容』であること。（中略）等々，従来の家族論の枠組みを超える意欲的な見解を各分野にわたって明らかにしている。」（64～65 頁）（註番号省略）

⑲　**林謙作・岡村道雄編『縄文遺跡の復元』**（学生社　2000 年）

「岡村　そう，そこに集団がからんでくると思う。どうですか皆さん，家族というのは縄文では。」

「浅川　一斉に黙ってしまいましたね（笑）。建築屋として，考古学者がどういう発言をするか，非常に興味あるんですけど。」

（中略）

「林　難しいですね。（中略）ここはやはり住居や集落の方から攻めてみないと無理でしょう。」

（中略）

「岡村　そういう意味では，今まで日本の考古学の中で，縄文の家族なんていうのは，語られていないんですかね。」

（中略）

「小杉　家族に関しては，60年代の後半から，例えば塚田光さんの研究，塚田さんは 70年代かな。」

「岡村　それ何に書いているの。『考古学手帖』とか。」

「林　いや遺稿集に載っている。」（211～214 頁）

⑳ **渡辺　新「―市川市姥山貝塚接續溝第一號竪穴―5人の死体検案」**『千葉縄文研究』（創刊号　2006年）

「塚田光　1966『縄文時代の共同体』歴史教育14 (3)

家族構成を考究する嚆矢とする。接續溝竪穴の5人が家族であることを前提に『成人男女と子供の組合せは，婚姻関係にある1世代と，未婚の子女』であると，報告書の人骨所見に基づいてその構成を説く。」（13頁）

㉑ **佐々木藤雄「婚姻と家族」**『縄文時代の考古学　10　人と社会』（同成社　2008年）

「塚田の“一棟一家族論”が発表される1966年の『縄文時代の共同体』も，『共同体の“家族”の有無』と『内容』を解明するための第一義的な資料として竪穴住居の重要性に着目するところから始まる。」（104頁）

㉒ **山田康弘『人骨出土例にみる縄文の墓制と社会』**（同成社　2008年）

「そこでここでは，姥山貝塚接続溝1号（B9号）住居跡から出土した，5体合葬例の分析結果を援用することにしよう。これらの人骨については，これまでにも佐々木藤雄や春成秀爾，渡辺新，堀越正行といった研究者によって議論が行われてきたところである。」（318頁）

㉓ **設楽博己『日本歴史　私の最新講義　縄文社会と弥生社会』**（敬文社　2014年）

「姥山貝塚の5体は，成人男女2組と小児1人であった。人骨の形質人類学的な分析が東京大学の諏訪元と佐宗亜衣子によってなされたが，それによれば成人男性1体を除いて血縁的なつながりが強いとされるので（諏訪・佐宗 2006），ここに住んでいたのは，よそから婚入して来た男性を夫とする妻とその血縁的近親者ということができる。

縄文時代の竪穴住居は，夫婦を核とする血縁的なつながりの強い親族組織の基礎単位であったことを示すひとつの例である。」（56頁）

1980年代中頃まで，塚田論文は，縄紋式の家族構成を考える上での基礎となっており，引用もかなり頻繁に行なわれていることが分かる。しかし1980年代後半の佐原による⑮文献になると，姥山例をもとにした家族構成について，塚田論文は引用されておらず，これをもとに議論を発展させた春成の⑨論文が引用されている。

1990年代の文献の検索が不十分であるが[補註2]，⑯論文ではやはり塚田論文の引用はなく，後藤（1977）や山本（1985）が引用の対象となってしまっているのである。⑰論文は，自身による⑫文献（1985年）を冒頭に再掲したものであり，厳密には1990年代の記述とは言えない。ちなみに⑫文献は，濃密な内容を短文に凝縮してあるため，一部分のみを抜き取ることが困難であり，本稿での引用は不十分である。詳細は是非原典にあたって頂きたいが，原報告者による人骨の出土状況の記載を等閑視した塚田を始めとする従来の学説（一度に家族が横死し，そのまま遺棄されたと解釈する）に異議を唱え，注意を喚起しているものである。塚田による真福寺遺跡発見の巨大な住居址の再検討と同じ問題意識が根底にあり，後進の研究者に一本取られた形である。なお上記の引用文献一覧には載せていないが，竪穴住居址の体系的研究書として名高い，石野博信による『日本原始・古代住居の研究』（吉川弘文館　1990 年）において，塚田の家族論に対する言及はない。

2000 年代になると，⑲文献では，居並ぶ縄紋研究者たちが塚田論文を忘れており，若い小杉康に注意されてやっと思い出している状況になっている。また，人骨の研究によって縄紋社会の構造に切り込んだ㉒文献でも，後発研究者の名前のみが列挙され，「塚田光」の名は既に視界から消え去っているようである。しかしこの著者は，「家屋墓内に埋葬されている複数の人骨には何らかの血縁関係が存在したと推定しているので，諏訪らが導いた結論（引用者註：形質人類学的な再分析により，姥山の 5 体の人骨が何らかの家族構成をもっていたという結論）に対して異存はない」（318 頁）としており，塚田が提起した視点を，より精緻な分析を踏まえて継承していることを確認出来る。㉓文献も塚田論文に言及していない。学生対象の講義録であるから，古い文献にまで遡及して解説する余裕がなかったものと推察される。⑳論文は，塚田の仕事に新しい世代から光を当てたものであり，特筆される。⑱・㉑論文の著者・佐々木藤雄は，縄紋家族論を取り上げるときは 1973 年以来一貫して塚田の業績を評価し，引用し続けている稀有な存在の研究者である。

こうしてみると，塚田の没後 5 年を経た頃から，一部の研究者を除いてその業績が忘れられ始め，大勢としては後発の研究者による，より精緻で組織的な研究が引用の対象となって，これと入れ替わっていることが理解出来よう。これは学問の宿命かも知れない[16]。しかし，「塚田光」の名前は忘れられていても，その重要な視点は形を変えながら今日まで生き続けていることを確認しておきたい。

5.

筆者は本稿の冒頭において，「塚田は汲めども尽きぬアイデアを胸に秘めていた」と書いた。縄紋式の家族構成について提示した塚田のアイデアは，形を変えながら約半世紀も息づいているのである。塚田は，このアイデアをより精緻に実証・展開するために，更なる発掘調査（あるいは資料整理）に邁進すべきであった。しかし，1965 年を境に，発掘現場からは遠ざかり，これまで関わった遺跡発掘の資料整理も思うに任せない状況に追い込まれることになる（塚田の 1965 年 6 月 12 日付メモにその苦悩が記されている）。それは，考古学以外に生業を持つ在野研究者なら，誰もが遭遇する事態（年齢相応に増える公私の責務と研究活動との折り合いの困難）に直面したことが原因であった[17]。1965 年の中峠遺跡第 3 次調査にはまったく参加出来なかったし，以後の中峠遺跡調査にも，発掘調査日誌を見る限り，調査のすべてに立ち会うことは出来ていないのである。

しかし，苦悩する塚田に新たな活路が見えて来る。1966 年のある日，何と塚田が学生時代より敵愾心を持っていた「縄紋学の父」・山内清男の方から，塚田の仕事場（柏屋印刷所）を尋ねて来たのである。山内は，戦後，自分の研究成果が学界にほとんど顧みられていない状況に危機感を覚え，自分の著作集を刊行することを思いたち，良心的で腕のよい塚田に目をつけたのであった（大村 1993）。しかし，これまでの経緯（註 2 参照）から一人で訪問することはとても出来ず，塚田と親交のあった西村正衛教授（当時）を伴って柏屋印刷所に来訪したのであった（渡辺兼 1996：122頁）。ここに至って，塚田はそれまでのわだかまりを一切捨て去り，山内の要望の実現に向けて尽力することになる。そしてこの仕事を通じて，今まで目にすることが出来なかった山内の諸論文を深く読み込むようになり，「塚田集落論」のウィークポイントであった縄紋土器研究（それまでにも群馬県新巻遺跡出土土器や長野県「平出3A類」と呼ばれる特異な土器に対して鋭い考察を加えた実績があるにはあったが）に，本格的に参入することになるのであった。そして，それまで下総考古学研究会が漠然と「Pre1式」と仮称していた（後「中峠式」と正式に改称），中峠遺跡出土の特異な土器群（勝坂式とも阿玉台式とも「加曾利EI式」とも判別出来ない縄紋中期中葉末の土器群）について，学史を踏まえた極めて理論的な説明をすることが可能になったのである（下総考古学研究会 1976b：23〜25頁参照）。

すなわち塚田は，山内清男との親密な交流によって，フィールドに出なくても十分に先鋭的な研究が出来る，新たな研究基盤（山内清男および山内家の信頼，山内に関わる種々の情報，『山内清男・先史考古学論文集』の製作過程で獲得した「山内考古学」への深い理解等）を手に入れることが出来たのである。これ以降，当面中峠遺跡調査の継続よりも，そこから出土する土器の研究やそれに関わる学史の研究を優先してゆくことになる[18]。ただそれらは，塚田の心の中では中峠遺跡（縄紋中期集落）の研究をするための一手段として位置づけられていたことを確認しておく必要があるであろう。

塚田等の土器論については，本稿の主題から外れるし，また度々言及して来たことでもあるので省略したいが，「Pre式／中峠式」に塚田が執拗にこだわった理由は，「中峠式」が従来の土器型式とは異なり，極めて時間幅の狭い土器型式であり，集落研究にとって非常に便利な「タイム・スケール」として活用出来る，という信念があったからである。すなわち，こういうことである。

〈「中峠式」が，勝坂式・阿玉台式および「加曾利EI式」の中間に位置し，しかも三者の特徴を併せ持つ特徴を持つものである以上，存続期間が既存の土器型式よりもずっと短いはずである。そしてこの土器型式が，中峠遺跡第4次調査地点第2号住居址（「加曾利EI式」期）とその貼床下のフラスコ状ピット（「中峠式」の完形土器出土）の新旧関係の確認によって，後者が前者より確実に古いことが層位的に証明された。しかも第1号住居址においては，炉と貝層上面に「中峠式」が存在し，床面からは人骨が出土している。この事実は，竪穴住居（炉枠に中峠式土器を使用）でヒトが暮らし，そして死亡した後，その竪穴が埋もれるまで中峠式が存在していたことを示している。従って「中峠式」は，勝坂式・阿玉台式・「加曾利EI式」に混在した単なる「折衷型式」ではなく，短期間ながら確実な時間幅を持った土器型式とすることが出来る。そうすると，この土器型式を駆使して南堀貝塚の発掘以来夢に描いていた，「just moment」における集落景観（本稿第2章参照）を復元出来るのではないか〉

以上は，下総考古学研究会1977における塚田の発言（107〜108頁）および塚田 1955，塚田

1969b，塚田 1974 などの記述から推定したものであるが，「ある一時点における縄紋集落の景観を復元してみたい」というようなことを塚田が何度も口にしていた事実をも踏まえれば，ほぼ間違いがないものと思われる。「中峠式」はその夢を実現するための，絶好のツールとして活用出来る可能性を有していたのであった。ここに至って，塚田は，「われわれにとっての“師”は中峠遺跡だけである」と豪語するようになる。自らの手で中峠式土器を掘り出し，それの層位的証明をなし，人海戦術で分布も追い，そしてその型式学的根拠を示した実績に，強い自信を持つに至ったのである[19]。確かに，上記のような組織的で手堅い手法を以て新型式の設定を行なった研究者集団は，日本考古学史を繙いても稀有の存在だといえよう。この成果を引っ提げて，塚田はいよいよ中峠遺跡の集落・共同体の解明を視野に入れて行く[20]。中峠遺跡は，150 メートル四方ほどの小舌状台地上に，地点貝塚がほぼ環状に分布しており，これらの下には，一部の例外を除いて竪穴住居址が埋もれている。従って，これらをすべて発掘すれば，縄紋中期の集落址の全貌を解明することが出来る可能性があるのである。しかも「中峠式」を駆使すれば，一時点における竪穴住居址の配置や相互の関係も把握出来るはずであった。塚田等がこの遺跡の発掘を始めた当時（1960 年代前半），縄紋集落址の全貌を明らかにしようとした発掘は，わが国において，本当に数が少なく（横浜市南堀貝塚・長野県尖石遺跡・与助尾根遺跡程度），しかも発掘の精度において下総考古学研究会のそれに匹敵するものは多分なかったと思われる。表土はスコップで剝ぎ，住居址覆土は移植ゴテを以て慎重に掘り上げ，出土遺物はことごとく層位が記録されている。しかも日々の発掘日誌は整備されており，この調査に参加しなかったものでも容易に調査の状況が把握出来るように配慮されている。写真は，記録用のモノクロ写真だけでなく，地域住民への説明のためのカラースライド写真も撮影され，土層の色も識別出来るようになっている。ちなみにわれわれ新しい会員たち（中峠遺跡の調査中断後入会）は，これらの資料を駆使して第 1 次調査から第 6 次調査までの報告書の作成をすることが出来た次第であった（現在第 7 次調査報告の作成中）。塚田が存命ならば，当然この仕事の先頭に立っていただろう。そして，「家族」という「共同体」の最小単位の分析から一歩踏み出し，縄紋中期の「集落・共同体の解明」に向けてさらに前進していたはずである。塚田が，「下総考古学研究会」という在野研究者集団を育て，地元の住民に調査成果の還元をする労をいとわず（この遺跡の保存を実現するためには，地域住民の理解が是非共必要であった），組織的な土器研究を推進していた[21]のは，すべてこの目的の一点に絞られていたのである。

塚田は，他人の発掘資料に頼らず，安易に民族学や海外の情報を導入することも回避し，迂遠な方法により，生涯をかけて下総考古学研究会の仲間たちと共に中峠遺跡を発掘し，縄紋集落・共同体を解明しようと企図したのであった。自らの観察を大事にし，あくまでも考古学的手法を堅持しようとするその研究手法，および性急に結論を引き出すことを戒め，時間と手間をかけて着実な成果を挙げようとする研究姿勢は，今日の縄紋集落研究者も深く学ぶべきであろう。

塚田の母校明治大学の卒業式（1956 年）における文学部長渡辺世祐の式辞に，以下のような一節がある。

「君達は生涯を通じて学者であれ。学者とは学問を職業とする者という意味ばかりではなく，如何なる職業や立場にあっても，問題意識をもち，その解決の為に学び努力する者の事である。」（渡辺兼 1982：163 頁）

その通りに生き抜いた，このすぐれた在野研究者に再度“光”があたることを願って擱筆する。

謝辞

本稿をまとめる契機を作ってくださり，また一部の未読文献についてご高配頂いた本誌編集者の佐々木藤雄氏，故高橋良治氏邸内で発見された塚田光氏の遺品を快く譲渡して頂いた高橋良史氏（高橋良治氏ご長男），そしてこの資料の活用を快諾された塚田氏の令夫人塚田栄子氏に深甚の感謝の意を表します。また，故小山勲氏が残された塚田氏関係資料をお譲りくださった令夫人小山敏子氏，種々助言を頂戴した下総考古学研究会会員諸氏にも心から感謝申し上げます。

註

1） 塚田は考古学関係資料・図版の扱いに習熟しているため，山内清男・佐藤達夫を始め塚田の経営する柏屋印刷所を頼る研究者が極めて多かった。坂本彰は，『歳勝土遺跡』の報告書の印刷の折，編集のやり方・活字や図の作り方・体裁などの指導を懇切に受けたと回顧している（坂本 1995：15 頁）。『考古学雑誌』・『物質文化』など一流の雑誌の印刷も塚田のもとで行なわれていた。

2） 塚田の親友であった故渡辺兼庸は，塚田が卒論の資料の助力と指導を仰ぐために山内清男が勤務する東大人類学教室を訪ねたところ，「先生は名前を聞くなり，けんもほろろに追い返された。この時の様子を再現した君の話では，相当に酷く，（中略）二度と人類学教室には行かず，その後の君の縄文研究の姿勢には敵愾心をもって激しく山内打倒を目指して進められることになる」と証言している（渡辺兼 1996：122 頁）。

3） 山内清男著『日本先史土器の縄紋』（先史考古学会　1979 年）を刊行する準備を進めていた頃，「この著作を学界の共有財産とし，同じ土俵の上に立って皆で研究を進めて行こう」ということを下総考古学研究会の例会で呼びかけていた。

4） 大村（1984），大村（1987）は塚田のアイデアにヒントを得たものである。

5） 本稿を執筆するにあたり，故小山勲が残した「塚田光氏関連資料」，小山が塚田家に参上して遺品を整理し，これらを取りまとめて高橋良治宛に送った資料一括，塚田光のご両親である故塚田秀・キク夫妻からの大村取材メモなどを参照した。

6） 塚田（1982）の巻末の年譜には，「1946 年 4 月荒砥村立中学校入学」とあるが，新制中学は 1947 年に出発しているので，この記載は誤りである。1946 年 4 月に「中学校進学」ならば「旧制前橋中学進学」でなければならない。ちなみに，「略年譜」草稿作成時に，「（前橋）高校時代以前はほとんど空白」と小山が訴えていた。

7） 鈴木 1982：97 頁参照。

8） 故高橋良治が亡くなる半年前，氏の邸内に所在する「文献資料センター」が諸般の事情で取り壊されることになった。その折，資料の山に埋もれていた塚田関連資料（宅配便の箱で 5 箱分）がご子息の高橋良史氏によって発見され，大村に譲渡された。本稿で引用する主な資料は，これらに在中していたものである。

9)　ただし，山内清男関係資料の実査は，註2に記した理由により不調に終わっている。

10)　註16に紹介した佐々木藤雄等の仕事参照。

11)　この発掘の経緯・意義・問題点などについては，大村（2014b）に触れているので参照されたい。

12)　塚田が学生時代に煮え湯を飲まされた山内清男と和解し，山内逝去後，氏の学位論文公刊に尽力したのは，そうした苦しい体験が背景にあったからである。「貴重な学術成果を学界共有の財産としたい」，ということは常々漏らされていた。

13)　この「家族」は，資本主義の発展した近代以降に一般化する「核家族」ではなく，あくまで考古学的資料から類推した「共同体の最小単位」（塚田 1966：16頁）という意味合いかと思われる。

14)　中峠遺跡第4次調査地点2号住下検出の「フラスコ状ピット」の断面図（下総考古学研究会 2000：59頁）を見ると，図面作成時には既に2号住の貼床が半分外されている。この時点で塚田が「待った」をかけたのであろう。なお，正式報告作成の折，2号住居址出土土器片のすべてを点検したところ，加曽利E1式土器片も少量存在するが，圧倒的に多かったのは加曽利E3式であった。床面出土の条線紋が施された深鉢大形破片も類例検索の結果，加曽利E3式に属することが分かった。そしてこの住居址に貼床されているフラスコ状ピット第II層にも磨消縄紋が施された土器の小破片が見つかり，フラスコ状ピットが完全に埋まりきったのは加曽利E3式期であることが確定されたのであった（下総考古学研究会 2000：75～76頁）。この結果，この調査事例は，中峠式が「加曽利EI式」に先行する土器型式であるということを証明する層位データとしては不適当であることが判明した。

15)　この江森の回想には触れてないが，もちろん平板測量の器材も併用したはずである。「ハンドレベル」という器具は，長さ15センチメートルほどの金属管で，上面には水準器がついている。この水準器の水泡が鏡の作用で管内に反射し，管の水平を調節出来るようになっている。水平を保たれたこの器具で見通した点は，測量者の目と同高ということになる。これで大体の土地の高低を測定できるのである。中峠遺跡調査概報および1次調査報告～6次調査報告に掲載されている中峠遺跡の全測図は，こうした器具を塚田が駆使して作成したものである。なお高橋良治によれば，スタッフ（函尺）もなかったので，竹竿にメジャーを貼って代用したとのことである。中峠遺跡は下総考古学研究会が長期にわたって自主発掘をしたものだから，当然参加費用・発掘用具はすべて自弁であり，十分な器材を揃える資金は皆無であったのである。

16)　塚田1966論文の根底にあった，「考古学的事実」も，新しい発見によって覆されつつある。まず塚田が主張した，「縄文早期の竪穴住居址には炉がない」という認識は，今村啓爾の周到な論証によって，突き崩されている（今村 1985）。何と当該期における竪穴住居址中央に掘り込まれた浅い方形・長方形の掘り込み（焼土なし。花輪台貝塚例や千葉県西ノ城貝塚例が著名）は，木枠で囲まれた「灰床」を備える立派な「囲炉裏」であったというのである（今村 同上：2・13頁）。また，姥山貝塚検出の5体の「同時遺棄された」と考えられた人骨群も，佐々木藤雄の綿密な考証により，「正確には，死亡時間，原因を異にする南側の4体と西側の1体の都合二つのグループによって構成されていた」ということが証明されている（佐々木 1986：103頁）。すなわち5体が同時遺棄されたとすることは出来ず，そのままでは，縄紋式の家族構成を復元する資料として不適当なのである。ちなみに土井義夫も，原報告者の記載を再検討し，5体の人骨が同時死亡してそのまま遺棄されたものではないことを主張している（土井 1985・1995）。従来の通説を鵜呑みにすることを拒絶し，報告書図版やこれをトレースした図，および原報告者の記載を分析することによって，従来の学説の妥当性を再検討するこれらの手法は，かつて塚田光が真福寺貝塚発見の巨大な住居址の実測図の分析によって従来の「通説」を否定した論考と通じるものがある。

ただ，以上の事実を以て塚田の業績を真っ向から否定するのは適当ではない。斯学では，新資料の発見によって従来の通説がいとも簡単に覆されることはよくあることである。しかし，「方法論」は資料の増加にもまれても劣化することはない。学史の勉強は，先学が提起した「結果」を学ぶことではなく，それを導き出した「方法」を学ぶことにこそ意義があるのである（大村 2014a：166 頁）。そうでなければ学史を学ぶ意味は半減してしまうであろう。ちなみに，筆者は塚田の研究成果を盲信することはない（むしろ少なからぬ成果を，データをもとに修正して来た）が，その「方法」は現在も常に参照しているところである。

17）塚田のお子さんたちの証言では，塚田の研究時間は「通勤の電車の中や鋳造（活字の鋳造のこと：大村）をしている間」だけだと語っていたという（塚田洋・典子 1982：13 頁）。筆者自身はこんな場面に遭遇したことがある。1979 年 8 月，下総考古学研究会主催の伊豆方面における遺物見学会（土・日曜日に実施）の折，スケジュールが大幅にずれて，東京への帰着予定時間が，鉄道を乗り継ぐ手段では間に合わない状況となってしまった。すると，塚田はその見学会の途中で，「顧客との打ち合わせに間に合わなくなるのでこれで失礼」と言って，仲間から軽乗用車を借り，一人で伊豆の山中から東京に向かって去って行ったのであった。

18）下総考古学研究会 1980 年 11 月例会において，執行部より正月休みの活動計画について三つの選択肢が提示された。①は中峠遺跡の発掘，②は中峠遺跡出土遺物の整理，③は勝坂式土器研究に集中，である。協議の結果，結局③を実施することになった（「11 月例会の記録」『研究メモ』173　1981 年 1 月）のであるが，これを主に主張したのは塚田であった。なおこの頃，渡辺兼庸・小山勲・武井則道と共に，下総考古学研究会とは別の共同研究グループを立ち上げ，江馬修や松本彦七郎の学史研究および「縄紋」の学史研究を推進している。

19）1976 年に公表された下総考古学研究会による「中峠式土器」の研究成果については，後年，新たに蓄積された膨大な資料を同会が再検討した結果，「中峠式」と呼ばれた一群の土器は，系統を異にする類型群であり，層位的にもそれらが「共伴」する事例はなく（しかも他型式に少数混在），分布においても分布域を明確に異にしていることが指摘され，独立した型式としては存在し得ないものであることが分かっている（下総考古学研究会 1998）。

20）『下総考古学』6 号の「あとがき」で，塚田は以下のようなことを記している。

「これからは『中峠式』を加えた土器編年を馳《ママ》使し，初期の研究目的に向かって驀進する意気ごみである。」（傍点は引用者）

21）「中峠遺跡発掘調査概要」「中峠式土器の研究」を最終的にまとめあげ，『下総考古学』6 号として上梓した主力は塚田であった。その塚田が，「この成果は『下総』の皆が総力を挙げて作り上げたものであるから，個々人の名前は入れないことにしよう」と提案し，それを実行に移している。〈確実なタイム・スケール（「中峠式」）が出来れば，自分の集落・共同体研究に活用出来るからそれでよい〉として，中峠式研究において個人的な栄誉を獲得しようという野心は持たなかったようである。こうした判断は現在の若手研究者には理解出来ないと思われるが，1950 年代における「国民的歴史学運動」を推進した「サークル」（共同勉強会）の精神（小熊 2002：340 頁）が垣間見える。

補註

1) 同人誌『異貌』（共同体研究会刊行）を指す。

2) 本論文発表後，重要な文献を見落としていたことに気付いた。

菅谷通保「竪穴住居から見た縄紋時代後・晩期―房総半島北部（北総地域）を中心とした変化について―」（『帝京大学山梨文化財研究所研究報告　第6集』帝京大学山梨文化財研究所　1995年）

である。この論文において菅谷は，塚田1966論文について「『縄文時代の各時期にかなり普遍的に存在した竪穴住居址を基礎資料として』『共同体の紐帯となる血縁関係，言語，家族構成の実態，親族呼称あるいは土地占有の具体的な内容など』を論じようとした意欲作であり，縄紋時代各期を通じての住居の構造的特徴とその変化・大きさのありようから，血縁関係，家族構成について具体的な議論を展開していることは高く評価されるべきである。（中略）当該論文には修正されるべき点，議論されるべき点は多くある。それでも尚，先述したように『集落論』自体が『振出に戻っ』てしまったかのような今日に於いて，竪穴住居址という縄紋時代では土器に次ぐ程の多くの議論の対象となってきた資料を通じ，社会・共同体の解明を試み，論理的な結論を導き出した点は重要である。（中略）『集落』の解釈によらず，相互の異同の検討可能な住居址という資料から『集落論』の指向する社会・共同体を議論するすじみちを示したのが当該論文の真価であり，住居址を通じてその背後の社会に如何に接近するべきかを示している点に今日的意義を見出すべきであろう」（98～99頁）と，的確で最大級の評価がなされている。

引用・参考文献（本文中に出典が明示されてあるものは原則として省略する）

今村啓爾　1985「縄文早期の竪穴住居址にみられる方形の掘り込みについて」『古代』80号　早稲田大学考古学会

江坂輝弥　1959「縄文文化の発現　縄文早期文化」『世界考古学大系』第1巻（日本Ⅰ　先縄文・縄文時代）平凡社

大村　裕　1982「銚子市粟島台遺跡とその出土資料の見学会を終えて」『研究メモ』192　下総考古学研究会

大村　裕　1984「所謂『角押文』と『キャタピラー文』の違いについて」『下総考古学』7号　下総考古学研究会

大村　裕　1987「所謂『五領ヶ台式直後型式』研究の現状について」『下総考古学』9号　下総考古学研究会

大村　裕　1993「ある学史の一断面―『日本先史土器の縄紋』の刊行と塚田光―」『下総考古学』13号　下総考古学研究会

大村　裕　1995「『縄文時代像の転換』と歴史教育」『歴史評論』No.548　歴史科学協議会

大村　裕　2008『日本先史考古学史の基礎研究―山内清男の学問とその周辺の人々―』六一書房

大村　裕　2011『縄紋土器の型式と層位―その批判的検討―』六一書房

大村　裕　2014a『日本先史考古学史講義―考古学者たちの人と学問―』六一書房

大村　裕　2014b「和島誠一の精神―下総考古学研究会創立の学史的背景―」『下総考古学』23号　下総考古学研究会

岡本　勇　1963「横須賀市吉井城山第一貝塚の土器（二）『横須賀市博物館研究報告（人文科学）』7号

小熊英二　2002『〈民主〉と〈愛国〉　戦後日本のナショナリズムと公共性』新曜社

甲野勇・吉田格　1949『縄文式文化編年図集　第一回配本　花輪台式文化　解説』山岡書店

後藤和民　1970「原始集落研究の方法論序説―とくに縄文時代早・前・中期を中心として―」『駿台史学』27号→1975『駿台考古学論集　一』明治大学考古学専攻講座創設25周年記念会

後藤和民　1977「加曾利北貝塚の住居址群」『加曾利北貝塚』中央公論美術出版

後藤和民　1981「縄文集落の研究と塚田光氏」『貝塚』28　物質文化研究会

小林行雄　1951『日本考古学概説』創元社

酒詰仲男　1950『日本史教授用パンフレット　第二集　縄文文化』平安文庫

坂本　彰　1995「一期一会」『利根川』16　利根川同人

佐々木藤雄　1973『原始共同体論序説』共同体研究会

佐々木藤雄　1974「原始共同体論の陥穽」『異貌』創刊号　共同体研究会

佐々木藤雄　1986「縄文時代の家族構成とその性格―姥山遺跡B9号住居址内遺棄人骨資料の再評価を中心として―」『異貌』12号　共同体研究会

佐々木藤雄　1996「水野集落論と弥生時代集落論（下）―浸食される縄文時代集落論―」『異貌』15号　共同体研究会

佐々木藤雄　2008「婚姻と家族」『縄文時代の考古学10　人と社会―人骨情報と社会組織―』同成社

佐々木藤雄　2011「縄文時代の二つの『死者の家』―廃屋墓と埋葬専用家屋―」『異貌』29号　共同体研究会

芝崎　孝　1982「塚田光氏と埋蔵文化財の保存」『縄文時代の基礎研究』縄文時代の基礎研究刊行会　所載

清水盛光　1953『家族』岩波書店

下総考古学研究会　1976a「中峠遺跡発掘調査概要」『下総考古学』6号　下総考古学研究会

下総考古学研究会　1976b「中峠式土器の研究」『下総考古学』6号　同上

下総考古学研究会　1977「シンポジウム・地域研究と考古学―研究共同体をめざして―」『どるめん』No. 14　JICC出版局

下総考古学研究会　1998「中峠式土器の再検討」『下総考古学』15号　下総考古学研究会

下総考古学研究会　2000「千葉県松戸市中峠遺跡第4次調査報告」『下総考古学』16号　下総考古学研究会

鈴木　充　1982「高校時代の想い出」『研究メモ　塚田光氏追悼特集号』184　下総考古学研究会

芹沢長介　1980「山内清男著『日本先史土器の縄紋』」『考古学雑誌』66巻1号　日本考古学会

高橋良治　2006「いくつもの出会いがあって　II（第12回）」『アルカ通信』31　考古学研究所　（株）アルカ

武井則道　1982「塚田氏の縄紋時代の集落と共同体研究について」『縄時代の基礎研究』縄文時代の基礎研究刊行会　所載

塚田　光　1955「横浜市南堀遺跡の発掘」『私たちの考古学』6　考古学研究会

塚田　光　1956「縄文時代竪穴住居の研究」（明治大学卒業論文）→1982『縄文時代の基礎研究』縄文時代の基礎研究刊行会　所載

塚田　光　1959「〔時評〕真福寺の巨大な住居址の再検討」『考古学手帖』8

塚田　光　1965「神奈川県大口坂遺跡の調査」『研究メモ』25→1982『研究メモ―塚田光氏追悼特集号―』184　下総考古学研究会

塚田　光　1966「縄文時代の共同体」『歴史教育』14巻3号

塚田　光　1967「縄文時代の共同体研究史」『研究メモ』47→1982『研究メモ―塚田光氏追悼特集号―』184　下総考古学研究会

塚田　光　1969a「長野県・与助尾根遺跡の集落址について」『研究メモ』77→1982『研究メモ―塚田光氏追悼特集号―』184　下総考古学研究会

塚田　光　1969b「下総考古学研究会の歩み」『考古学研究』16 巻 2 号　考古学研究会

塚田　光　1974「研究メモ 115 の寸評を読んで」『研究メモ』116→1982『研究メモ塚田光氏　追悼特集号』184　下総考古学研究会

塚田　光　1980「山内清男著『日本先史土器の縄紋』の新刊紹介（芹沢長介）を読んで」『考古学雑誌』66 巻 3 号　日本考古学会

塚田　光　1982『縄文時代の基礎研究』縄文時代の基礎研究刊行会

塚田洋・典子　1981「父の思い出」『貝塚―塚田光同人の人と学問―』28　物質文化研究会

土井義夫　1985「同人言」『物質文化』44 号　物質文化研究会（署名は「ど」）

土井義夫　1995「再審請求をしたいのは姥山人だけではない」『論集　宇津木台　第 1 集』宇津木台地区考古学研究会

堀越正行　1971『原始共同体社会研究の基礎理論』私家版

堀越正行　1972「縄文時代の集落と共同組織―東京湾沿岸地域を例として―」『駿台史学』31 号→1975『駿台考古学論集　一』明治大学考古学専攻講座創設 25 周年記念会

マッキーバー，R. M.（菊池綾子訳）　1957『社会学講義』社会思想研究会出版部

水野清一・小林行雄　1959『図解　考古学辞典』東京創元社

水野正好　1963「縄文式文化期における集落構造と宗教構造」『日本考古学協会第 29 回総会研究発表要旨』〔骨子のみの提示であるが，発表の概要は，その前年，坪井清足「縄文文化論」『日本歴史　原始・古代 1』（岩波書店　1962 年）により具体的に紹介されている〕

宮坂英弌　1957『尖石』茅野町教育委員会

山本暉久　1985「縄文時代の廃屋葬」『古代』80 号　早稲田大学考古学会

山内清男　1964「縄文式文化」『日本原始美術　1』講談社

八幡一郎　1920「日本石器時代の住居型式」『人類学雑誌』37 巻 9 号→1979『八幡一郎著作集―縄文文化研究―』2 巻　雄山閣

吉田　格　1948「茨城県花輪台貝塚概報」『日本考古学』1 巻 1 号　日本考古学研究所

吉田　格　1959「漁撈文化の展開　縄文後・晩期文化」『世界考古学大系　一　日本 I』平凡社

和島誠一　1948「原始聚落の構成」『日本歴史講座』学生書房→1973『日本考古学の発達と科学的精神―和島誠一主要著作集』同書刊行会

和島誠一　1958「第一章　縄文時代」『横浜市史』第 1 巻　横浜市

渡辺　新　2006「一市川市姥山貝塚接続溝第一号竪穴一五人の死体検案」『千葉縄文研究』創刊号　千葉縄文研究会

渡辺兼庸　1982「新刊紹介　塚田光著『縄文時代の基礎研究』」『考古学雑誌』68 巻 1 号　日本考古学会

渡辺兼庸　1996「山内先生と四人の人達」『画竜点睛―山内清男先生没後 25 周年記念論集』山内清男先生没後 25 周年記念論集刊行会

IX. 山内清男はW・E・ニコルソン「北部ナイジェリア，ソコト地方の焼き物師」(『MAN』29巻　1929年3月号）をどう評価していたのか？

はじめに

本書第Ⅰ論文において既に触れたところであるが，塚田光の努力によって山内清男の学位請求論文（『日本先史土器の縄紋』）が1979年11月に刊行された直後，山内のかつての弟子・芹沢長介がこの著書に関する書評を『考古学雑誌』に寄稿した（芹沢 1980）。当時，筆者はこの書評を好意的な感想と受け止めていたが，実質的な刊行者であった塚田光[1]はこれに激しく嚙みついたのであった。芹沢の書評に対し，塚田が問題にしたのは主に以下の部分である。

「最後に触れておきたいのは，アフリカのナイジェリアのソコト族（引用者註：アダラワ族の誤り）の間でおこなわれていた回転縄紋押捺法について，英国のW・E・ニコルソンが1929（昭和4）年のマン誌に詳細な報告文を寄せていることである。（中略）山内博士は大正期の末頃からマン誌をよく読んで居られたらしく，たとえば，大正14年に発表された『磐城国三貫地貝塚発見土器の撚糸紋』（『人類学雑誌』40-2）の中にも，1909年版のマン誌を引用している。ニコルソンの回転縄紋についての発表は，山内博士の『偶然』の発見よりも2年早いのである。博士がニコルソンの報告を読まれたことがあったのかどうか。これも現在では謎に包まれてしまっているが，万一博士がそれにヒントを得たのであったにしても，その縄紋原体の研究の偉大さには，髪の毛ひと筋ほどの傷さえもつかないであろう。」（芹沢 1980：120～121頁。傍点は引用者）

一見好意的な文章なのにどこが問題なのであろうか。塚田（1980）による批判の内容を要約すれば以下の通りである。

① 評者は山内博士が，『マン』誌に掲載されたニコルソンの報文を読んで「縄紋」の手法を知った可能性があると指摘しているが，もしニコルソン報文の存在を山内博士の生前に知っていたとしたならば，山内博士が亡くなってからそのような指摘を繰り返すのは卑怯である。

② 評者は『マン』誌の原典を読まないでニコルソン報文に言及している。

③ 山内博士は「斜行縄紋に関する二三の観察」（1930年）において詳細な縄紋と縄の観察を行っており，回転手法にたどりつくまではあと一歩の状態であった。一方，ニコルソン報文は単なる土器づくりに関わる民族事例の紹介であり，縄の詳細な観察などほとんどない。後年『マン』誌上で「縄紋」原体に関し，論争が起きたときにも，この報文は参照されておらず，学界周知の業績とは到底思われない。山内博士の業績と同列に扱うべきものだろうか。

そして，反論も弁解も出来ない博士に代って未発表草稿（1931年執筆）の写真を掲載し，山内が記載した縄紋施紋手法発見の経緯（「机上にあった縄を粘土上に回転しつつ押捺したところが偶然斜縄紋が出来上ったのである」）を明らかにしたのであった。

塚田によるこの大先学に対する批判文は，学界で大きな反響を呼んだはずであるが，この評論に言及した研究者はあまり多くない[2]。しかしながら，もし塚田（1980）の指摘がなかったら，芹沢の発言がそのまま学界の共通認識となってしまったであろう。その意味で，塚田の寄稿の目的は果たされたというべきである。塚田（1980）は筆者の学史研究の手本となったものであるが，筆者は本書に収録した第VI論文を執筆する過程で，山内独特の先行研究引用の方針を知ることになり，塚田の結論とは若干異なる事情があるのではないかという思いが頭に浮かんだ。そこで，くだんのニコルソン報文や関連文献を読んで，真相に迫ることとした。

なお，芹沢（1975）は，ニコルソン報文の標題を「北ナイジェリア・ソコト族の土器作り」と意訳しているが（111頁。傍点は引用者），本稿第2章を見れば分かる通り，ソコト地方のアダラワ族は土器だけでなく，排水管，ランプ，フライパン，インク瓶，オモチャ，腕輪も作っているので，厳密には「土器作り」ではない。塚田（1980）が訳したように「焼き物師」がより実態に近いと思われたので，こちらを採用した。

1. 山内清男はニコルソン報文を知っていた！

まず第三者の証言から標記の事実を確認しておこう。少年時代から山内清男の研究室に足しげく通っていた研究者の一人に大塚和義（国立民族学博物館ならびに総合研究大学院大学名誉教授・大阪学院大学元教授）がいる。氏の証言によると，「60年安保」の直前の頃，山内の研究室で縄紋施紋法に関連し，ニコルソン報文の話題が出ていたというのである[3]。これだけでは読者は納得しないであろうから，決定的証拠を以下に提示しよう。

1935年1月に公表された「古式縄紋土器研究最近の情勢」（『ドルメン』4巻1号→山内 1967）において，山内は「捺型紋」の施紋手法について以下のような解説をしている。

「この特殊捺型紋は，スタンプ或は網の如き平らなものを押捺したものと考えられて居った。しかし，これは恐らく誤りであって，意外な手法—彫刻した棒を回転しつつ押捺することによって作られたものである。そして彫刻の形によって圧痕が左右される訳であり，反対に圧痕の観察によって棒の表面の彫刻の形も復元し得るのである。特殊捺型紋の三つの種類及びその細かい変化も略実験的に作りえるようになった。」（88〜89頁）

ここでは，この施文手法は山内が独自に発見したような表現になっている。しかし，この章（II章）の末尾に，次のような興味深い文章があるのである。

「最近八幡氏の注意によって知ったがナイジェリア〔引用者註：『ドルメン』4巻1号所載の初出文献（山内 1935）には「エチオピヤ」とある〕のある地方では土人の女は木製の短い棒に彫刻を付け同様に回転押捺して居る。これはWooden Roletteと云われて居るが，縄紋式の場合

は木製か否か不明であるから，この限定された名前は付けない方がよかろう。」(91頁。下線は引用者)

すなわち，山内が「捺型紋」の施紋手法を発見した後，八幡一郎から「それは既に海外の民族事例の報告がある」と注意されたというのである。その事例報告の出典を山内は明らかにしていないが[4]，それから20数年後，「回転押型文」に関連し，「近似の手法がアフリカの土俗例に見られる」として原典の写真と出典を明示している（山内 1964：155頁）（ただし原典の写真の向きや配置を改変している）。山内が示した出典を以下に示す。

Braunholz, H. J., Wooden Roulettes for Impressing Patterns on Pottery. Man Vol. 34, p. 81, 1934.

さて，この原典に実際に当たってみると，驚くべき事実が判明するのである。何とその文章末尾には，

Roulettes of string were described and illustrated in Mr. Nicholson's article on the potters of Sokoto in Man, 1929, 34 < PL, C. fig. 3 (10a)> .

とあるのである。意訳すれば，

「縄の回転施紋具はニコルソン氏によるソコトの焼き物師についての論文に記載され図解されている（マン 1929年，第34論文：プレートC—図3の10a)。」

となるであろう。ブラウンホルツの短報を読めば，いやでもニコルソンによる縄の回転施紋に関わるレポートが目に飛び込んでくるのである（図版中の資料番号まで丁寧に明示している）。この短報はわずか12行足らずであり，語学が堪能な山内がここの部分を見逃すはずはない。山内がニコルソンのレポートの存在を知っていたのは，大塚の証言を重ね合わせればほぼ確定的である。驚くべきことに，学位請求論文においても山内は，世界における「縄紋」の事例の概観（「余説」）において，ウガンダ・チュニジア・アルジェリアの「縄紋」の事例に触れていながら，ナイジェリアにおける「縄紋」の事例には言及せず，くだんのブラウンホルツの短報に触れているのみなのである。すなわち，

「又ナイジェリアでは彫刻ある棒を回転して土器を作って居る（Braunholz, H. J.; Wooden Roulettes for Impressing Patterns on Pottery. Man Vol. 34, p. 81, June 1934)。」(1961→1979：72頁)

というのである。これはまことに驚くべきことである。なぜ山内はそこまでニコルソン報文を無視したのであろうか。次にその理由と背景を考察してみたい。

2. W. E. Nicholson. The Potters of Sokoto, N. Nigeria. MAN. Vol. 29. March, 1929 の概要

芹沢（1975）は，「アフリカのナイジェリアのソコト族の間でおこなわれていた回転縄紋押捺法について，英国のＷ・Ｅ・ニコルソンが1929（昭和4）年のマン誌に詳細な報告文を寄せている」（下線部は引用者）としているが，果たしてそうだろうか。まず原典の概要を箇条書きにまとめて確認してみたい。

1） ソコト地方の土器製作集団はアダラワ族とゾルマワ族である。

2） アダラワ族が製作している土製品の種類（**第１図参照**）は，以下の通りである。

(i) 水を運ぶ壺（「ハウサ」,「ツル」）。この方法で作られた壺はまた，ランプガード（ランプの覆い）の形に改造している。

(ii) （**第１図**）a．は浅い半球形の鉢（「クワタルニ」）。（**第１図**）b．は炉として使った土器（「ムルフ」）。

(iii) 飲み物や浄化の目的に使う小さな水容器（「シャンタリ」）。

(iv) 大きな水容器（「ランダ」）。同じ形をした小さな調理壺（「ツクニヤ」）。

(v) 排水溝噴出口として使用するための排水管（「インドロロ」）。

(vi) 食料のひょうたん立て（「カスコン・ギダウニヤ」）。（以下略）

(vii) ランプ（「フィティラ」）。

(viii) 落花生のケーキを調理する鉢（「カスコン・マサ」）。

(ix) フライパン（「カスコン・シナサー」）。

(x) インク瓶（「ギダン・タダワ」）。

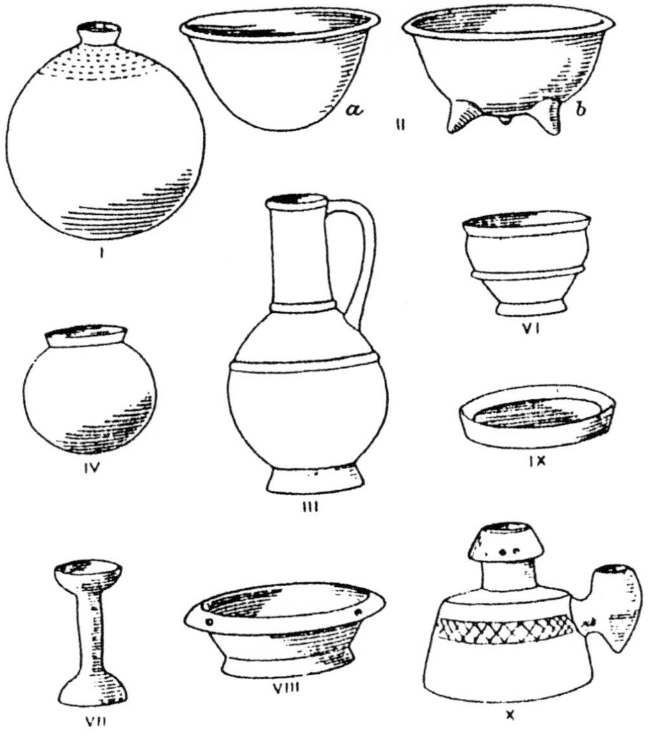

VII. X.

FIG. 1.—ADARAWA POTTERY,
SOKOTO.

第１図　ニコルソン（1929）**の「FIG. 1.」**（原図を約２倍に拡大）

(xi) 土製のオモチャと腕輪。

3) 土器づくりに携わる人々は男女の区別はない。その区別はタブーによるものではなく，習慣などの問題にすぎない。

4) 製作工程の記載（「ツル」の記載が具体的であり，他は概略の記載に留まる。「ツル」の製法に関する記載は以下の事項にそって記載されている）。

a. 粘土の準備（粘土の採掘が普通で，時には購入することもある）・胎土の調整

b. 成形

c. 装飾

d. 塗布（赤土の泥漿の塗布）と研磨

e. 焼成

5) 写真図版（プレートC：次頁**第２図**）と挿図（**第１図**など）の解説。

以上であり，全文は５頁余りである。

これらのうち，細紐の回転によって作出された圧痕に関わる記載は上記の4)—c. の部分のみである。関係する全文を以下に抽出する。

> Decoration.-A standard decoration is placed on every pot just below the neck for about 3 inches all round. Before the pot is quite dry, a piece of string doubled, twisted and knotted, in length about the breadth of a hand (Plate C, Fig. 3, 10a), is rolled round the pot with the palm of the hand, and leaves more or less regular impressions.

上記の訳文は以下の通りである。

> 「標準的な装飾は，すべての壺の頸部直下に約３インチの幅で一巡り配されている。壺が完全に乾く前に，二つ折にして撚られ結ばれている掌の幅の縄を掌で壺の周りに転がして概ね規則的な圧痕を残している。」

以上である。芹沢が指摘したような，「回転縄紋押捺法について」の「詳細な報告文」は認められない。

第１図1の壺の頸部直下に点列が確認できるが，これは恐らく「縄紋」であろう。この他の縄に関する記載は，論文末尾の「図版の記載」の項に，「10*a*」の説明として，「模様（pattern）を押捺する縄」とあるだけである。ちなみに写真図版を見てみると，バオバブの種を数珠繋ぎした紐の束（土器の研磨に使用するという）（**第２図10**）の一角に顔を出している縄がこれに相当すると思われる。写真が不鮮明であるが，確かに「撚り」が加えられていることが確認できる。しかし，筆者にはバオバブの種を数珠繋ぎにした紐の束の一端にしか見えない。どこが「掌の幅の縄」なのであろうか。この縄を転がした時の粘土の圧痕の拡大写真もなく，余程問題意識のある読者でなければ，この部分の記載の意味を正確に理解することは出来ないであろう。英語を母国語にした研究者でも容易に理解は出来なかったのではないか。実際，塚田が指摘しているように，ニコルソン報文が公表されてから30年以上も時代が下った1960年代において，ナイジェリア出土の土器片に施された縄紋について，トウモロコシの圧痕だとか，「coiled-basket」の圧痕だとかい

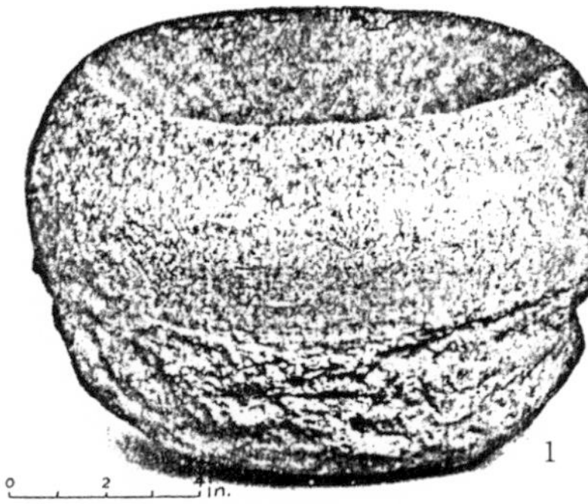

FIG. 1.

FIG. 2.

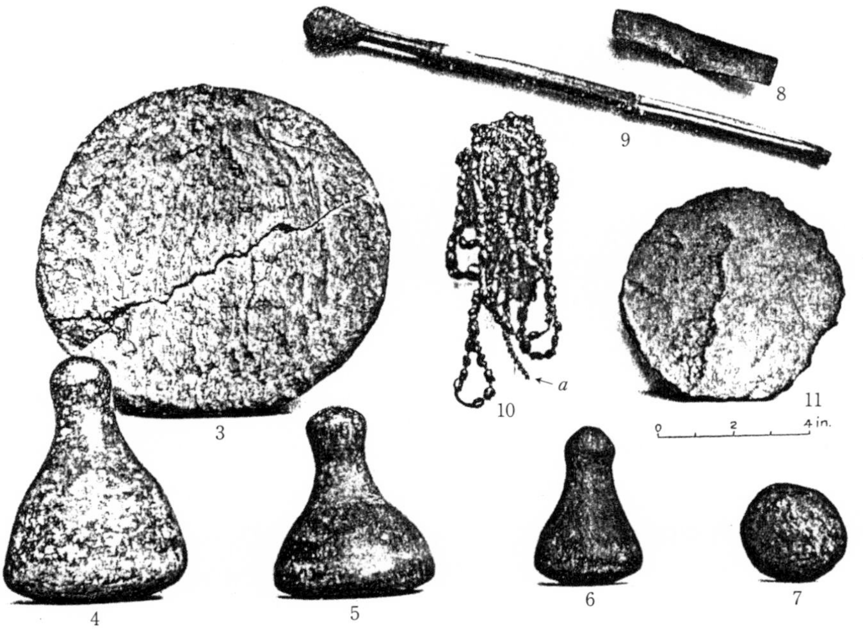

FIG. 3.

THE POTTERS OF SOKOTO.

第２図　ニコルソン（1929）の「PLATE C.」

う議論が『マン』誌上で行なわれているのである（塚田 1980：102頁）。縄紋の原体と施紋手法を大正時代以来追究してきた山内清男以外，この報告を日本の「縄紋」の施紋手法と結びつけることが出来た研究者は皆無であろう。事実，山内と同窓の甲野勇は，『縄文土器のはなし』（世界社 1953年）において，「ニゲリア黒人の土器」としてニコルソン報文のFIG. 1.（本稿の**第1図**）を転載しているにも拘わらず（甲野 1953：80頁），縄の回転施紋については言及していないのである。

次に，もう一度**第1図I**を見てみよう。壺の頸部直下に5～6列の点線が横位に並行して描かれている。すなわちニコルソンは，縄を回転施紋すると，斜行する点列（斜行縄紋）が圧痕として残されるとは認識していなかったのである。しかも施紋原体が「二つ折にして撚られ結ばれている掌の幅の縄」ということは，「縄に付けられた結節」（山内 1961→1979：20頁）に該当するが，これの回転圧痕も表現されていない。土器面に印された圧痕を詳細に観察すれば「S字状，又はZ字状の連続紋を生じる」（山内 同上）ことが理解できたはずである。これでは「縄とその回転圧痕の先行研究」として到底認めることは出来ない。**世界で初めて縄の回転施紋と斜行縄紋の関係を発見したのは山内清男であったのである**[5)]。山内が，もしブラウンホルツの短報を読んで，ニコルソンのレポートの存在を知ったとしたら，縄の回転圧痕の先行研究としては認めたくなかったであろう。しかしそれでも，縄を回転することによって「連続する点列」が出来ることを世界で初めて紹介したのはニコルソンであることは間違いない。なぜ山内は頑なにニコルソンの報告を引用しなかったのであろうか。次に山内が先学と類似の所見を述べながら，それを先行研究として引用していない事例を紹介し，その理由を考察してみたい。

3. 山内清男の研究において先学の先行研究を明示していない事例

まず，山内清男が縄紋式の終末期をめぐる見解の相違について古代史家の喜田貞吉とたたかわせた論争（「ミネルヴァ論争」）中に提示した「日本考古学の秩序」（『ミネルヴァ』1巻4号 1936年）を見てみよう。山内は，関東地方の縄紋文化終末と東北地方の縄紋文化終末がほぼ同時期であることを証明するために，以下のような事実を提示している。

「関東地方には安行式と云う土器があり」「これに混って僅かの亀ヶ岡式土器が認められるのである①。」「何故安行式中に亀ヶ岡式が混ずるか，或いはその混入を伴って安行式が存在するか。」「東北の亀ヶ岡式の文化圏と並存して居り，その間に文化的交渉があった②。そのため東北地方の精巧な亀ヶ岡式土器が関東に移入され，又は模倣して製作され安行式後半に伴存するものと考えられるのである③。」（山内 1936→1967：147～148頁。下線およびマルで囲ったアラビア数字は引用者）

この文章を要約すると，〈関東の縄紋晩期の安行式に東北の亀ヶ岡式が混在している事実は，両者が並存しており，互いに交渉（亀ヶ岡式の関東への移入，あるいは関東・安行式文化圏の住人による亀ヶ岡式の模倣製作）があったことを示している〉として，〈東北地方の晩期縄紋文化は関東地方の晩期縄紋文化と並行している〉と主張しているのである。ここでは，先行研究の引用はない。

しかし同様の主張は，この論文に先立つこと 13 年前，山内の恩師・鳥居龍蔵が行なっているのである（鳥居 1923）。該当する部分は以下の通りである。

「奥羽の石器時代は果して関東の石器時代より新しい？　私は此の疑問に対して左の如く答へたい。

私の今日までに研究した結果によると，仮令ば其の奥羽の土器が精巧緻密であっても，其の民衆の同地方に居住した時代は関東方面と大差ないものと思います。（中略）然るに是等（特に薄手式に）の中に時として関東にない奥羽にのみある所謂出奥式土器（従来の亀ヶ岡式土器）が混在して居ります a。是等の事実は関東奥羽にすでに石器時代の民衆が分布して居って間接または直接に交通接触して居ったものと説明せねばならぬものであります b。（中略）出奥式土器が関東に這入って来て居る状態を熟視すると，出奥式其儘の所謂舶来品は少なく，概ね中間地帯あたりで之を模作したものが這入って来て居る様です。或は関東では更に其模作の模作を襲ったかも知れません c。（中略）私は以上の理由によって，関東には石器時代の当時，奥羽の色彩がすでに這入って居るものと考えます」（鳥居 1923→1974：20～24 頁。下線およびアルファベットは引用者）

上記を分かりやすく要約すると，〈関東の薄手式の中に「出奥式」（亀ヶ岡式）が混在しているのは，両者が間接・直接に交通接触していたことを示す。出奥式の舶来品は少なく，中間地帯あたりで模倣したものが入っている。従って東北の石器文化と関東の石器文化は同時代である〉ということになる。その趣旨は山内のそれとほとんど一致していることが理解出来るであろう。上記二つの引用文中に筆者が付した①～③と a～c を対照されたい。細かな違いはあるものの基本的観点は驚くほどよく似ていることが分かるのである[6]。後年，この論文が山内たちに強い刺激を与えたことを自ら告白している（山内 1966→1969：14 頁）のに，なぜ山内は恩師の所見を引用しなかったのであろうか。考えられるのは，鳥居が「薄手式」も「出奥式」（亀ヶ岡式）も，そして「厚手式」も石器時代における同一年代の土器であり，その様相の違いは部族の違いであると考えていたのに対し，山内は縄紋土器には年代差・地域差があり，あくまで東北地方縄紋晩期の亀ヶ岡式と関東地方縄紋晩期の安行式後半の交渉について考察している点ということだろう。発想は鳥居のそれに刺激を受けたが，東北地方の縄紋晩期文化と関東地方の縄紋晩期文化の交渉についてては自分のオリジナルだという思いがあったものと推定されるのである。

次に山内清男が文様帯系統論に初めて言及した文章を取り上げる。

「この文様帯は筆者の所見によれば，関東北の縄紋土器諸型式の年代的系列に沿うて，①始め単独に存し，②後に他の文様帯を伴いつつ同じ位置に存し，遂に口端に向かって縮小し，消滅する一系統の文様帯（第一次文様帯）に属する。」（山内 1929→1967：67～68 頁。文中の下線およびマルで囲んだアラビア数字は引用者）

この文章は，松本彦七郎による「土器紋様論」（松本 1919）の次の文章とよく似ているのである。すなわち松本論文では，

「第一期　a 凸線紋アイヌ式曲線模様の全盛。　第二期　b 凸線紋アイヌ式曲線模様の上退と

凹線紋アイヌ式曲線模様の発展。 第三期　凹線紋アイヌ式曲線模様の上退と縄紋の発展。（中略） 第四期　縄紋の上退と直線模様の発展。第一次の耳及アイヌ式曲線模様の全滅。第五期　縄紋の全滅。」（松本 1919：710頁　下線およびアルファベットは引用者）

となっている。上記の記事を分かりやすく解説すると，最初に「凸線紋アイヌ式曲線模様」（隆線による曲線文様）が全盛だったのが，やがて「凹線紋アイヌ式曲線模様」（沈線による曲線文様）の発展に伴って「凸線紋アイヌ式曲線模様」が上方に退却。その後，「一律縄紋部」が発展して「凹線紋アイヌ式曲線模様」も上退。さらに年代が下ると，底辺の無紋部と底辺部近くの直線模様部が上部に進出して縄紋部を押し上げ，やがてアイヌ式曲線模様や縄紋部が全滅してゆく，ということである。

上記の二つの引用文中の①～②とa～bを対照すれば，山内（1929）と松本（1919）がよく類似していることが理解出来るであろう。しかし山内（1929）は，なぜか松本論文（1919）を引用していないのである。山内の「文様帯系統論」が，松本彦七郎の「土器紋様論」を参考にしていることは，山内自身，後年認めてはいるが（山内 1964：158頁），「松本博士とは大分解釈が違っている」ことを述べているので，発想は松本の研究に負っているものの，内容は全く異なっていると考えていたからではなかろうか。山内（1929）において，敢えて松本論文を引用しなかったのはこうした理由があったものと思われる。それでは，松本「土器紋様論」と山内「文様帯系統論」の決定的違いは，どこにあるのであろうか。次にこのことを検討してみたい。

松本彦七郎による「土器紋様論」は，「ドーロー氏法則」（①一旦退化縮小した器官・構造は再び元の大きさ強さに戻らない。②一旦退化消失した器官ないし構造は二度と出現しない，という法則）を援用し，古い「模様」（例えば「i，凸線紋曲線模様部」：次頁**第３図左１—i**）は時代が下がるに従って口縁部の方に上退して行き（**第３図左２～10**），ついには新しい「模様」（例えば「ii，凹線紋曲線模様乃至第一次直線模様部」）に押し上げられて消滅する（**第３図左11**）と考えている。すなわち，縄紋土器の新旧を判定するツールとして捉えているのである。これに対し，山内清男のそれは，文様帯（「I. 文様帯」と「II. 文様帯」）[7]の「形態」の変化ならびに「新生・分裂・多帯化等の歴史」（山内 1964：178頁）を追究し，細別型式間の連続性や系統を確認しようとしていたと推定されるのである（大村 2014：84～85頁）。従って「形態」を持たない縄紋（松本の「iii，一律縄紋部」）および，無紋部や直線（松本の「iv，接底平滑部乃至第二次直線模様部」）（**第３図左欄４，６～７，９参照**）は考察の対象から外しているのである。ちなみに，**第３図左欄の最上段・左端**にある松本の挿図１と山内の「挿図50」（**第３図右欄の最上段左端**）に加えられた記号と位置を対照して欲しい。山内による「文様帯」の記号も松本のそれにほぼ準じていることが理解できるであろう[8]。

「発想」は松本彦七郎のそれに影響を受け，文様帯の内容も記号も松本（1919）を尊重してはいるものの，その活用法については全く異なるものであった。山内の初期の論文において松本（1919）を引用しなかったのは，こうした根本的な違いがあると認識していたからであると推定されるのである。

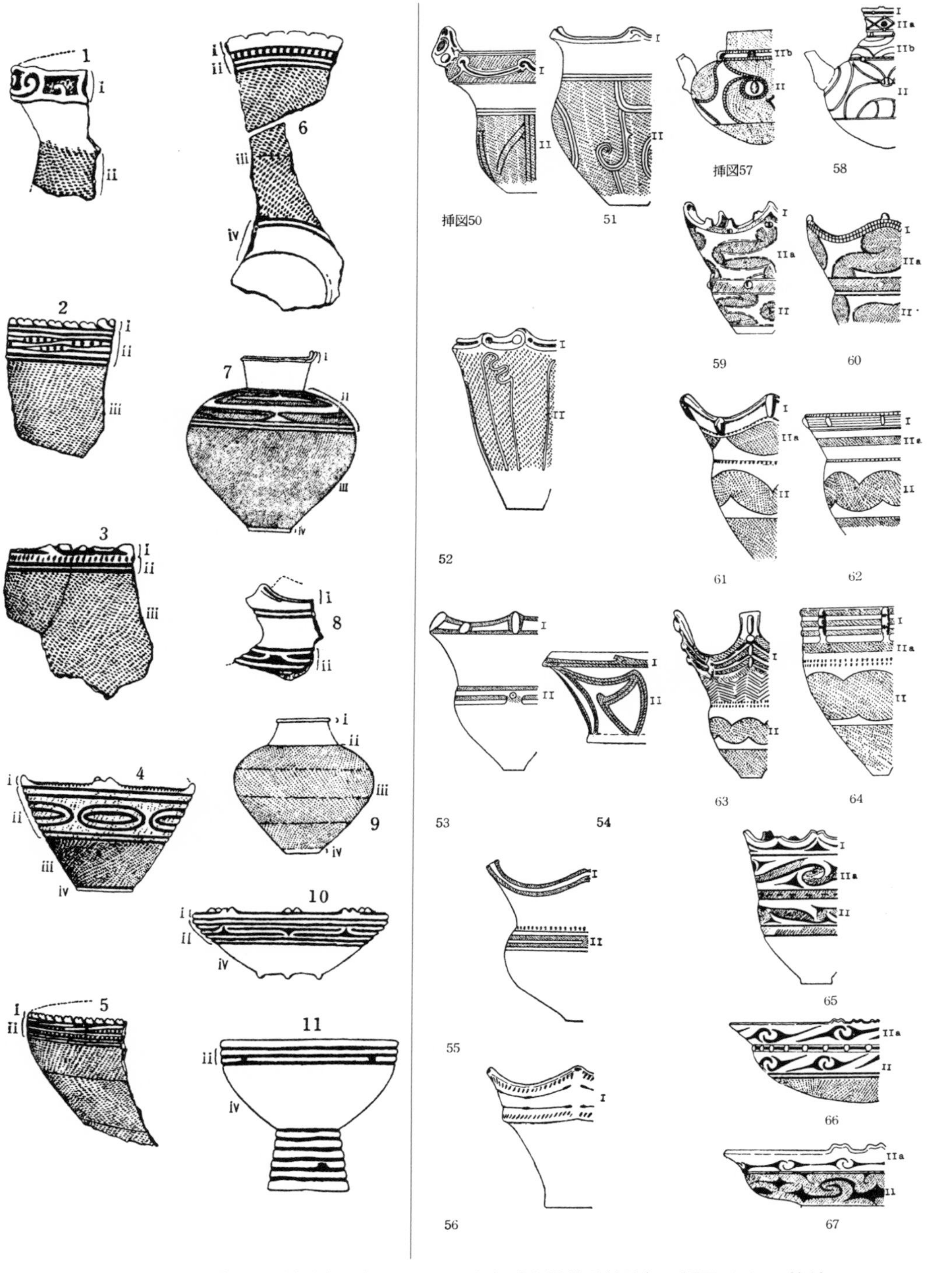

第３図　松本「土器紋様論」の挿図（左）と山内「文様帯系統論」の挿図（右）の比較

むすび

以上，恩師（鳥居）や尊敬してやまなかった先学（松本）の先行研究に対してもこのような態度を取っていた山内にとって[9]，縄の回転によって生成される圧痕（縄紋）の理解が不十分なニコルソン報文は，あえて引用する必要を認めなかったと筆者は推定するのである。

戦前の山内清男は，特に弥生式関連の研究ではなぜか出典を明らかにしない傾向があった。本邦における農業の発展段階について，エデュアルト・ハーンの所見を引用しながらその出典を明らかにしていないこともその一例であるが[10]以下の短報でも出典を明示していない。

> 「石庖丁が鎌の如きものであることは北支に於ける同形鉄製利器①との類似から既に説かれて居る。また徳川末期のアイヌは同形の貝に孔を穿け，これを紐で指に掛け粟（引用者註：『山内清男・先史考古学論文集・第四冊，174 頁では「稗」となっている』）の穂を切って居る②。これらの例から見ると，この種の鎌は穂に近く刈るに適したものであって，弥生式に於ける稲の刈取りもこの方法であったことが類推され得る」（山内 1934a：31 頁。下線と数字は引用者）

①はアンダーソンによる著書（Andersson 1923），②は秦《はた》檍《あわき》丸《まる》[11]の絵画（「蝦夷産業図説」：1800 年代初頭成立）を参照したものである。しかし，山内（1934a）は①についても②についてもなぜかその出典を明らかにしていないのである。その理由の一つとして，論敵の森本六爾を意識していたということもあるかも知れない[12]。出典をようやく公表したのは 1967 年のことであった（『山内清男・先史考古学論文集・第四冊』に本稿を再録した折に挿入）。

縄紋式関連では，ニコルソン（1929）について最後まで引用することがなかったのであるが，それは，縄の回転施紋によって生成される斜行縄紋の手法について正確に発見したのは自分なのに，「この手法の先取権が問題になるとすれば，やはりニコルソンの側にあることだけは確かであろう」（芹沢 1975：112 頁）というような評価が論敵からなされることを潔《いさぎよし》としなかったからではあるまいか[13]。

註

1）山内清男博士の没後 9 年目の 1979 年 6 月，山内家に参上して博士の学位請求論文を刊行することを勧め，承諾を取った後自分の印刷所でこれの印刷をしたのは塚田光であった（山内清子「跋」『日本先史土器の縄紋』）。刊行にかかる費用などもすべて塚田が立て替えたと塚田のご尊父から伺っている。

2）川﨑・山村（1981）は「1980 年の動向　縄文時代（東日本）」においてこの論議を紹介している。佐原眞（1984）は，「山内清男論」『縄文文化の研究 10　縄文時代研究史』雄山閣（1984 年：238 頁）において「山内の縄紋施紋法発見については，外人文献がヒントになったのではないか，と疑った人もあり，これに噛みついた人もある」と当事者の名前を伏せて言及している。鈴木保彦（1999）は，塚田（1980）が斜行縄紋の施紋手法発見の経緯を記述した山内の草稿を写真で紹介したことに言及している。紙媒体で関連文献を確認したのはこれくらいであるが，五十嵐彰（2006）は自分のブログで塚田（1980）について「その精度といい，舌鋒の鋭さといい，『ピカイチ』と称せられる論評である」と高く評価している。

3) 2016年3月18日聞き取り。重要な証言なので，2021年3月12日に再度このことについて詳細を確認し，引用の承諾を得た。

4) 山内は，この時点では原典（Braunholz 1934）に当たっていなかったらしい。その標題（Wooden Roulettes for Impressing Patterns on Pottery.）の1行上に「Nigeria.」と大きなフォントで記載されているのだから，原典に当たっていれば当然，「エチオピヤ」というような誤表記をするはずがない。もちろん本文にも，

The use of such roulette for impressing patterns on pottery is widespread in Nigeria.（「このような回転施紋具で土器に模様を施す使用法は，ナイジェリアで広く普及している」）

とある。

5) 山内清男は，八幡一郎宛に以下のような書簡を送っている（東北帝大在職時）。

「以上は（引用者註：撚糸紋の施紋手法），小生のパテントではないのですが，（小生が発見した）斜行縄紋の生成の原理は各国に特許を得るでせう。この方法は縄紋それ自体の回転押捺によって生じます。（中略）縄紋を布紋だの蓆紋だのと云う考（え）は当然解消されるでせう」（佐原 1984：237頁。下線および括弧中の語句は引用者）。

すなわち，斜行縄紋生成の原理の発見は世界的発見と自ら位置付けていたのである。

6) 中村豊も同様の評価をしている（中村 2011：107～108頁）。なお同氏は，筆者がそれに先立つこと3年前に同様の所見を述べている（大村 2008：3頁）ことを知るや，ただちに上記論文を掲載した『鳥居龍蔵研究』創刊号（2011年）に正誤表を入れたばかりか，同誌2号で補足原稿を掲載し，筆者のプライオリティを確認している（中村 2013：245頁）。こうした誠実な対応には感服する次第である。

7) 「I. 文様帯」は隆線を基調とする文様帯。「II. 文様帯」は縄紋地に沈線が加えられた文様帯で，中期後葉の加曾利E式後半頃，磨消縄紋に変化する。前者は松本の「i，凸線紋曲線模様部」，後者は「ii，凹線紋曲線模様（部）」にほぼ相当する。

8) 松本の挿図No.1（大木8式）の体部には縄紋のみが描かれており，沈線文様が欠落しているが，模様記号に「ii」とあるので，明らかに縄紋を地紋とした「ii，凹線紋曲線模様（部）」を意図していると思われる。

9) ただしこのような態度は，21世紀の今日では問題がないとは言えない。黒木（2016）によれば，研究不正としての盗用は以下の3種類があるという（137頁）。

① アイデアの盗用（Plagiarism of ideas）

② 結果の盗用（Result plagiarism）

③ 文章の盗用（Text plagiarism）

山内による関東地方縄紋晩期と東北地方縄紋晩期並行論や文様帯系統論の発想の原点は鳥居，松本の業績にあることは本人も後年認めている（山内 1966→1969：14頁；山内 1964：158頁）のであるから，現代であれば当然引用すべきと判断されるだろう。筆者も自戒したい。

10) 中村豊（2020）は，「山内は日本列島における農業の起源と展開について，エデュアルト・ハーンの分類（中略）を引用して説明することが多かった」と原典（Hahn 1919→1994 川波・佐藤訳）を挙げて指摘している。ただし山内の当該論文（1932，1934b，1937，1947→1967）にあたってみると，山内はいずれにも出典（ハーンの著作）の提示をしていない。

11) 幕吏としては村上島之允を名乗る。「秦憶丸」（山内 1943→1967：203頁）と書くのは誤り（谷澤

1989：101 頁参照)。

12） 森本に手の内を見せたら，どのようなことになったのか，その一端は本書第 VI 論文で見た通りである。ただし，森本没後の論文でもハーンの著作を提示していない（山内 1947）ので，理由はその他にもあると思われる。

13） 戦後，縄紋文化以前の石器文化の年代や位置づけ（旧石器文化か無土器新石器文化か），縄紋文化の起源の年代観など，山内とことごとく異なった主張をし，自ら編集する『考古学ジャーナル』誌上などで山内を批判し続けて来た芹沢（芹沢 1964・1967a・b・c・d など）に対し，手の内を見せたくない，という考慮が晩年には働いていたのかも知れない（森本との対立の構図に類似)。案の定，ニコルソン報文の存在を知った芹沢は，山内没後２回にわたって，山内の「縄紋」施紋法発見に関するプライオリティに疑義を呈しているのである。

一歩譲って，仮にニコルソン報文が縄紋施紋手法の解明のヒントになったとしても，貝庖丁の民族例と弥生式石庖丁の用途を結び付け，その用途を確定したのと同様，ソコト地方の民族例と日本先史土器に施された「斜行縄紋」を結び付け，その施紋手法を解明したプライオリティは，やはり山内にあるということになるだろう。

引用・参考文献

五十嵐彰 2006「塚田（光）1980」【論文時評】http://2nd-archaeology.blog.ss-blog.jp/2006-12-08（2021 年 3 月 14 日閲覧）

大村　裕 2008『日本先史考古学史の基礎研究—山内清男の学問と周辺の人々—』六一書房

大村　裕 2014『日本先史考古学史講義—考古学者たちの人と学問—』六一書房

川﨑義雄・山村貴輝 1981「1980 年の動向　縄文時代（東日本）」『考古学ジャーナル』No.190 ニュー・サイエンス社

黒木登志夫 2016『研究不正　科学者の捏造，改竄，盗用』中公新書

甲野　勇 1953『縄文土器のはなし』世界社

佐原　眞 1984「山内清男論」『縄文文化の研究　10　縄文時代研究史』雄山閣

鈴木保彦 1999「縄文時代文化研究の 100 年」『縄文時代』10 号（第 1 分冊）縄文時代文化研究会

芹沢長介 1964「書評　日本原始美術　I—縄文式土器—」『文化』28 巻 3 号　東北大学文学部

芹沢長介 1967a「日本の旧石器（4）」『考古学ジャーナル』No.5

芹沢長介 1967b「1966 年の動向（1）旧石器時代」『考古学ジャーナル』No.7

芹沢長介 1967c「日本の旧石器（5）」『考古学ジャーナル』No.8

芹沢長介 1967d「日本の旧石器（6）」『考古学ジャーナル』No.10

芹沢長介 1975『陶磁大系　第一巻　縄文』平凡社

芹沢長介 1980「新刊紹介　山内清男著『日本先史土器の縄紋』」『考古学雑誌』66 巻 1 号

谷澤尚一 1989「村上島之允をめぐって」『三重県史研究』5 号　三重県総務部学事文書課

塚田　光 1980「書評　山内清男著『日本先史土器の縄紋』の新刊紹介（芹沢長介）を読んで」『考古学雑誌』66 巻 3 号

鳥居龍蔵 1923「石器時代に於ける関東と奥羽の関係　殊に土偶について」『人類学雑誌』38 巻 5 号→ 1974『日本考古学選集　6　鳥居龍蔵集　上巻』築地書館

中村　豊 2011「鳥居龍蔵と喜田貞吉—その今日的意義—」『鳥居龍蔵研究』創刊号

中村　豊　2013「『鳥居龍蔵と喜田貞吉―その今日的意義―』に関する補足」『鳥居龍蔵研究』2号

中村　豊　2020「戦後日本考古学史における鳥居龍蔵の再評価」『鳥居龍蔵の学問と世界』思文閣出版

松本彦七郎　1919「宮戸嶋里濱及気仙郡獺澤介塚の土器　附　特に土器紋様論（二）」『現代之科学』7巻6号

山内清男　1929「関東北に於ける繊維土器」『史前学雑誌』1巻2号→『山内清男・先史考古学論文集・第二冊』先史考古学会

山内清男　1930「斜行縄紋に関する二三の観察」『史前学雑誌』2巻3号→1967『山内清男・先史考古学論文集・第五冊』

山内清男　1932「日本遠古之文化　五―四，縄紋式以後（前）―」『ドルメン』1巻8号　岡書院

山内清男　1934a「稲の刈り方」『ドルメン』3巻4号　岡書院

山内清男　1934b「石庖丁の意義」『ドルメン』3巻11号　岡書院

山内清男　1935「古式縄紋土器研究最近の情勢」『ドルメン』4巻1号→1967『山内清男・先史考古学論文集・第二冊』先史考古学会

山内清男　1936「日本考古学の秩序」『ミネルヴァ』1巻4号→1967『山内清男・先史考古学論文集・第三冊』先史考古学会

山内清男　1937「日本に於ける農業の起源」『歴史公論』6巻1号→1967『山内清男・先史考古学論文集・第四冊』先史考古学会

山内清男　1947「米作と日本の祖先たち」『新農芸』2巻6号→1967，同上

山内清男　1961「日本先史土器の縄紋」→1979『日本先史土器の縄紋』先史考古学会

山内清男　1964『日本原始美術　1』講談社

山内清男　1966「縄紋式研究史に於ける茨城県遺跡の役割」『茨城県史研究』4号→1969『山内清男・先史考古学論文集・新第一集』先史考古学会

山内清男　1967「稲の刈り方」『山内清男・先史考古学論文集・第四冊』先史考古学会

Andersson, J. G. 1923. An Early Chinese Culture. (Bulletin of the Geological Survey of China. No. 5) →1941 三森定男訳「支那遠古之文化」『支那の原始文化』四海書房　所載

Braunholz, H. J. 1934. Wooden Roulettes for Impressing Patterns on Pottery. Man. Vol. 34.

Hahn, E. 1919. Von der Hacke zum Pflug-Garten und Feld, Bauern und Hirten in unserer Wirtschaft und Geschichte, Leipzig. →1994 川波剛毅・佐藤俊夫訳「鍬耕から犂農耕へ―経済および歴史における園地と圃場，農耕民と牧畜民―」『犂農耕成立起源論』（農林統計協会）所載

Nicholson, W. E. 1929. The Potters of Sokoto, N. Nigeria. MAN. March. Vol. 29.

あとがき

本書は，主に寄稿の依頼がきた折々に執筆した論文を集めたものなので，各論文が緊密につながっているわけではない。ただ結果的に山内清男博士の人と学問をいろいろな角度から眺めたものとなっているはずである。以下，初出一覧を掲げておく。

I. 山内清男の「縄紋」研究について（「『縄紋博士』山内清男の仕事」改題）（『白門考古論叢II』中央考古会ほか　2008年）

II. 山内清男の「阿玉台式土器」について（『下総考古学』24号　下総考古学研究会　2017年）

III. 佐藤達夫「土器型式の実態―五領ヶ台式と勝坂式の間―」における阿玉台式土器について―山内清男の土器型式概念との比較も兼ねて―（『下総考古学』25号　下総考古学研究会　2020年）

IV. 「縄紋時代の時期区分」と「縄紋土器型式の大別」の違い―「後期に下る加曾利E式」という用法は正しいのか？―（『日本考古学史研究』5号　日本考古学史学会　2017年）

V. 芹沢長介と山内清男―縄紋土器研究をめぐって―（『中央大学考古学論集　1』中央考古学会　2020年）

VI. 山内清男と森本六爾―「石庖丁」の用途論をめぐって―（『芙蓉峰の考古学II』池上悟先生古稀記念会　2020年）

VII. 和島誠一の精神―下総考古学研究会創立の学史的背景―（『下総考古学』23号　下総考古学研究会　2014年）

VIII. 塚田光の縄紋集落・共同体研究について―在野考古学研究者による研究戦略―（『異貌』32号　共同体研究会　2015年）

IX. 山内清男はW・Eニコルソン「北部ナイジェリア，ソコト地方の焼き物師」（『MAN』29巻　1929年3月号）をどう評価していたのか？（書きおろし）

各論文の内容は極力原典のままとしてあるが，引用ミスや明らかな誤りについては適宜修正してある。また，読者の理解を助けるために挿図や挿表を追加したり，補記や補註を加えたりした箇所がある。

次に，上記諸論文の解題風のコメントを書いておく。

第I論文は，埼玉県富士見市立水子貝塚資料館において講演した折の講演原稿を活字化したものである。当初の標題は主催者側が用意した市民向けの表現になっていたが，本書に再録するに当たってより相応しい標題に改めた。なお一部の記載に不適切な箇所があったので削除してある。

第II・第III論文は，下総考古学研究会による阿玉台式土器の共同研究の一環として執筆したものである。第 II 論文執筆に当たっては東京大学総合研究博物館所蔵の佐々木忠二郎・飯島魁による陸平貝塚発掘資料を見学できたことは幸いであった。ちなみに同資料を見学できたのは大内千年氏のご尽力によるものである。第 III 論文では山内清男博士の弟子である佐藤達夫氏の阿玉台式土器の扱いについて詳述した。直接指導を受けたお弟子さんたちからは種々異論があると思われるが，先学の業績の評価は様々な視点からなされることが必要であるように思われる。

第 IV 論文は日本考古学史学会からの要請で執筆したものである。山内博士が設定された「縄紋土器型式の大別」と，現在一般に用いられている「縄紋時代の時期区分」は本来異なるものであるはずであるが，最近はこれらを混同して使用している研究者が目立つのであえて執筆したものである。しかし案の定，いくつか疑義や異論が書簡で寄せられている。著者の真意はなかなか理解して頂けないかもしれない。

第 V 論文は小林謙一中央大学教授の還暦を記念して刊行された中央大学関係者の論集に寄稿したものである。著者が中央大学での講義の準備を進める過程で気づいた所見をまとめた。

第 VI 論文は池上悟立正大学教授（当時。現・名誉教授）の古稀を記念して刊行された論集に寄稿したものである。やはり，著者が立正大学での講義の準備を進める過程で気づいた所見をまとめた。両大学での講義はとても楽しかったが，余禄として二つの論文を書けたわけで，招聘してくださった小林・池上両氏に感謝したい。

なお本稿発表後日本大学の浜田晋介氏より，鳥居龍蔵・中山平次郎・八幡一郎が山内に先駆けて弥生式集落の低地進出論を述べているとの注意を書簡で受けた。これらの事実関係の検討は今後の課題としておきたい。

第 VII 論文は，著者が代表を務める下総考古学研究会の創立 50 周年を記念して執筆したものである。同会を創設した高橋良治・塚田光の両氏はマルクス主義考古学者・和島誠一氏の薫陶を受けており，下総考古学研究会の組織運営方式は和島氏のそれを踏襲していたことから，「和島誠一」に焦点を合わせて論文をまとめてみた。同氏による土師器の記載の中に，山内博士の研究が巧みに組み込まれていたことを初めて明らかにした論文である。

第 VIII 論文は，同人誌『異貌』の編集者である佐々木藤雄氏による熱心な寄稿依頼を受けて執筆したものである。佐々木氏はわが師・塚田光の学問を深く理解している縄紋集落研究者である。その感謝の意味も含めて書き上げた次第である。塚田氏は，本稿に書いたような事情もあって，若い頃は山内清男博士によい印象を持っていなかったが，1967 年以降，同博士の論文集の印刷を手掛ける過程で「山内考古学」を深く理解し，山内博士に対する畏敬の念を強められていた。「中峠式土器」（南関東における縄紋中期の一型式とされた）成立の理論的根拠は，山内博士の縄紋土器研究を学ぶことによって導き出されたものである。

第 IX 論文は塚田（1980）の補論ともいうべきものである。塚田（1980）は学史研究上極めて優れた論文であるが，やや論調が激しいせいか，学界ではあまり触れられることがない。しかし，学史研究の方法を示している点で，今後も熟読玩味する価値があると思っている。著者のこの論文も，考古学研究の方法論において新しい何かを発見したものではないが，塚田（1980）同様，学史研究の一つの方向を示したつもりである。先行研究をなぞるだけでなく，それに関係するあらゆる資料を突き合わせると，意外な発見があるものである。第 VI 論文と併せて読んで頂ければ著者の意図するところが理解できると思う。それはともかく，著者も塚田氏同様，山内博士による「縄紋」研究のプライオリティは揺るぎないものと確信しているものであるが，塚田氏とはやや視点を異にした結論を導き出している。この論文によって，「斜行縄紋」の施紋手法に関わるプライオリティは，山内博士にあることがほぼ確定的となったと思う。

なお，本稿を執筆するにあたり，大塚和義氏ならびに建石徹氏には大変お世話になった。また，2021 年 8 月 22 日の下総考古学研究会 8 月例会においてこの論文の解説を行なったが，その際には植月学氏，建石徹氏に貴重なご教示や資料提供を頂いたほか，小林謙一氏・小澤政彦氏・大内千年氏には一部記載の誤りをご指摘頂いた。ご協力に感謝申し上げる次第である。

最後に，既発表論文の再録にあたって快諾を頂いた池上悟・川田壽文・小林謙一・佐々木藤雄の各氏（五十音順），並びに下総考古学研究会の諸兄姉に深く感謝したい。

人名索引

あ　行

か　行

さ　行

た　行

な　行

は　行

ま　行

や　行

わ　行

著者略歴

大 村　 裕（おおむら・ゆたか）

1951 年　千葉県に生まれる

1974 年　中央大学文学部史学科卒業

1974 年〜2011 年　千葉県立高等学校教員

2012 年　学位（博士　史学）を中央大学より受ける

2013 年〜2015 年　中央大学非常勤講師

2017 年〜2021 年　立正大学非常勤講師

現　在　下総考古学研究会　代表

主要著書・論文

『日本先史考古学史の基礎研究―山内清男の学問とその周辺の人々―』六一書房　2008 年

『縄紋土器の型式と層位―その批判的検討―』六一書房　2011 年

『日本先史考古学史講義―考古学者たちの人と学問―』六一書房　2014 年

『「身の丈」の考古学―下総考古学研究会と共に―』私家版　2016 年

「所謂『角押文』と『キャタピラー文』の違いについて」『下総考古学』7 号　下総考古学研究会　1984 年

「阿玉台式土器の成立の指標を何に求めるか？　―西村正衛氏による阿玉台式土器の研究に学ぶ―」『土曜考古』19 号　土曜考古学研究会　1995 年

「二つの顔を持った土器―千葉県君津市練木遺跡出土中期縄紋土器の研究―」『土曜考古』26 号　土曜考古学研究会　2002 年

「埼玉県狭山市丸山遺跡出土中期縄紋土器の再吟味―竪穴住居址出土土器をどのように評価したらよいのか？―」『白門考古論叢』III　中央考古会・中央大学考古学研究会　2013 年

続　日本先史考古学史の基礎研究―山内清男の学問とその周辺の人々―

2022 年 5 月 30 日　初版発行

著　者　大村　　裕

発行者　八木　唯史

発行所　株式会社 六一書房

〒101-0051　東京都千代田区神田神保町 2-2-22

TEL　03-5213-6161　　FAX　03-5213-6160

https://www.book61.co.jp　　Email　info@book61.co.jp

振替　00160-7-35346

印　刷　株式会社　三陽社

ISBN 978-4-86445-159-8 C3021　© Yutaka Omura 2022　Printed in Japan